ये रिश्ते क्या हैं

ये रिश्ते क्या हैं

जे. कृष्णमूर्ति

राजपाल

अनुवादक

अचलेश चंद्र शर्मा

₹ 325

ISBN : 9788170289357

पहला संस्करण : 2011, आठवाँ संस्करण : 2025

Ye Rishte Kya Hain

by J. Krishnamurti

(Hindi Translation of *On Relationship*)

Printed at G. S. Offset, Delhi

राजपाल एण्ड सन्ज़

1590, मदरसा रोड, कश्मीरी गेट, दिल्ली–110006

फोन : 011–23869812, 23865483, 23867791

e-mail : sales@rajpalpublishing.com

www.rajpalpublishing.com

www.facebook.com/rajpalandsons

क्रम

प्राक्कथन

जिद्दू कृष्णमूर्ति का जन्म वर्ष 1895 में भारत में हुआ था। 13 वर्ष की आयु में ही इन्हें थियोसोफिकल सोसाइटी द्वारा अंगीकार कर लिया गया था जिसने उन्हें उस 'विश्व-गुरु' का वाहन होना मान लिया था जिसके अवतरित होने का वह प्रचार करती आ रही थी। परंतु निकट भविष्य में ही कृष्णमूर्ति तो किसी भी बात को यथावत् स्वीकार न कर लेने वाले और किसी वर्ग विशेष से ही जुड़े न रहने वाले ऐसे सशक्त शिक्षक के रूप में उभरने वाले थे जिनकी वार्ताएं और लेखन किसी धर्म विशेष से संबद्ध न होकर, पूर्व या पश्चिम की न होकर पूरे विश्व के लिये थीं। औरों द्वारा बना दी गई अपनी मसीही छवि को दृढ़तापूर्वक तोड़ते हुए उन्होंने अपने चारों ओर बनाये गये विशाल और धन-संपन्न संगठन को 1929 में अप्रत्याशित ढंग से भंग कर दिया और सत्य को एक ऐसी 'बिना डगर की धरती' घोषित कर दिया जहां किसी गढ़े हुए धर्म, दर्शन या पंथ पर चलते हुए नहीं पहुंचा जा सकता।

अपने पूरे जीवन में कृष्णमूर्ति अपने लिये गुरु की पदवी को आग्रहपूर्वक अस्वीकार करते रहे, हालांकि लोग किसी न किसी तरह इसे उन पर थोपने का प्रयास करते रहे थे। विश्व में विशाल श्रोता-समूह उन्हें सुनने के लिये खिंचे चले आते थे, परंतु उन्होंने कभी कोई सिद्ध होने का दावा नहीं किया, कभी कोई शिष्य नहीं बनाया और हमेशा इस तरह वार्ताएं करते रहे जैसे एक व्यक्ति दूसरे से बातचीत कर रहा हो। उनकी शिक्षा के केंद्र में यह ठोस यथार्थ विद्यमान रहता था कि केवल वैयक्तिक चेतना में परिवर्तन के ज़रिये ही समाज में आमूल परिवर्तन लाया जा सकता है। स्वयं को जानने तथा धर्म व राष्ट्र की प्रतिबंधनकारी एवं विभाजनकारी संस्कारबद्धता को समझे जाने पर उन्होंने हमेशा विशेष बल दिया।

कृष्णमूर्ति उन्मुक्तता व खुलेपन की तथा 'मस्तिष्क का वह असीम व्योम-विस्तार जहां अकल्पनीय ऊर्जा है'—इसकी तत्काल आवश्यकता की ओर सदैव संकेत करते रहे। लगता है जैसे स्वयं उनकी रचनात्मकता की गंगोत्री तथा विपुल विविधता वाले जनमानस पर अपना उत्प्रेरक प्रभाव डालने वाली उनकी कुंजी यही थी।

कृष्णमूर्ति अपने जीवन के आखिरी वक्त तक पूरे विश्व में वार्ताएं करते रहे। वह नब्बे वर्ष की आयु के थे जब सन् 1986 में उनका देहांत हुआ। उनकी वार्ताओं, संवादों, जर्नल व पत्रों को साठ से अधिक पुस्तकों में संग्रहीत किया गया है। उनकी शिक्षाओं के उस विशाल संग्रह से एकल-विषयी पुस्तकों की शृंखला तैयार की गयी जिसकी प्रत्येक पुस्तक उस एक ऐसे विषय विशेष पर प्रकाश डालती है जो हमारे दैनिक जीवन के लिये प्रसंगपूर्ण भी है और महत्त्वपूर्ण भी। यह पुस्तक उसी शृंखला की एक कड़ी है।

संबंधों की जटिलता

अधिकतर लोगों के लिए, दूसरों के साथ उनके संबंध किसी आवश्यकता या किसी निर्भरता पर टिके होते हैं—वह निर्भरता चाहे आर्थिक हो अथवा मनोवैज्ञानिक। यह निर्भरता भय पैदा करती है, हममें मालिकाना एहसास को जन्म देती है जिसके रहते मनमुटाव, संदेह और कुंठा भी चले आते हैं। आर्थिक निर्भरता को तो शायद किसी विधान या किसी समुचित संगठन द्वारा दूर किया जा सके, परंतु मैं विशेष रूप से किसी दूसरे पर आश्रित कर देने वाली उस मनोवैज्ञानिक निर्भरता का ज़िक्र कर रहा हूं जो व्यक्तिगत तुष्टि, सुख इत्यादि की लालसा से उपजती है। इस मालिकाना रिश्ते में हम स्वयं को भरा-पूरा, सृजनशील और सक्रिय महसूस करते हैं। हमें लगता है हमारे अपने अस्तित्व की छोटी-सी लौ को कोई दूसरा बड़ा कर रहा है। कहीं हम उस पूर्णता के स्रोत को खो न बैठें, इसलिए हमें दूसरे के बिछड़ जाने का भय लगा रहता है, और तब मालिकाना भय उठ खड़े होते हैं अपनी तमाम समस्याओं के साथ। इस प्रकार मनोवैज्ञानिक निर्भरता वाले संबंध में चेतन व अचेतन भय तथा संदेह अवश्य बने रहते हैं और वह भी अक्सर सुहावने-लुभावने शब्दों में लुके-छिपे। इस भय का असर हमें सुरक्षा और समृद्धि की तलाश में यहां-वहां भटकाने लगता है। या फिर हम किसी धारणा व आदर्श की खोल में खुद को बंद कर लेते हैं अथवा किसी न किसी तरह की संतुष्टि की खोज में लग जाते हैं।

हालांकि हम दूसरों पर निर्भर हैं, परंतु स्वावलंबी व अखंडित होने की इच्छा हममें बराबर कायम रहती है। संबंध की जटिल समस्या यह है कि बिना निर्भर हुए, बिना मनमुटाव तथा द्वंद्व के प्रेम कैसे किया जाये, स्वयं को अपने ही खोल में बंद कर लेने की, द्वंद्व के उस कारण से स्वयं को अलग हटा लेने की इच्छा पर कैसे काबू पाया जाये। यदि हम अपने सुख के लिए किसी अन्य व्यक्ति पर,

समाज पर या परिवेश पर निर्भर करते हैं तो हमारे लिए वे आवश्यकता बन जाते हैं, हम उसमें जकड़े जाते हैं और उनमें किये जाने वाले किसी भी बदलाव का उग्र विरोध करते हैं, क्योंकि अपनी मनोवैज्ञानिक सुरक्षा व सुविधा के लिए हम उन पर निर्भर रहने लगते हैं। बौद्धिक रूप से यद्यपि हम ऐसा महसूस करते हैं कि यह जीवन रवानी है, तबदीली है और बदलावों की मांग बरकरार रखता है, फिर भी भावनात्मक या भावुक तौर पर हम स्थापित व सुविधाजनक मूल्यों से ही चिपके रहते हैं। अतः परिवर्तन व स्थायित्व की इच्छा के बीच एक अविराम संग्राम छिड़ा रहता है। क्या इस द्वंद्व पर पूर्ण विराम लगा पाना संभव है?

जीवन संबंधित हुए बिना चल ही नहीं सकता, परंतु प्रेम को वैयक्तिक बना कर और स्वामित्व का जामा पहनाकर हमने संबंध को उस पर आधारित कर दिया है और इस प्रकार इसे यातनापूर्ण तथा भीषण बना डाला है। क्या यह हो सकता है कि हम प्रेम भी करें और मालिक भी न बनें? इसका सही उत्तर आपको किसी पलायन, किसी आदर्श या किसी विश्वास में नहीं मिल पायेगा बल्कि निर्भरता और स्वामित्व की वजहों को समझ लेने से मिलेगा। हम यदि स्वयं के व दूसरे के बीच संबंध की समस्या को गहराई तक समझ सकें तो ही शायद समाज के साथ अपने संबंध की समस्याओं को समझ पायेंगे, उनका हल ढूंढ़ सकेंगे, क्योंकि समाज कुछ और नहीं बल्कि हमारा ही तो विस्तार है। वह परिवेश जिसे हम समाज कहते हैं, पिछली पीढ़ियों द्वारा रचा हुआ है और इसी को हम अंगीकार कर लेते हैं क्योंकि ऐसा करना हमें अपने लोभ, स्वामित्वभाव तथा भ्रांति को बनाये रखने में सहायक होता है। परंतु इस भ्रांति के चलते एकता व शांति संभव नहीं। ज़बरन तथा कानूनी तौर पर लादी गयी आर्थिक एकता कभी युद्ध का अंत नहीं कर सकती। जब तक हम व्यक्ति के साथ व्यक्ति के संबंध को समझ नहीं लेते तब तक हम एक शांतिपूर्ण समाज की रचना नहीं कर सकते। चूंकि हमारा संबंध स्वामित्व से लदे प्रेम पर आधारित रहता है अतः हमें स्वयं में ही सजग होना होगा—इसकी पैदाइश के बारे में, इसके कारणों के बारे में और इसकी गतिविधियों के बारे में। अपनी उग्रता, अपने भय और अपनी प्रतिक्रियाओं सहित उपजे इस मालिकपने की प्रक्रिया के प्रति गहराई से सजग होने पर एक ऐसी समझ का आगमन होता है जो समग्र है, संपूर्ण है। केवल यही समझ विचार को निर्भरता व स्वामित्वभाव से मुक्त करती है। यह हमारा अंतस् ही है जहां संबंध में समन्वय के सौंदर्य को पाया जा सकता है, न कि किसी दूसरे व्यक्ति में या परिवेश में।

संबंधों में मनमुटाव का कारण हम स्वयं हैं, यह हमारा ही अहं है जो संयुक्त लालसाओं का केंद्र है। हम यदि यह बात स्पष्ट रूप से समझ लें कि बुनियादी बात यह नहीं है कि दूसरा कैसे बर्ताव करता है, बल्कि महत्त्वपूर्ण यह है कि हममें से प्रत्येक व्यक्ति किस तरह बरत रहा है, क्या प्रतिक्रिया कर रहा है। इस प्रतिक्रिया व क्रिया को यदि आधारभूत रूप से, गहरे में समझ लिया जाये तो संबंधों में एक गहरा व आमूल बदलाव आ सकेगा। दूसरे के साथ अपने संबंधों में केवल भौतिक समस्या ही नहीं रहती बल्कि सभी स्तरों पर विचार तथा भावना की समस्या भी रहती है। अतः हम दूसरे के साथ एकलयता में केवल तभी हो सकते हैं जब हम अपने अंतस् में समग्र रूप से समन्वित हों। संबंधों के चलते जो महत्त्वपूर्ण बात मन में रखनी है वह यह है कि ज़िम्मेदार दूसरा नहीं बल्कि हम हैं। पर इसका अर्थ यह न मान बैठें कि हम स्वयं को अलग-थलग कर लें, बल्कि गहराई से यह समझें कि हममें द्वंद्व व दुख के कारण क्या हैं। जब तक अपने मानसिक स्वास्थ्य के लिये हम बौद्धिक या भावनात्मक रूप से किसी दूसरे पर निर्भर रहेंगे, तब तक यह निर्भरता अपरिहार्य रूप से भय ही पैदा करती रहेगी और इस भय से दुख ही उपजता रहेगा।

संबंधों की जटिलता को समझने के लिये विचारपूर्ण धैर्य व गंभीरता का होना आवश्यक है। संबंध स्व-उद्घाटन की, अपने ही मन की परतें खोलने की एक ऐसी प्रक्रिया है जिसमें हम अपने दुख के छिपे हुए कारणों पर से परदा हटा पाते हैं। अपने मन की परतों को खोलकर देख पाना केवल संबंधों के चलते ही संभव है।

संबंधों पर विशेष बल मैं इसलिए दे रहा हूं क्योंकि इनकी जटिलता को गहराई तक भली-भांति जानकर ही हम एक समझ बना पाते हैं—एक ऐसी समझ जो तर्क तथा भावुकता के पार जाने में सक्षम है। हम यदि अपनी समझ को केवल भावना पर आश्रित रखते हैं तब उसमें कोई गहराई नहीं रहती, बल्कि केवल एक सतही भावुकता रह जाती है जो शीघ्र ही भाप की तरह उड़ जाती है और प्रेम तो खैर रहता ही नहीं। कर्म में समग्रता सिर्फ उस सही समझ के चलते ही आ सकती है। यह समझ व्यक्तिगत नहीं होती, इसे नष्ट नहीं किया जा सकता। यह अब समय के शासनाधीन नहीं रह जाती। अगर हम अपने लालची स्वार्थों और संबंधों से जुड़ी रोज़मर्रा की समस्याओं के माध्यम से यह समझ हासिल नहीं कर पाते और चेतना के किन्हीं दूसरे आयामों में इस समझ और प्रेम को ढूंढ़ते हैं, तब यह तो अज्ञान और भ्रम में जीने वाली बात हो गई।

लोभ की प्रक्रिया को पूरी तरह समझे बिना दयालुता व उदारता को उपजाना तो नासमझी तथा क्रूरता को कायम रखना है। संबंधों को समग्र रूप से समझे बिना करुणा व क्षमा से अपने आप को संवारना स्वयं में विसंगति पैदा करना, सूक्ष्म अहंकार के नाना रूपों में लिप्त हो जाना और खुद को किसी खोल में बंद कर लेना है। लालसा को पूरी तरह समझ लेने में ही करुणा व क्षमा की मौजूदगी है। आरोपित, साधे हुए सद्गुण कभी सद्गुण नहीं होते। तो समझ के लिये ज़रूरी है एक ऐसी सतत व सतर्क सजगता तथा ऐसा परिश्रम, ऐसी तपस्या जिसमें लचीलापन हो। एक विशेष सिखलाई द्वारा स्थापित कर लिये गये नियंत्रण के तो अपने खतरे हैं ही, क्योंकि वह एकतरफा व अधूरा होगा और इसीलिए इसमें कोई गहराई नहीं होगी। अभिरुचि अपने साथ सहज, स्वाभाविक एकाग्रता लाती है जिसमें समझ फलती-फूलती है। यह अभिरुचि दिन-प्रतिदिन के जीवन के कृत्यों व प्रतिक्रियाओं का अवलोकन करते रहने से, उनके बारे में सवाल उठाने से जागती है।

जीवन को तथा इसके द्वंद्वों व दुखों की जटिल समस्या को पूरी तरह बूझने के लिए हमें समग्र समझ को वजूद में लाना होगा। यह केवल तभी हो सकता है जब हम इस तृष्णा-लालसा की प्रक्रिया को गहराई तक समझ लें जिसने आज हमारे जीवन की पूरी बागडोर थाम रखी है।

प्रश्न : स्व-उद्घाटन से, अपने मन की परतें खोलकर रखने वाली बात से आपका अभिप्राय इन्हें स्वयं देखने से है या दूसरों को दिखाने से है?

कृष्णमूर्ति : हम प्रायः स्वयं को दूसरों के समक्ष खोल देते हैं, परंतु महत्त्वपूर्ण क्या है—आप जैसे हैं वैसा स्वयं को देखना या अपने आप को दूसरों के समक्ष ज़ाहिर करना? मैं यह समझाने की कोशिश करता रहा हूं कि यदि हम यह 'स्वयं को जस-का-तस देखना' होने दें, तो सारे संबंध दर्पण की भांति कार्य करने लगते हैं जिनमें हम यह स्पष्ट देख पाते हैं कि हममें क्या कुटिल है और क्या ऋजु, सीधा-साफ है। यह हमें पैनी नज़र से देख पाने के लिए आवश्यक फोकस प्रदान करता है। परंतु जैसा मैंने बताया कि यदि हमने पूर्वाग्रहों, अभिमतों तथा विश्वासों की पट्टी आंखों पर बांध रखी है तो संबंध कितने भी मर्मस्पर्शी क्यों न हों, हम उन्हें स्पष्ट रूप से, बिना किसी पक्षपात के नहीं देख पाते। तब हमारे संबंध स्व-उद्घाटन का, स्वयं को देखने-समझने का तरीका नहीं बन पाते।

सबसे पहले ध्यान देने वाली बात यह देख पाना है : सही-सही देखने-समझने से हमें रोकता कौन है? हम देख-समझ इसलिए नहीं पाते क्योंकि स्वयं के बारे

में अपनी राय, अपने भय, आदर्श, विश्वास, उम्मीदें, परंपराएं—ये सब परदे बन जाते हैं। इन विकृतियों का कारण जाने बिना, हम करते क्या हैं कि हमने जो देखा-समझा है उसे बदल डालने या उसे थामे रखने में लग जाते हैं, एवं यह बात और अधिक विरोध-प्रतिरोध को, और अधिक दुख को जन्म देती है। हमारा प्रमुख सरोकार जो देखा-समझा गया है उसे बदलने या स्वीकार कर लेने से नहीं बल्कि इससे होना चाहिए कि हम उन अनेकानेक कारणों के प्रति सजग हो जायें जिन्होंने इस विकृति को पैदा किया है। कुछ लोग कह सकते हैं कि सजग होने के लिए उनके पास समय नहीं है, वे अत्यधिक व्यस्त हैं, आदि-आदि, परंतु यह मामला समय का कम और अभिरुचि का अधिक है। तब, वे चाहे जिस भी कार्य में व्यस्त रहें, उनमें सजगता की शुरुआत हो ही जायेगी। तत्काल परिणाम की मांग तो संपूर्ण समझ की संभावना ही ख़त्म कर देगी।

ओहाय, 16 जून 1940

द्वंद्व और दर्द भरे संबंधों का कारण

प्रश्न : दो जनों के बीच यदि द्वंद्व व पीड़ा का संबंध है तो क्या वे इसका निराकरण कर सकते हैं? या, इस संबंध का अंत हो जाना चाहिए? एक अच्छे संबंध के लिए क्या दोनों को अपने में बदलाव लाना आवश्यक नहीं है?

कृष्णमूर्ति : आशा है कि यह प्रश्न सभी को स्पष्ट हो गया होगा। पीड़ा व द्वंद्व के संबंध तथा इस प्रकार की समस्याओं के उठने का कारण क्या है? इसकी जड़ क्या है? देखिये इन प्रश्नों का उत्तर तलाशते समय हम साथ-साथ सोच रहे हैं। केवल सुनने या स्वीकारने या नकारने के लिए मैं आपको कोई उत्तर नहीं थमा रहा हूं बल्कि हम साथ-साथ इन प्रश्नों की खोजबीन कर रहे हैं। पूछा गया प्रश्न एक ऐसा प्रश्न है जिससे हर एक का सरोकार है, वह चाहे पूरब में रहता हो, यहां रहता हो या अमेरिका में। यह समस्या तो अधिकांश लोगों की है। प्रकटतः दो जने, पुरुष व स्त्री बिना द्वंद्व के, बिना पीड़ा के, बिना असमानता की भावना के इसलिए साथ नहीं रह पाते हैं क्योंकि उनमें गहराई तक जुड़े रहने की भावना नहीं होती, मैं पूछता हूं क्यों? इसके अनेकानेक कारण हो सकते हैं– यौनाचार, स्वभाव, विपरीत मनोभाव, कोई विश्वास या महत्त्वाकांक्षा। संबंधों के बीच तालमेल के इस अभाव के असंख्य कारण हो सकते हैं। परंतु इसका स्रोत वास्तव में क्या है, और उस स्रोत की गहनता क्या है जो हममें से प्रत्येक के अंदर द्वंद्व का बीज बो देती है? मैं समझता हूं कि यह एक महत्त्वपूर्ण प्रश्न है, परंतु इसे पूछकर किसी से भी, इस वक्ता से भी उत्तर पाने की आशा मत कीजिये, बल्कि प्रश्न रखने के बाद जल्दबाजी मत कीजिए, प्रतीक्षा कीजिए, धीरज रखिए और प्रश्न को स्वयं जड़ पकड़ने दीजिये, इसे बढ़ने दीजिए, खुलने व खिलने दीजिए।

मैं स्वयं से यह प्रश्न कर रहा हूं कि यदि मैं किसी महिला से विवाह करता

हूं या किसी महिला के साथ जीवन व्यतीत करता हूं तो हमारे बीच यह बुनियादी टकराव कहां से चला आता है? मैं इसका एक सतही सा कारण ही बता पाता हूं जैसे वह कैथोलिक है और मैं प्रोटेस्टेंट अथवा इसी प्रकार का कोई और कारण। ये सब सतही व ऊपरी कारण होंगे परंतु मैं जानना चाहता हूं कि दो जनों के बीच इस द्वंद्व की गहरी जड़, इसका गहरा स्रोत है क्या? मैंने यह प्रश्न रख दिया है और इस प्रश्न के स्वयं खिलने की तथा इसकी तमाम जटिलताओं के खुलने की प्रतीक्षा कर रहा हूं, और इनसे जो कुछ प्रकट होगा उसकी प्रतीक्षा कर रहा हूं। इसके लिए मुझमें धैर्य होना चाहिए—प्रतीक्षा करने की, ध्यानपूर्वक देखने की, सजग रहने की क्षमता होनी चाहिए ताकि प्रश्न का खुलना व खिलना शुरू हो सके। जैसे-जैसे यह प्रश्न खुलना शुरू होता है मुझे उत्तर दिखना शुरू हो जाता है। ऐसा नहीं है कि मैं किसी उत्तर की चाहना करता हूं, बल्कि प्रश्न स्वयं ही खुलता जाता है, वह मुझे उन तमाम गहन जटिलताओं को दिखला देता है जो उन जनों के बीच, दो मनुष्यों के बीच आ पड़ी हैं जो शायद एक दूसरे को पसंद भी करते हों और शायद एक-दूसरे के प्रति आकर्षित भी हों। युवावस्था में तो वे यौनाचार तथा इस प्रकार की अन्य बातों में लिप्त रहे हों, परंतु बाद में, कुछ आयु बढ़ने पर, वे एक दूसरे से ऊब जाते हैं और धीरे-धीरे इस ऊब से पलायनों की ओर बढ़ने लगते हैं—किसी और की तरफ़ या तलाक की तरफ़, इन सब बातों को आप बखूबी जानते हैं। परंतु, किसी दूसरे के साथ भी उन्हें यही समस्या होती है। अतः मुझे धैर्य रखना होगा। "धैर्य" से मेरा अभिप्राय यह नहीं है कि मैं इसमें समय को प्रविष्ट होने दूं। मैं नहीं जानता कि आप धैर्य व अधैर्य के प्रश्न में कभी उतरे हैं या नहीं।

हममें से अधिकांश लोग अधीर ही रहते हैं। हम अपने प्रश्न का तत्काल उत्तर चाहते हैं, अन्यथा उससे तत्काल पलायन करना चाहते हैं, या तुरंत उसका कोई हल निकालना चाहते हैं। इस प्रकार हम किसी निर्णय पर पहुंच जाने के लिए बहुत अधीर रहते हैं। यह अधीरता हमें किसी समस्या की समझ की गहराई तक नहीं पहुंचने देती। जबकि, यदि मुझमें धैर्य हो—वह धैर्य नहीं जो समय के अधीन होता है—तो मैं समस्या को निबटाने के लिए आतुर नहीं होऊंगा; मैं समस्या को ही ध्यानपूर्वक देखूंगा, उस पर गौर करूंगा, उसे खुलने तथा विकसित होने दूंगा। इस प्रकार धैर्य रहने पर मैं उत्तर की गहराई में पैठ करने लगता हूं। आइये इसे साथ मिलकर करते हैं—अभी! हम धीर हैं और तत्काल उत्तर की चाहना नहीं कर रहे हैं। इसीलिए हमारे दिलोदिमाग पूरी तरह खुले हुए हैं, वे समस्या

और उसकी जटिलता के प्रति सजग हैं। हम प्रयास कर रहे हैं—नहीं, यह प्रयास शब्द मैं प्रयुक्त करना नहीं चाहता—हम इस समस्या में गहरे उतर रहे हैं कि क्यों दो जने कभी बिना द्वंद्व-टकराव के साथ-साथ नहीं रह पाते। इस टकराव की जड़ क्या है? मेरा उस महिला के साथ या किसी के भी साथ संबंध क्या है? क्या यह संबंध सतही है? अर्थात् क्या यौनाकर्षण है, जिज्ञासा है, उद्दीपन है—ये सब तो सतही विषय-भोगी अनुक्रियाएं हैं। इस प्रकार मुझे समझ आ जाता है कि ये अनुक्रियाएं सतही हैं, ऊपरी हैं और यह भी कि जब तक मैं ऊपर-ऊपर खोजने में लगा रहूंगा तब तक मैं समस्या की गहनता को नहीं देख पाऊंगा। तो, क्या मैं फिर इन सतही व ऊपरी प्रत्युत्तरों से, उनके द्वारा सृजित समस्याओं से और साथ ही उनको सतही व ऊपरी तौर पर सुलझाने की जद्दोजहद से भी मुक्त हूं?

मैंने देख लिया है कि सतही व ऊपरी तौर पर मैं उत्तर नहीं पा सकता। अतः मैं पूछता हूं कि इसकी जड़ें कहां हैं? क्या शिक्षा में हैं? या ऐसा है कि आदमी होने के नाते मैं दूसरे पर हावी रहना चाहता हूं, उसका मालिक होना चाहता हूं? क्या मैं उससे इतने गहरे तक आसक्त हूं कि मैं उसको छोड़ना नहीं चाहता? तो, क्या मैं यह देख पा रहा हूं कि बंधन व आसक्ति निरपवाद रूप से विकार पैदा करते हैं—विकार इस अर्थ में कि मैं ईर्ष्यालु हो उठता हूं, व्यग्र हो जाता हूं, भयभीत हो जाता हूं? आसक्ति के परिणामों से हम भली-भांति परिचित हैं। क्या यही इस समस्या का कारण है? या इसके कारण कहीं और गहरे में हैं? पहले तो मैंने कहा सतही व ऊपरी, फिर बात आयी भावना की, आसक्ति तथा भावुकता की, रोमांटिक गुलामी की। यदि मैं इन सब को दरकिनार कर दूं तो क्या इसमें और भी गहरा कुछ है? हम सतह से नीचे, गहन से गहनतर की ओर पैठ कर रहे हैं ताकि हम स्वयं खोज पायें कि इसकी जड़ क्या है। आशा है कि मेरे साथ आप भी उतर रहे हैं।

तो, मैं इसकी जड़ को कैसे जानूं? आप इसकी तह तक कैसे पहुंचें? क्या आप एक उत्तर चाह रहे हैं, इसका मूल जानना चाह रहे हैं? और इसीलिए इतनी जी-तोड़ कोशिश कर रहे हैं? या आप चूंकि उस तक पहुंचना चाहते हैं, इसलिए आपका मन-मस्तिष्क शांत है? यह देख रहा है इसलिए व्यग्र नहीं है। यह सब दृढ़ इच्छा-चाहना का खेल नहीं है। यह तो बस ध्यानपूर्वक देखना है। क्या हम साथ-साथ चल रहे हैं—यह जानने के लिए कि मानव-जाति के बीच इस गहरे द्वंद्व का मूलाधार क्या है, इसके गहनतम कारण क्या हैं? क्या यह व्यक्ति की

अलगाव भावना है? कृपया इसे देखिये और बहुत संभलकर इसके भीतर उतरिये। क्या यह वैयक्तिक अवधारणा है कि मैं मूलतः दूसरे से अलग हूं? शारीरिक रूप से तो हम अलग हैं, लेकिन वैयक्तिक अलगाव की क्रिया का जो गहरा एहसास है, क्या यही इसका मूल कारण है? या कोई और भी गहनतर मूल, गहनतर परत है? आप समझ रहे हैं न? मुझे नहीं मालूम कि आप सचमुच इसे समझ पा रहे हैं या नहीं, क्या हम साथ-साथ चल रहे हैं? सबसे पहले इंद्रियों का प्रतिकर्म, ऐंद्रिक प्रतिक्रिया, फिर भावनात्मक, रूमानी, भावुक प्रतिकर्म, और फिर आती है आसक्ति, अपनी तमाम विकृतियों के साथ। या फिर, कुछ ऐसा है जो बहुत गहरे में संस्कारबद्ध है, मस्तिष्क जो कहता है, "मैं एक इकाई हूं और वह, नर या नारी, वह भी व्यक्तिगत इकाई है, हम अलग-अलग पहचानें हैं, हर एक को अपने-अपने ढंग से प्रफुल्लित होना है, पूर्ण होना है, अतः अलगाव तो बुनियादी है?" क्या ऐसा ही है?

क्या यह बुनियादी है? या मुझे ऐसा सिखा दिया गया है कि मैं एक व्यक्ति हूं और वह भी एक व्यक्ति है, उसे अपने तरीके से जीना चाहिए और मुझे अपने तरीके से? इस तरह हम शुरू से ही दो अलग-अलग दिशाओं में बढ़ना शुरू हो जाते हैं। भले ही साथ-साथ चल रहे हों, समानांतर, परंतु कभी मिलते नहीं—रेल की दो पटरियों की तरह जो कभी नहीं मिलतीं। और, मैं जो कुछ भी कर रहा हूं मिलने के लिये ही तो कर रहा हूं, सामंजस्यपूर्वक जीवन जीने के लिए संघर्षरत—"ओह प्रिये, तुम कितनी अच्छी हो,"—समझे आप? बार-बार दोहराते हैं लेकिन मिल कभी नहीं पाते। ठीक?

तो यदि कारण यह है, और प्रकटतः यही कारण दिख भी रहा है, इस सबका मूल, तो क्या व्यक्ति का अलग अस्तित्व एक वास्तविकता है? या फिर यह एक भ्रांति है जिसे मैं सींचता रहा हूं, जिसका रस लेता रहा हूं, जिसे मैंने पकड़ रखा है, हालांकि इसके पीछे कुछ है नहीं? अब यदि इसका कोई आधार ही नहीं है तो मुझे इसके बारे में बिलकुल निश्चित होना पड़ेगा, निस्संदेह रूप से यह जानना होगा कि यह एक भ्रांति है और यह प्रश्न उठाना होगा कि क्या मस्तिष्क भ्रम की इस जंजीर को तोड़ सकता है, और इस बात का एहसास कर सकता है कि हम सब मानसिक रूप से एक से ही हैं। समझे आप? मेरी चेतना ही समस्त मानव जाति की चेतना है; यद्यपि हम शारीरिक रूप से भिन्न हैं, फिर भी मानसिक तौर पर सभी मनुष्यों की चेतना एक सी है। अगर मैं एक बार भी इसका एहसास कर लेता हूं, बौद्धिक स्तर पर नहीं बल्कि गहराई में, अपने हृदय में, अपने खून

में, नाड़ियों में, तब दूसरों के साथ मेरे संबंधों में एक आधारभूत क्रांति घटित होती है। ठीक? यह लाज़मी है।

प्रश्न ने पूछा है कि हम टकराव में हैं, क्या इसका अंत कर देना चाहिए? हम यदि उम्र भर आपस में एक दूसरे से लड़ते ही रहें—जैसा कि इस संघर्ष, इस टकराव में अधिकतर लोग करते हैं,—इस कड़वाहट, क्रोध, घृणा व चिढ़ में जी रहे हैं—तो अपनी एक सामर्थ्य सीमा तक तो हम इस सब को झेलते हैं, फिर वह पल आ जाता है जब हम विवशतः टूट जाते हैं। इस सामान्य बात को हम सभी जानते हैं। तलाक की संख्या बढ़ती जा रही है। और प्रश्न पूछता है कि वह क्या करे? यदि मेरे व मेरी पत्नी के बीच चल रहे द्वंद्व का अंत ही नहीं हो रहा है और मैं किसी प्रकार इसका निदान भी नहीं कर पा रहा हूं तो क्या मुझे इस संबंध का अंत कर देना चाहिए? महोदय, क्या मैं इस बिखराव, टकराव के मूल कारण को समझ पा रहा हूं, जो कि अपने अलग वजूद का ही एक भाव है? और, इसके भ्रामक स्वभाव को देखकर मैं अब अपना अलग राग नहीं अलाप रहा हूं? तो तब क्या होता है जब मैं इसे देख लेता हूं और जीता हूं—सिर्फ शब्दों में नहीं बल्कि वस्तुतः जीवन में—तब उस व्यक्ति से मेरा क्या संबंध होता है, उस स्त्री से जो अभी भी व्यक्तिगत दायरे में ही सोचती है? क्या आप मेरे प्रश्न को समझे?

यह बड़ी दिलचस्प बात है! आइये इसमें आगे बढ़ें। मैं देख लेता हूं या वो देख लेती है—अच्छा यही है कि यूं कहें कि वह देख लेती है—अलगाव की मूर्खता, उसकी विसंगति तथा भ्रामकता को समझ लेती है, महसूस कर लेती है, परंतु मैं नहीं कर पाता क्योंकि मैं पुरुष हूं, अधिक आक्रामक हूं, अधिक प्रबल हूं, और इसी तरह के तमाम भावों से भरा हुआ हूं, तो हमारे बीच क्या चलता है? वह इस बात की प्रकृति को समझ गई है, परंतु मैं नहीं समझा हूं। वह मुझसे नहीं झगड़ती—कभी भी। वह कुरुक्षेत्र में पैर भी नहीं रखती परंतु मैं लगातार उसे खींच कर, धकेलकर इसमें घसीट लाने का प्रयास करता रहता हूं। द्वंद्व मैं पैदा कर रहा होता हूं, वह नहीं। आप समझे यहां तक बात कैसे पहुंची? इस सब को समझ रहे हैं न? बात कैसे पलट गयी है। अब दो जने नहीं झगड़ रहे हैं, बल्कि एक ही झगड़ रहा है। देखिये तब क्या होता है। तो मैं, यदि मैं थोड़ा भी संवेदनशील हूं और उसके प्रति सचमुच लगाव रखता हूं, तो मैं भी रूपांतरित होने लगता हूं क्योंकि वह अडिग रहती है। आप समझे। जहां दो ज़ड़ चीज़ें मिलती हैं वहां टकराव होता है, मुझे नहीं पता कि आप इसे देख पा रहे हैं या नहीं?

परंतु यदि एक अडिग है—वह महिला, और मैं डगमग हूं, तो मैं कुदरती तौर पर उसके आगे झुक जाऊंगा जो अडिग है। ठीक? आप समझ गये होंगे। यह सीधी सी बात है।

तो, यदि संबंध को सही रूप में समझ पाएं—बिना किसी छवि के, जैसा कि अभी हमने समझा—तो समस्या सुलझ जाती है। तब पत्नी अपनी उपस्थिति मात्र से, अपनी वास्तविकता की जीवंतता मात्र से मुझे रूपांतरित करने लगती है, मेरे रूपांतरण में सहायक बन जाती है। यही है उत्तर। आप समझ गये न?

ज़ानेन, 31 जुलाई 1981

संबंध का अर्थ क्या है?

जीवन है संबंधों में अनवरत गति, परंतु संबंध को समझे बिना हम उलझन, संघर्ष और व्यर्थ की आपाधापी में फंसे रहते हैं। इसीलिए यह समझना महत्त्वपूर्ण है कि संबंध से हमारा अभिप्राय क्या है, क्योंकि यह समाज संबंधों का ही तो ताना-बाना है, यहां कुछ भी अलगाव में नहीं हो सकता। अलग-थलग जीने जैसी कोई स्थिति यहां नहीं है और जो अलग पड़ जाता है वह शीघ्र ही मर जाता है।

तो हमारा प्रश्न है कि संबंध का अर्थ क्या है? जैसे-जैसे हम व्यक्तियों के बीच के संबंध को यानी उनके व्यवहार को, भले ही उनका संबंध घनिष्ठ हो या दूर का, समझने लगते हैं, हमें अस्तित्व की समूची प्रक्रिया तथा बंधन व मुक्ति के बीच के टकराव की समझ भी आने लगती है। अतः बड़ी सावधानी से यह परखना होगा कि हमारा संबंध से अभिप्राय क्या है। क्या संबंध आज स्वयं को कुछ अलग-थलग कर लेने की ही प्रक्रिया नहीं है, और क्या इसीलिए निरंतर टकराव रहता है? आपके व दूसरे के बीच संबंध, आपके व आपकी पत्नी के बीच, आपके व समाज के बीच का संबंध, इसी अलगाव की उपज है। अलगाव से मेरा अभिप्राय है कि हम हर समय सुरक्षा की, परितुष्टि की तथा सत्ता की फ़िराक में लगे रहते हैं।

आखिरकार, हममें से हर कोई दूसरों के साथ अपने संबंधों में परितुष्टि ही तो चाहता है और, जहां कहीं सुख-सुविधा की, सुरक्षा की तलाश होगी—भले ही वह राष्ट्र हो अथवा कोई व्यक्ति—वहां पृथकता का भाव तो होगा ही, और जो अलगाव में रहता है वह द्वंद्व को ही न्योता देता है। जहां कहीं भी प्रतिरोध है वह स्वयं के और प्रतिरोधित वस्तु के बीच टकराव ही पैदा करता है, और चूंकि हमारे अधिकांश संबंध प्रतिरोध की ही शैली में चलते हैं, अतः हम एक

ऐसा समाज रच डालते हैं जो अपरिहार्य रूप से अलगाव ही पैदा करता है, इसीलिए उस अलगाव के भीतर व बाहर द्वंद्व ही चलता रहता है। तो हमें संबंधों को वैसे ही जांचना-परखना होगा जैसे वे वास्तविक रूप से हमारे जीवन में क्रियाशील हैं। मैं जो हूं—मेरे कृत्य, मेरे विचार, मेरे एहसास, मेरे हेतु, मेरे इरादे—ये सब मेरे व दूसरों के बीच संबंधों का ही तानाबाना है जिसे हम समाज कहते हैं। दो जनों के बीच संबंधों के बिना समाज कुछ भी नहीं है, इसीलिए राष्ट्रीय स्वतंत्रता की बात करने से पहले, झंडा फहराने से पहले या इसी तरह की किसी भी बात से पहले हमें दूसरों के साथ अपने संबंधों को समझ लेना चाहिए।

तो यदि हम अपने जीवन की, दूसरों के साथ अपने संबंधों की जांच-परख करें तो हम पायेंगे कि यह सब अलगाव की ही एक प्रक्रिया है। दूसरों के साथ हमारा सचमुच कोई सरोकार नहीं होता, हम भले ही इस बारे में बढ़-चढ़ कर बातें करते हों, परंतु वास्तविकता यही है कि हमारा कोई सरोकार नहीं होता। किसी से हम संबंध तभी तक बनाये रखते हैं जब तक वह संबंध हमें संतुष्टि देता है, जब तक वह हमें एक आसरा देता है या जब तक वह हमें किसी प्रकार की तृप्ति देता है। परंतु, ज्यों ही उस संबंध में कुछ परेशानी होने लगती है तो वह हमारे लिए कष्टकारी हो जाता है और मैं उससे कन्नी काट लेता हूं। दूसरे शब्दों में कोई संबंध तभी तक चलता है जब तक वह हमें रिझाता है। यह बात बड़ी कड़वी लग सकती है, परंतु आप यदि अपने जीवन को बहुत निकट से जाचें-परखें तो आप पायेंगे कि यह एक तथ्य है और, किसी तथ्य को नज़रअंदाज करना अज्ञान में जीना है, जो कभी भी सम्यक् संबंधों की रचना नहीं कर सकता।

हम यदि अपने जीवन में झांककर देखें और संबंधों का अवलोकन करें तो पायेंगे कि ये एक दूसरे के विरुद्ध प्रतिरोध खड़े कर लेने का ही एक गोरखधंधा है, यह है दीवार खड़ी कर लेना और फिर उसके ऊपर से दूसरों को देखना-परखना। लेकिन, उस दीवार को हम सदैव सहेजते रहते हैं और उसके पीछे छिपे रहते हैं—भले ही वह मनोवैज्ञानिक दीवार हो, भौतिक दीवार हो, आर्थिक या फिर राष्ट्रीय दीवार हो। जब तक हम अलगाव में जीते हैं, किसी दीवार के पीछे छिपे-छिपे, तब तक हमारा दूसरों से कोई संबंध बन ही नहीं पाता। हम अपने खोल में बंद रहते हैं क्योंकि वह हमें भरपूर परितोष देता है, उसमें हम स्वयं को कहीं अधिक सुरक्षित महसूस करते हैं। यह संसार इतना हृदयविदारक है—इसमें इतना अधिक दुख, पीड़ा, युद्ध, विध्वंस व क्लेश है कि हम इससे पलायन करना चाहते हैं और अपने ही मनोवैज्ञानिक खोल में सिमट कर जीना चाहते हैं। इस प्रकार हम अधिकांश

लोगों के लिए संबंध वास्तव में स्वयं को अलग कर लेने की प्रक्रिया बन गया है, और ऐसे संबंध निश्चय ही ऐसा ही समाज बनायेंगे जो अलग-थलग करता है। यही कुछ तो सारे संसार में हो रहा है, आप अपने ही खोल में रहते हैं और दीवार के ऊपर से हाथ बढ़ाते हैं, आप चाहे इसे किसी भी नाम से पुकारें अंतर्राष्ट्रीयवाद या भाईचारावाद या कुछ भी, परंतु सच यही है कि प्रभुतासंपन्न सरकारें और सेनाएं बनी ही रहती हैं। इसका मतलब हुआ कि अपने खोल में बंद रहकर, अपने बंधनों से चिपके रह कर यदि आप सोचते हैं कि आप विश्व-एकता या विश्व-शांति की रचना कर सकते हैं तो यह नामुमकिन है। जब तक आपने सीमायें खड़ी कर रखी हैं—चाहे वह राष्ट्रीय सीमा हो, आर्थिक सीमा हो, धार्मिक सीमा हो, या सामाजिक—तब तक विश्व में शांति हो ही नहीं सकती, यह एक स्पष्ट तथ्य है।

अलगाव की यह प्रक्रिया सत्ता की ही खोज है। भले ही कोई व्यक्तिगत रूप से या फिर जातीय या राष्ट्रीय जनसमूह के लिए सत्ता की खोज में हो, इससे अलगाव तो आयेगा ही। क्योंकि सत्ता और पद की चाहना ही अलगाव है। आखिरकार यही तो है जो हर कोई चाहता है, है कि नहीं। वह एक ऐसी शक्ति व अधिकारसंपन्न स्थिति चाहता है जिसमें वह दूसरों पर हावी हो सके—वह चाहे घर में हो, कार्यालय में हो या अधिकार-तंत्र की शासन प्रणाली में हो। प्रत्येक व्यक्ति सत्ता की जुगत में है और यह बिल्कुल साफ़ बात है कि इस सत्ता की चाहत से वह एक ऐसा समाज ही बनायेगा, जो सैन्य, औद्योगिक, आर्थिक या ऐसी ही अन्य शक्तियों पर आधारित होगा। क्या सत्ता की चाहत स्वाभाविक रूप से ही अलग-थलग करने वाली नहीं है? मेरे ख़्याल से इस बात को समझ लेना बहुत महत्त्वपूर्ण है क्योंकि जो व्यक्ति एक शांतिपूर्ण संसार चाहता है, एक ऐसा संसार जिसमें कोई युद्ध न हो, थर्रा देने वाला विध्वंस न हो, इतना भारी व अनर्थकारी दुख न हो, तो उसे इस मूलभूत प्रश्न को अवश्य ही समझ लेना होगा। जब तक व्यक्तिगत रूप से आप सत्ता की तलाश में रहेंगे—वह भले ही कितनी ही बड़ी या तुच्छ हो, वह चाहे प्रधानमंत्री या गवर्नर या वकील बनने की चाहत हो अथवा सिर्फ घर में पति या पत्नी के रूप में—अर्थात जब तक दूसरे पर हावी होने के भाव की, दूसरे को विवश कर देने के भाव की, सत्ता-अधिकार तथा प्रभाव द्वारा दूसरों पर छा जाने के भाव की चाहत आपमें बनी रहेगी तब तक आप एक ऐसे ही समाज के निर्माण में लगे रहेंगे जो अलगावकारी प्रक्रिया की उपज होगा; क्योंकि सत्ता अपने स्वभाव से ही अलग-थलग करने वाली है।

जो व्यक्ति स्नेहिल होता है, दयालु होता है, उसमें सत्ता व अधिकार की

कोई भावना नहीं रहती। इसलिए ऐसा व्यक्ति किसी राष्ट्रीयता या किसी ध्वज से बंधा नहीं होता। वह कोई ध्वज उठाये नहीं फिरता। परंतु जो व्यक्ति किसी भी रूप में सत्ता के पीछे पड़ा हुआ है—चाहे वे नौकरशाही से हासिल होने वाली हो या अपनी ही किसी कल्पना से जिसे वह ईश्वर कहता है—वह अभी भी अलगाव के चक्रव्यूह में ही फंसा है। आप इस बात को यदि बहुत सावधानीपूर्वक निरखें तो आप देखेंगे कि शक्ति व अधिकार की चाहत स्वभावतः एक बाड़ा खड़ा कर लेने जैसी है। हर व्यक्ति अपनी ही पद-प्रतिष्ठा और अपनी ही सुरक्षा की जुगत में लगा हुआ है, और जब तक यह हेतु विद्यमान रहेगा, तब तक समाज अलगावकारी प्रक्रिया पर ही आधारित रहेगा। जब तक सत्ता की ललक रहेगी तब तक अलगाव की प्रक्रिया रहेगी और जो अलग-थलग है वह टकराव खड़ा करेगा ही। संसार में हर तरफ यही तो हो रहा है। प्रत्येक समूह सत्ता के लिए लालायित है और इसीलिए वह स्वयं को अलग किये जा रहा है। राष्ट्रवाद और देशभक्ति—यही तो है, जो अंततः युद्ध और विनाश की ओर ले जाता है।

तो संबंधों के बिना जीवन के अस्तित्व की संभावना नहीं है, परंतु जब तक ये संबंध सत्ता पर और प्रभुत्व पर आधारित रहेंगे तब तक इनमें अलगाव की प्रक्रिया रहेगी और यही निरपवाद रूप से टकराव को आमंत्रित करती रहेगी। अलगाव में जीने जैसा कुछ नहीं होता। कोई देश, कोई जन समूह, कोई व्यक्ति अलगाव में जी नहीं सकता; चूंकि आप अलग-अलग तरीकों से सत्ता की तलाश में रहते हैं, अतः आप अलगाव ही पैदा करते हैं। राष्ट्रवादी व्यक्ति एक अभिशाप है क्योंकि अपनी ही राष्ट्रवादिता व देशभक्ति की भावना के कारण वह अलगाव की दीवारें खड़ी कर रहा होता है। अपने देश के साथ उसकी पहचान इतनी जुड़ चुकी होती है कि वह दूसरे देशों के विरुद्ध दीवारें खड़ी कर लेता है। जब आप किसी के भी विरुद्ध दीवारें खड़ी कर लेते हैं, तब क्या होता है? तब वह दूसरा उस दीवार पर निरंतर आघात करता रहता है। जब भी आप किसी का प्रतिरोध करते हैं तब यह प्रतिरोध ही इस बात का संकेत है कि आप उसके साथ टकराव में उलझे हैं। इसीलिए, राष्ट्रवाद जो एक अलगावकारी प्रक्रिया है जो सत्ता की ललक से उपजा है, विश्व में शांति नहीं ला सकता। जो व्यक्ति राष्ट्रवादी है परंतु भाईचारे की बात कर रहा है, तो समझिये कि वह झूठ बोल रहा है। वह परस्पर विपरीत मनोभावों में जी रहा है।

इस संसार में शांति अनिवार्य है; अन्यथा हम मटियामेट हो जायेंगे। हो सकता है कि कुछ लोग बच जायें, लेकिन अगर हम शांति की समस्या का समाधान

नहीं कर पाते तो ऐसा भयानक विनाश होगा जैसा कि पहले कभी नहीं हुआ। शांति कोई आदर्श नहीं है, क्योंकि आदर्श तो काल्पनिक होता है। जो वास्तविक है उसे समझना होगा, उस वास्तविक को समझ पाने में यह कल्पना ही बाधा है–जिसे हम आदर्श कह देते हैं। वास्तविकता यह है कि हर कोई शक्ति, उपाधि व अधिकारों के पीछे लालायित होकर दौड़ा जा रहा है, जिन्हें अच्छे-अच्छे नामों के पीछे छुपा दिया गया है। यह एक असल समस्या है। यह कोई सैद्धांतिक समस्या नहीं है और न ही इसे नज़रअंदाज़ किया जा सकता है, यह तत्काल कार्यवाही की मांग करती है क्योंकि महाविनाश सामने ही खड़ा है। अगर कल नहीं तो अगले बरस, या जल्दी ही यह तो होने वाला है क्योंकि अलगाव की प्रक्रिया तो पहले ही बहुत प्रबल हो चुकी है। और जो इस बारे में सचमुच सोच रहे हैं उन्हें इस समस्या को जड़ से पकड़ना होगा जो कि व्यक्ति की सत्ता की ललक है, और यह ललक ही है जो सत्तालोलुप वर्गों, नस्लों और राष्ट्रों को वजूद में लाती है।

क्या कोई व्यक्ति सत्ता व अधिकार की, पद-प्रतिष्ठा की कामना के बिना भी इस संसार में रह सकता है? निश्चय ही रह सकता है। ऐसा वह तभी कर सकता है जब वह स्वयं की पहचान किसी बृहत् चीज़ से न जोड़े। किसी बृहत्त चीज़ के साथ स्वयं का जुड़ाव–भले ही वह कोई दल, देश, जाति, धर्म हो या ईश्वर–सत्ता की ललक ही तो है। चूंकि आप स्वयं में खोखले, निष्प्रभ और दुर्बल हैं अतः आप किसी बृहत्तर चीज़ से स्वयं का तादात्म्य कर लेना पसंद करते हैं। स्वयं का किसी बड़े वजूद से तादात्म्य कर लेने की कामना सत्ता व अधिकार की ही कामना है। इसीलिये राष्ट्रवाद अथवा कैसी भी सांप्रदायिक भावना संसार में इतना विकराल अभिशाप बन गई है। यह सब सत्ता व अधिकार की ही लालसा है। अतः जीवन को समझने और संबंधों को समझने के लिए अहम बात यह है कि उस ध्येय को ढूंढ़ा जाये जो हम सबको चला रहा है। जैसा वह ध्येय होगा, परिवेश भी वैसा ही होगा। वह ध्येय ही विश्व में या तो शांति लायेगा या विनाश। अतः हममें से प्रत्येक के लिए इस बात के प्रति सजग हो जाना बहुत महत्त्वपूर्ण है कि यह संसार दुख तथा विध्वंस की अवस्था में है और इस बात का एहसास कि हम भी यदि चेतन अथवा अचेतन रूप से सत्ता व अधिकार की दौड़ में लगे हैं तो हम भी इस विध्वंस की आग में घी डाल रहे हैं, जिसके परिणामस्वरूप समाज के साथ हमारा संबंध भी टकराव का एक न थमने वाला सिलसिला बना रहेगा।

सत्ता के विभिन्न रूप हैं; यह सिर्फ दौलत और पदवी हासिल कर लेना

भर नहीं है। कुछ हो पाने की चाह भर ही सत्ता का एक रूप है, जो अपने साथ अलगाव और फिर टकराव ले कर आता है। केवल पद-प्रतिष्ठा व धन-संपदा हासिल कर लेना ही शक्ति-अधिकार की भावना का इकलौता स्वरूप नहीं है। जब तक प्रत्येक व्यक्ति अपने कर्म के आशय और हेतु को समझ नहीं लेता तब तक सरकारी कानूनों का कोई ख़ास महत्त्व नहीं रहता क्योंकि जो भीतर है वही बाहर छा जाता है। बाहरी तौर पर आप कोई भी शांतिपूर्ण संगठन भले ही बना लें परंतु जो लोग उसे संचालित करेंगे वह कालांतर में उसे अपने ही आशयों के अनुसार बदल डालेंगे। इसीलिये, जो लोग एक नयी संस्कृति, एक नये समाज या एक नये राज्य का निर्माण करना चाहते हैं, उनके लिए पहले स्वयं को समझ लेना बहुत महत्त्वपूर्ण है। स्वयं के प्रति जागरूक होते हुए, भीतर चलने वाली गतिविधियों और उतार-चढ़ावों के प्रति सजग होते हुए व्यक्ति अपने छिपे हुए हेतुओं, मंसूबों और खतरों को समझ पाता है और केवल इस सजगता में ही रूपांतरण है। नवनिर्माण तभी संभव है जब सत्ता की इस ललक का अंत हो जाये। केवल तभी हम एक ऐसी नयी संस्कृति व ऐसे नये समाज की रचना कर सकते हैं जो टकरावों पर नहीं बल्कि समझ पर आधारित हो। संबंध स्व की गतिविधि को उजागर करने की प्रक्रिया है और स्वयं को तथा अपने मन की करतूतों को देखे-समझे बिना किसी बाहरी व्यवस्था, प्रणाली या किसी चतुर सूत्र-सिद्धांत को स्थापित कर लेने का कोई अर्थ नहीं है।

तो, जो बात महत्त्वपूर्ण है वह है दूसरों के साथ अपने संबंध को समझना। तब संबंध कोई अलगावकारी प्रक्रिया न रहकर एक ऐसा प्रवाह बन जाता है जिसमें आप अपने हेतुओं, विचारों और अपने अभियानों को देख पाते हैं और यह खोज ही मुक्ति तथा रूपांतरण की शुरुआत है। यह तत्क्षण हुआ रूपांतरण ही है जो संसार में एक आधारभूत, एक मौलिक क्रांति ला सकता है, जिसकी आज नितांत आवश्यकता है। अलगाव की चार दीवारी में घटित क्रांति कोई क्रांति नहीं है। क्रांति तभी आती है जब अलगाव की तमाम दीवारें ढहा दी जाती हैं। और यह तभी संभव है जब आपमें सत्ता व अधिकार की ललक शेष न रह जाये।

बैंगलौर, 15 अगस्त 1948

कर्म, गतिविधि और संबंध

मेरा सुझाव है कि जो कुछ यहां कहा जा रहा है उसे हम बिना नकारे या स्वीकारे बस ध्यानपूर्वक सुनें। ध्यानपूर्वक सुन पाना ज़रूरी है ताकि यदि कोई नयी बात कही जा रही हो तो हम उसे तत्काल ही नकार न दें। इसका अर्थ यह नहीं है कि जो कुछ कहा जा रहा है उसे स्वीकार कर लिया जाना चाहिए। यह तो बिल्कुल बेतुकी बात होगी, क्योंकि तब तो हम केवल किसी मान्यता को ही स्थापित कर रहे होंगे और जहां कोई स्थापित मान्यता होती है वहां कोई विचारणा या संवेदनशीलता नहीं रह सकती, वहां कुछ भी नया खोज पाना संभव नहीं। चूंकि अधिकतर हम लोगों की किसी भी बात को सचमुच समझे बिना उसे तुरंत ही स्वीकार कर लेने की प्रवृत्ति रहती है, अतः इस बात का खतरा बना रहता है कि बिना विचारणा, खोजबीन के और गहराई तक जांचे-परखे बिना ही हम उसे स्वीकार कर लेते हैं। इस वार्ता में मैं शायद कुछ नयी बातें कहूं या उन्हें एक नये अंदाज़ में रखूं, उन्हें आप यदि सहजता-सरलता, शांति के साथ नहीं सुनते—शांति जो समझ की संवाहक होती है—तो वे शायद आप से चूक जायें।

मैं एक ऐसे विषय पर चर्चा करना चाहता हूं जो थोड़ा कठिन है : कर्म, गतिविधि और संबंध। इससे पहले कि मैं चर्चा शुरू करूं, यह समझ लेना होगा कि गतिविधि से और कर्म से हमारा तात्पर्य क्या है क्योंकि हमारा सारा जीवन कर्म पर, बल्कि यूं कहें कि गतिविधि पर, कुछ-न-कुछ करते रहने पर ही आधारित प्रतीत होता है। मैं गतिविधि व कर्म में अंतर स्पष्ट करना चाहता हूं। ऐसा लगता है कि हम कुछ-न-कुछ करते रहने में ही पूरी तरह खोये रहते हैं—हम अत्यधिक बेचैन हैं, किसी-न-किसी गतिविधि में जुटे हैं, किसी भी कीमत पर कुछ कर डालने, बढ़ते रहने, कुछ हासिल कर लेने व सफलता के लिए जूझने में लगे हैं। संबंधों

में गतिविधि का क्या स्थान है? क्योंकि, जीवन तो संबंधों का ही सिलसिला है। अलग-थलग होकर तो जीया ही नहीं जा सकता, और अगर संबंध केवल गतिविधि बन कर रह जायें तो फिर उसका कोई मतलब नहीं रह जाता। मैं नहीं जानता कि आपके ध्यान में कभी यह बात आई है या नहीं कि जब भी आप सक्रिय नहीं रहते तो तुरंत ही एक बेचैनी-बौखलाहट आपको घेर लेती है; आपको लगने लगता है कि आप जीवंत नहीं हैं, सचेत नहीं हैं और इसीलिए आपको लगता है कि कुछ- न-कुछ करते रहना चाहिए। अक्सर डर रहता है अकेला होने का, अकेले टहलने का, बस तन्हा रह जाने का, और ऐसे ही बिना किसी पुस्तक के, बिना रेडियो के, बिना बातचीत के, अपने दिलोदिमाग और हाथों को हर समय व्यस्त रखे बगैर बस यूं ही चुपचाप बैठने का खौफ।

अतः गतिविधि को समझने के लिए हमें संबंध को समझना होगा, नहीं क्या? संबंध को हम यदि मनबहलाव के रूप में या किसी चीज़ से पलायन के रूप में लेते हैं तो संबंध एक गतिविधि मात्र बन कर रह जाता है। और क्या हमारे अधिकांश संबंध महज़ एक भटकाव ही नहीं हैं और क्या इसीलिए हमारे संबंध केवल गतिविधियों का, हरकतों का ही सिलसिला बन कर नहीं रह गये हैं? जैसा कि मैंने कहा संबंधों में सार्थकता तभी आती है जब वे हमारे मन की परतों को उघाड़ कर सामने लाते हैं और हम संबंध की गति में खुद से परिचित होते चलते हैं। परंतु हम में से अधिकतर लोग संबंधों में स्वयं को प्रत्यक्ष देखना ही नहीं चाहते, बल्कि हम तो संबंधों को अपनी कमियों, परेशानियों तथा अनिश्चितताओं को ढंकने के लिए प्रयोग करते हैं। इस प्रकार संबंध महज़ व्यस्तता, महज़ गतिविधि बन कर रह जाते हैं। मैं नहीं जानता कि आपका ध्यान इस बात पर कभी गया है या नहीं कि संबंध बहुत पीड़ादायक होता है और यदि संबंध अपने आप को उघाड़ने की प्रक्रिया नहीं है, जिसमें आप खुद से परिचित हो पायें, तो संबंध स्वयं से केवल भागना ही होगा।

मेरे विचार से, इस बात को समझ लेना बहुत महत्त्वपूर्ण है क्योंकि संबंधों की गति में ही स्वबोध का मर्म छिपा है–फिर वह संबंध चाहे वस्तुओं से हो, या व्यक्तियों से या धारणाओं से। संबंध क्या किसी धारणा पर, बना लिये गये विचार पर आधारित रह सकता है? निश्चय ही, किसी धारणा पर आधारित कोई भी कार्य उस धारणा की निरंतरता मात्र होता है और यह गतिविधि ही है। कर्म किसी धारणा पर आधारित नहीं होता। वह तो तत्क्षण, सहज, संपूर्ण होता है जिसमें सोच की प्रक्रिया का दखल नहीं होता। परंतु जब हम कर्म को किसी

धारणा पर, किसी विचार पर आधारित रखते हैं तब वह एक गतिविधि बन जाता है, और इसी तरह जब हम संबंध को किसी विचार पर आधारित कर लेते हैं, तब ऐसा संबंध भी यकीनन गतिविधि भर ही होता है, उसमें आपसी समझ नहीं होती। तब वह किसी सूत्र-सिद्धांत को, किसी ढर्रे को, किसी धारणा को ढोने जैसा हो जाता है। चूंकि हम संबंध से कुछ हासिल करना चाहते हैं अतः ऐसा संबंध सदैव संकुचित, सीमित और संकीर्ण ही होता है।

धारणा तो किसी चाहत का, इच्छा और उद्देश्य का परिणाम होती है। मैं यदि आपसे इसलिए संबंधित रहता हूं क्योंकि शारीरिक अथवा मानसिक तौर पर मुझे आपकी आवश्यकता है, तो स्पष्ट है कि यह संबंध इस धारणा पर आधारित होगा कि मैं आपसे कुछ चाहता हूं। और किसी धारणा पर आधारित कोई संबंध स्व को दर्शाने की प्रक्रिया नहीं बन पाता। वह तो केवल एक संवेग, एक गतिविधि और एक दस्तूर बनकर रह जाता है जिसकी हमें आदत पड़ चुकी होती है। इसीलिए ऐसे संबंध हमेशा खिंचे हुए, दुखद, कलह और संघर्ष से भरे रहते हैं और हमारे संताप का कारण भी बनते हैं।

क्या यह संभव है कि हम बिना किसी विचार के, बिना किसी मांग के, बिना मालिक बने तथा बिना किसी स्वामित्वभाव के भी संबंधित रह सकें? क्या एक दूसरे के साथ सहसंवाद संभव है, मिलन संभव है—जो वास्तविक संबंध है, चेतना के विभिन्न तलों पर—यदि हम किसी कामना के आधार पर या किसी शारीरिक अथवा मनोवैज्ञानिक आवश्यकता के आधार पर जुड़े हैं? चाहत से उपजे व संस्कारों में जकड़ने वाले इन कारणों के बिना भी क्या संबंध हो सकता है? जैसा मैंने कहा यह एक बहुत कठिन समस्या है। हमें इसमें गहराई तक और बहुत धीरज के साथ उतरना होगा। इसमें स्वीकारने या नकारने जैसा कुछ नहीं है।

यह तो हमारे सामने ही है कि आज हमारे संबंध क्या हो गये हैं—एक कलह-क्लेश, एक संघर्ष, दर्द या एक आदत। हम यदि किसी एक के साथ भी अपने संबंधों को संपूर्णतः व समूचे तौर पर समझ लें तो शायद एक संभावना बन जाये कि फिर हम अनेकों के साथ अर्थात् समाज के साथ भी अपने संबंधों को समझ पायें। मैं यदि किसी एक के भी साथ अपने संबंधों को समझने में अक्षम रहता हूं तो पूरी मानवता के साथ, समाज व अन्य लोगों के साथ अपने संबंधों को कैसे समझ पाऊंगा! और, उस एक के साथ भी मेरा संबंध यदि आवश्यकता पर या तुष्टि पर आधारित हुआ, फिर तो मेरा संबंध समाज के साथ

भी वैसा ही होगा। इस प्रकार एक के साथ चलता हुआ मेरा झगड़ा अनेकों के साथ भी होगा। तो, किसी एक के साथ या अनेक के साथ बिना किसी मांग के रहना क्या संभव है? बिल्कुल, समस्या यही है—है कि नहीं?—न केवल आपके व मेरे बीच ही बल्कि मेरे व समाज के बीच भी। अतः इस समस्या को समझने के लिए, गहराई तक इसकी खोजबीन करने के लिए, आपको स्व को जानने के मामले में गहरी पैठ करनी होगी, क्योंकि आप जैसे हैं स्वयं को वैसा ही जाने बिना, 'जो है' को निपट, यथावत् जाने बिना आप दूसरे के साथ निश्चय ही सम्यक् संबंध नहीं रख सकते। आप चाहे जो कर लें—पलायन कर लें, पूजा कर लें, पढ़ लें, सिनेमा देख लें, रेडियो सुन लें—परंतु जब तक आप स्वयं को जान नहीं लेते तब तक सम्यक् संबंध नहीं रख पायेंगे, और इसीलिए न केवल आपके भीतर बल्कि आपके बाहर और आपके चारों ओर भी फ़साद, द्वंद्व, वैरभाव और भ्रम रहेंगे। जब तक आपके संबंध तुष्टि के, पलायन के और मन-बहलाव के माध्यम बने रहेंगे तब तक वे केवल गतिविधि ही बने रहेंगे और वहां आत्म-बोध नहीं हो पाएगा। परंतु स्वयं को समझना, स्वयं का अन्वेषण करना, 'स्व' के तौर-तरीकों को बेनकाब करना—यह सब तो संबंधों के माध्यम से ही किया जा सकता है, अर्थात् तभी यदि आप संबंधों के विषय में गहरे पैठने और इस प्रक्रिया में स्वयं को बेपर्दा करने को राज़ी हैं? क्योंकि, आखिर बिना संबंध के तो आप जी ही नहीं सकते, परंतु हम संबंधों को अपनी सुविधा, अपनी तुष्टि के लिए, कुछ बनने के लिए ही इस्तेमाल करना चाहते हैं। यानी कि हम संबंधों को इस्तेमाल करते हैं, जो विचार पर आधारित हैं, तात्पर्य यह है कि संबंधों में हमारा मन महत्त्वपूर्ण भूमिका निबाहता है। परंतु चूंकि मन का सरोकार सदैव स्वयं को संरक्षित करने से तथा सदैव ज्ञात की परिधि में बने रहने से रहता है, अतः वह सारे संबंधों को आदत अथवा सुरक्षा के स्तर पर उतार लाता है। इस प्रकार, संबंध केवल गतिविधि बन जाता है।

तो आपने देखा कि संबंध स्व-प्रकटन की प्रक्रिया हो सकता है, यदि हम ऐसा होने दें, परंतु चूंकि हम ऐसा होने नहीं देते अतः संबंध केवल तुष्टीकरण की प्रक्रिया बन कर रह जाता है। मन जब तक संबंधों को केवल अपनी सुरक्षा हेतु इस्तेमाल करता रहेगा, तब तक ये संबंध निश्चित रूप से उलझनें तथा विरोध-प्रतिरोध ही खड़े करते रहेंगे। क्या यह संभव है कि किसी मांग की, किसी चाहत की या किसी भी तरह की तुष्टि की धारणा संजोये बिना भी संबंधों में जिया जा सके?

आप प्रेम के बारे में सोच नहीं सकते। आप उस व्यक्ति के बारे में सोच सकते हैं जिसे आप प्रेम करते हैं, परंतु वह सोच, वह विचार तो प्रेम नहीं होता, इसलिये शनैः शनैः विचार ही प्रेम का स्थान ले लेता है... क्या संबंध किसी विचार पर आधारित हो सकता है? यदि ऐसा होता है तो क्या यह खुद को एक खोल में बंद कर लेने की क्रिया नहीं है और क्या इससे झगड़े, अनबन और दुख, यह सब लाज़मी ही नहीं हो जायेंगे।

ओहाय, 17 जुलाई 1949

सबसे अहम बात है संबंधों में द्वंद्व को समझना

यथार्थ केवल तभी उजागर होता है जब मन शांत 'हो', शांत 'किया' न गया हो। मन को शांत करने के लिए अनुशासन कदापि नहीं चाहिये। जब आप स्वयं को साधने लगते हैं, तब वह केवल एक प्रक्षेपित इच्छा ही होती है किसी विशेष अवस्था में होने की। ऐसी अवस्था विराम की अवस्था नहीं होती। विचारक एवं विचार की समझ ही धर्म है, अर्थात् संबंधों में अपनी क्रियाओं को समझना। ऐसी समझ ही धर्म है, न कि किसी अवधारणा को पूजना—वह चाहे कितनी भी तुष्टिकारक तथा परंपरागत क्यों न हो। संबंधों में अपनी क्रिया को समझना, इसकी गहराई को समझना, इसके सौंदर्य को समझना—यही धर्म है, क्योंकि जीवन आखिर संबंध ही तो है। जीने का अर्थ ही है संबंधों में जीना, अन्यथा आपका अस्तित्व ही क्या है। आप अलग-थलग जी नहीं सकते। आप अपने मित्रों से, परिवार से, अपने सहकर्मियों से संबंधमय रहेंगे ही। यदि आप विरक्त होकर किसी पर्वत पर जाकर अकेले रहने लगें तो भी आपका संबंध उस व्यक्ति से तो रहेगा ही जो आपके लिए भोजन की व्यवस्था करता है। आप उस अवधारणा से भी संबंध क़ायम रखते हैं जो आपने बना रखी है। अस्तित्व का निहितार्थ है होना, अर्थात् संबंधित होना, और जब हम इस संबंध को ही नहीं समझ पाते तो हममें समग्रता की समझ भी नहीं आ पाती। परंतु चूंकि संबंध पीड़ाप्रद और क्षोभकारी होते हैं और हमारे समक्ष नित नयी मांगें रखते रहते हैं अतः इनसे पलायन करके हम उसकी शरण में जा बैठते हैं जिसे हम ईश्वर कहते हैं। फिर इस पलायन को ही हम यथार्थ का, सत्य का अनुसरण मानने लगते हैं। कोई भी अनुसरणकर्ता कभी यथार्थ का अनुसरण नहीं कर सकता। वह तो अपनी ही उस अवधारणा का, उस आदर्श का अनुसरण कर रहा होता है जिसे उसने स्वयं ही धारित कर

लिया है। अतः हमारे संबंध और उनकी समझ ही सच्चा धर्म है, अन्य कुछ नहीं, क्योंकि इन संबंधों में ही हमारे अस्तित्व का समूचा महत्त्व समाया हुआ है। संबंध चाहे लोगों के साथ हों, या प्रकृति, वृक्षों व तारों के साथ, या अवधारणाओं या राज्य के साथ—इन संबंधों में ही विचारकर्ता तथा विचार का अर्थात व्यक्ति का, उसके मन का पूरा खुलासा हो पाता है। टकराव के उभार के साथ ही अहं अस्तित्व में आता है, टकराव के केंद्रीकरण से ही मन को उसके अपने अस्तित्व का एहसास होता है, अन्यथा तो अहं है ही नहीं। आप इस अहं को अब भले ही कितने भी उच्च आसन पर बिठा दें, परंतु रहता वह तुष्टि-लोलुपता का ही रूप है।

तो वो शख़्स जिसके भीतर यथार्थ को ग्रहण करने की मंशा है, वह उसकी तलाश में भटकता नहीं, बल्कि उस शाश्वत की आवाज़ को सुनता है—वह शाश्वत जो भी हो—तो उसे संबंधों को अवश्यमेव समझना होगा, क्योंकि संबंधों में ही द्वंद्व रचा-बसा है—वह द्वंद्व ही है जो हमें यथार्थ से वंचित रखता है। इसका तात्पर्य है कि द्वंद्व में मन अपने में ही उलझा रहता है, जो उलझन से निकलना भी चाहता है, द्वंद्व से पलायन करना चाहता है; परंतु मन जब द्वंद्व को समझ लेता है, केवल तभी वह यथार्थ को ग्रहण करने योग्य बन पाता है। तो संबंधों को समझे बिना यथार्थ की तलाश पलायन की ही तलाश बन जाती है। क्यों न इसके रू-ब-रू हों? यथार्थ को समझे बिना आप उसके पार कैसे जा सकते हैं? भले ही आप अपनी आंखें मूंद लें, तीर्थाटन पर चले जायें, या अर्थहीन छवियों की पूजा में रमे रहें, परंतु यह पूजा, यह भक्ति, यह कर्मकांड, यह फूल चढ़ाना, त्याग-बलिदान, ये आदर्श, ये विश्वास—संबंधों में द्वंद्व को समझे बिना इन सब का कोई अर्थ नहीं है। इसीलिए संबंधों में द्वंद्व को समझने का महत्त्व सर्वोपरि है—और किसी बात का नहीं, क्योंकि इसी द्वंद्व में आप मन की सारी प्रक्रिया को समझ सकते हैं। स्वयं को जाने बिना, जैसे कि आप हैं, न कि जैसा मान्यताओं के तहत, 'तकनीकी तौर पर' आपको होना चाहिये—पदार्थ में छुपा परमात्मा या फिर ऐसा ही कोई मत-सिद्धांत—बल्कि वास्तव में, अपने रोज़ाना के तमाम आर्थिक, सामाजिक और विचारधारात्मक टकरावों में खुद को जाने बिना, इस द्वंद्व को समझे बगैर, आप उस पार जाकर कैसे कुछ उपलब्ध कर सकते हैं? उस पार की तलाश 'जो है' उससे एक पलायन ही है, और आप यदि पलायन ही करना चाहते हैं तो फिर उसके लिए कोई धर्म या ईश्वर ऐसे ही है जैसे कि कोई नशा। ईश्वर और नशों को एक ही स्तर पर रखे जाने पर आपत्ति मत उठाइये। सारे पलायन एक

ही स्तर के हैं, वह चाहे मदिरा हो, कोई मंदिर हो या कुछ और।

अतएव संबंधों में द्वंद्व को समझने का महत्त्व सर्वोपरि है, कुछ भी और इतना अहम नहीं, क्योंकि इसी द्वंद्व से हम उस संसार को रचते हैं जिसमें हम प्रतिदिन जीते हैं—दुख, दरिद्रता और जीवन की कुरूपता भरा संसार। संबंध जीवन के प्रवाह का प्रतिकर्म है, प्रत्युत्तर है। अर्थात जीवन एक अनवरत चुनौती है, परंतु जब प्रत्युत्तर अपर्याप्त रहता है, सटीक नहीं होता, तब द्वंद्व खड़ा हो जाता है—जब हम चुनौती के प्रति तत्काल, सच्चा तथा समुचित प्रतिकर्म करते हैं तो वह पूर्णता लाता है। किसी चुनौती के प्रत्युत्तर में किया गया समुचित कर्म द्वंद्वों को तिरोहित कर देता है। इसीलिए तो स्वयं को समझना इतना महत्त्वपूर्ण है, अमूर्त रूप से नहीं बल्कि ज़मीनी तौर पर, दिन-प्रतिदिन के जीवन में। अपने दैनिक जीवन में आप क्या हैं इसी बात का महत्त्व सर्वोपरि है, आप क्या सोचते हैं या आपके क्या विचार हैं इसका नहीं, बल्कि इस बात का कि आप अपनी पत्नी या पति, अपने बच्चों व अपने कर्मचारियों के साथ कैसा व्यवहार करते हैं, क्योंकि आप जैसे हैं वैसा ही संसार आप रचते हैं। यहां आचरण से आदर्श आचरण अभिप्रेत नहीं है। आदर्श आचरण जैसा कुछ नहीं होता। आचरण तो वही है जो आप पल-प्रतिपल हैं, हर पल आप जैसा व्यवहार करते हैं। आदर्श तो अपने आप से एक पलायन है। आप दूर तक कैसे जा सकते हैं जब तक आप यही नहीं जानते कि आपके नज़दीक क्या है, जब आप अपनी पत्नी तक को नहीं जानते? निस्संदेह कहीं दूर पहुंचने के लिए शुरुआत तो आपको नज़दीक से ही करनी होगी, परंतु आपकी आँखें तो दूर क्षितिज पर ही टिकी हैं—जिसे आप धर्म कहते हैं—साथ ही साथ आपके पास विश्वासों का पूरा ताम-झाम रहता है जो पलायन में सहायक है।

तो महत्त्वपूर्ण बात है पलायन से कैसे बचा जाये, क्योंकि हर पलायन तो एक से बढ़कर एक है; धार्मिक पलायन हो या सांसारिक पलायन, सारे पलायन एक जैसे हैं, पलायन हमारी समस्याओं का समाधान नहीं करते। हमारी समस्या है द्वंद्व—केवल व्यक्तियों के बीच का ही द्वंद्व नहीं बल्कि वैश्विक द्वंद्व। जो कुछ विश्व में हो रहा है उसे हम सब देख ही रहे हैं—युद्ध का, विध्वंस का और दुख का विकराल होता जाता टकराव—जिसे आप रोक नहीं सकते। आप जो कर सकते हैं वह है संसार के साथ अपने संबंधों में बदलाव लाना—यूरोप या अमेरिका के साथ नहीं बल्कि अपनी पत्नी, अपने पति, अपने कार्य-स्थल और अपने घर-संसार के साथ अपने संबंधों में बदलाव लाना। यहां आप बदलाव ला सकते हैं, और

यही बदलाव फैलता जायेगा; इस मूलभूत बदलाव के बिना मन की शांति कदापि नहीं आ सकती। भले ही आप किसी कोने में बैठ जायें या कोई ऐसा पाठ या जाप करें जो आप को सुला दे—जिसे अधिकतर लोग ध्यान कहते हैं, परंतु इससे मन पर पड़े पर्दे नहीं हट पाते—यथार्थ के दर्शन नहीं हो पाते। हममें से ज़्यादातर लोग संतोषजनक पलायन ही तो चाहते हैं। हम अपने द्वंद्व का सामना करना ही नहीं चाहते क्योंकि वह बहुत पीड़ादायक है। वह पीड़ादायक इसलिए है, क्योंकि हमने कभी देखने की कोशिश ही नहीं की कि आखिर वह है क्या। हम उसके पीछे भागते हैं जिसे हम ईश्वर कहते हैं, लेकिन द्वंद्व के कारणों में कभी नहीं झांकते। यदि हम दैनिक जीवन के द्वंद्व को समझ लें तो हम आगे जा सकते हैं, क्योंकि इस समझ में ही जीवन का संपूर्ण सार समाहित है। जो मन द्वंद्व में रहता है वह विध्वंसक होता है, फ़िज़ूल बातों में खुद को खपाए रखता है, द्वंद्व में लिप्त मन कभी समझ नहीं सकता। द्वंद्व को प्रतिबंध, विश्वास और अनुशासन के ज़रिये कभी नहीं रोका जा सकता, द्वंद्व को तो स्वयं में ही समझना होगा। हमारी समस्या संबंधों में ही है, जो कि जीवन है, और जीवन को समझना ही धर्म है जो एक ऐसी अवस्था तक लाता है जहां मन मौन होता है, खामोश होता है। ऐसा ही मन यथार्थ को ग्रहण कर पाने में सक्षम होता है। आखिरकार, धर्म न तो कर्मकांड है, न ही चर्च में होने वाले क्रियाकलाप, न तो यह मंत्रों का जाप है, न ही कोई रीति-रिवाज़ या उत्सवों का आयोजन—निस्संदेह यह सब धर्म नहीं है। यह तो विभाजन हैं, परंतु जो मन संबंधों को समझता है उसके लिए कोई विभाजन है ही नहीं। जीवन एक है, ऐसा विश्वास करना तो मात्र एक अवधारणा है, और इसीलिए इसका कोई मोल नहीं है, परंतु जो संबंधों को समझ रहा है, उसके लिए 'अपना' या 'पराया' जैसा कुछ नहीं रह जाता, उसके लिए न कोई विदेशी होता है और न ही नज़दीकी। संबंध, स्वयं को ही समझने की प्रक्रिया है, रोज़ाना जीवन में हर पल स्वयं को समझना ही स्वबोध है, स्वयं को जानना-समझना है। स्वबोध कोई धर्म नहीं है, न ही कोई परम लक्ष्य। परम लक्ष्य जैसी कोई चीज़ नहीं होती। ऐसी बातें उस व्यक्ति के लिए हुआ करती हैं जो पलायन करना चाहता है; परंतु संबंधों की समझ, जिसमें स्वबोध की परतें सदा सर्वदा खुलती रहती हैं—ऐसी समझ तो अपरिमेय होती है।

अतः स्वबोध खुद को किसी ऊंचे सिंहासन पर विराज़मान कर देने का ज्ञान नहीं है; यह तो दैनिक व्यवहार के पल-प्रतिपल में है, जो कर्म है, संबंध है; और इस स्वबोध के बिना कोई सम्यक् विचारणा नहीं होती। आप यदि खुद

को ही नहीं जानते तो आपके पास सही सोच-समझ का आधार ही नहीं रह जाता। किसी कल्पना में या कोरी सिद्धांतवादिता में आप स्वयं को नहीं जान सकते। केवल दैनिक जीवन के संबंधों में ही आप स्वयं से परिचित हो सकते हैं। क्या आप नहीं जानते कि आप द्वंद्व में हैं? इससे आँखें मूंद लेने या टाल देने से क्या फायदा—यह तो बिल्कुल उस व्यक्ति के बर्ताव की तरह होगा जिसके शरीर में विष फैल रहा हो, वह उसे देखना भी नहीं चाहता और इसीलिए वह धीरे-धीरे मौत के मुंह में जा रहा होता है।

अतः स्वयं को जानना ही प्रज्ञा का आरंभ है, स्वबोध के बिना आप बहुत दूर नहीं जा सकते। परम की, ईश्वर की, सत्य की—या आप उसे जो भी नाम दें—उसकी तलाश में फिरना अहंजनित तुष्टि की ही तलाश है। इसीलिये, शुरुआत आपको निकट से ही करनी होगी, अतः आप अपने हर शब्द को परखें, हर भाव-भंगिमा को, जैसे आप बोलते हैं, जैसे खाते-पीते हैं या और छोटे-मोटे कामकाज करते हैं, हर चीज़ के प्रति बिना किसी निंदा के सजग हों। इसी सजगता में आप जान पायेंगे जो वास्तव में है, और साथ ही उस 'जो है' के बुनियादी बदलाव को भी जो कि मुक्ति का आरंभ है। मुक्ति कोई मंजिल नहीं है। यह तो पल-प्रतिपल 'जो है', उसे समझने में है—जब मन स्वतंत्र होता है, स्वतंत्र किया नहीं जाता। केवल स्वतंत्र मन ही है जो खोज पाता है, किसी विश्वास में ढला या किसी परिकल्पना के अनुसार चित्रित मन नहीं। ऐसा मन खोज नहीं सकता। द्वंद्व के रहते कोई स्वतंत्रता नहीं हो सकती, इसलिए कि द्वंद्व है संबंध में स्व का जकड़ाव।

राजमंडरी, 4 दिसंबर 1949

पीड़ा व टकराव के स्रोत क्या बने ही रहेंगे?

किसी भी समस्या के बारे में हमारी पहुंच किसी न किसी ढर्रे पर टिकी होती है—किसी विचारधारा पर, वह चाहे राजनैतिक हो या धार्मिक, और निस्संदेह यही हमारी बढ़ती हुई उलझनों का स्रोत है। स्पष्टतः कोई भी संगठित धर्म समस्या को समझने में बाधक बनता है, क्योंकि वह हमारे मन को मत-सिद्धांतों और विश्वासों से संस्कारबद्ध कर देता है। हमारी कठिनाई यह है कि हम किसी समस्या को किन्हीं विशेष धार्मिक या राजनीतिक संस्कारों के माध्यम से नहीं; बल्कि सीधे तौर पर कैसे समझें। कैसे वह समस्या हमारी पकड़ में आए ताकि यह द्वंद्व, यह टकराव समाप्त हो जाए—अस्थायी तौर पर नहीं बल्कि पूरी तरह से, ताकि इंसान पूर्णतः जीवंत हो सके, भविष्य की चिंताओं और बीते हुए कल के बोझ से मुक्त। यही तो है जो हमें सीखना होगा कि समस्या को बिल्कुल नये ढंग से कैसे देखें—क्योंकि हर समस्या, चाहे वह राजनीतिक हो, आर्थिक हो, धार्मिक हो, सामाजिक हो या व्यक्तिगत हो, हमेशा नयी ही होती है, अतः पुराने को ढोते हुए उस तक पहुंच ही नहीं सकते। शायद इस बात को भिन्न तरीके से रखा जा रहा है जिसके आप अभ्यस्त नहीं हैं, परंतु मुद्दा वास्तव में यही है। आखिरकार, जीवन निरंतर परिवर्तित होता हुआ परिवेश ही तो है। हाथ पर हाथ धर कर आराम से बैठना ही हमें पसंद है। धर्म की, विश्वास की शरण में चले जाना हमें सुहाता है या फिर कुछ विशेष तथ्यों पर आधारित जानकारी का हम सहारा ले लिया करते हैं।

सुख-चैन से जीना, परितुष्ट रहना हमें अच्छा लगता है, हम उद्वेलित नहीं होना चाहते; परंतु जीवन जो कि निरंतर बदल रहा है, सदा नया है, पुराने को हमेशा उद्वेलित करता रहता है, छेड़ता रहता है। तो हमारा प्रश्न यह है कि किसी

चुनौती का सामना बिल्कुल नये तरीके से कैसे करें? हम अतीत का परिणाम हैं; हमारे विचार बीते कल की उपज हैं, परंतु बीते कल के साथ हम आज का सामना तो नहीं कर सकते क्योंकि आज तो एकदम नया है। जब हम बीते हुए को साथ लेकर नये से मिलते हैं तब हम आज को समझने के लिए उस बीत चुके की संस्कारबद्धता को ही निरंतरता दे रहे होते हैं। अतः नये से मिलने में हमारी समस्या यह है कि पुरातन को कैसे समझा जाए और फिर उससे मुक्त कैसे हुआ जाए। पुराना नये को नहीं समझ सकता, आप 'पुरानी बोतलों में नयी शराब' नहीं डाल सकते। अतः पुराने को समझना अहम है—पुराना, जो बीत चुका है, जो विचारों पर टिका हुआ मन है।

विचार, धारणा अतीत की ही उपज है। कोई भी धारणा, भले ही वह ऐतिहासिक या वैज्ञानिक जानकारी हो या बस पूर्वाग्रह एवं अंधविश्वास भर, ज़ाहिर है कि वह अतीत की उपज है। यदि हमारे पास स्मृति न हो, तो हम सोच ही नहीं पाएंगे। स्मृति अनुभव का अवशेष है, स्मृति है विचार का प्रत्युत्तर। चुनौती को समझने के लिए, जो कि नयी ही होती है, हमें अपने स्व के पूरे प्रक्रम को समझना होगा जो कि अतीत का परिणाम है, हमारे संस्कारों की उपज है—वे संस्कार चाहे परिवेश के हों, समाज के, जलवायु के, राजनीति के या अर्थ जगत के—जो कि हमारा कुल ढांचा है। समस्या को समझना स्वयं को ही समझना है। संसार को समझने की शुरुआत स्वयं को समझने से ही होती है। समस्या संसार नहीं है, बल्कि आप हैं, दूसरों के साथ अपने संबंधों में, जो समस्या बन जाते हैं और फिर वह समस्या ही फैलते-फैलते विश्व-समस्या बन जाती है।

तो, द्वंद्व, पीड़ा, उलझन और दुख के इस अत्यंत विराट, जटिल तंत्र को समझने के लिए शुरुआत हमें स्वयं से ही करनी होगी—परंतु व्यक्ति के तौर पर नहीं जिसे हमने समूह के विरुद्ध स्थापित कर लिया है। जिसे हम समूह कहते हैं ऐसी कोई अमूर्त चीज़ है ही नहीं; परंतु जब आप और मैं स्वयं को समझ नहीं पाते हैं, जब हम किसी नेता के पिछलग्गू बन जाते हैं और शब्दों से सम्मोहित हो जाते हैं, तब हम समूह हो जाते हैं और फिर शोषित होते रहते हैं। तो समस्या का निदान अलग-थलग होकर किसी मठ, पर्वत या कंदरा में जा बैठने से नहीं मिलने वाला, बल्कि यह तो संबंधों में स्वयं की समूची समस्या को समझने से ही मिल सकता है। आप अलग-थलग होकर नहीं जी सकते, होने का अर्थ ही है संबंधित होना। तो हमारी समस्या है संबंध, जो द्वंद्व का, क्लेश का, लगातार दिक्कतों का सबब बन जाया करता है। जब तक हम संबंध को नहीं समझ लेते

तब तक वह हमारे लिए अपार पीड़ा व संघर्ष का स्रोत बना रहेगा। स्वयं को समझना, जिसे हम स्वबोध कहें, यही बुद्धिमता की शुरुआत है; और स्वबोध के लिए आप किसी किताब पर निर्भर नहीं कर सकते। ऐसा कोई ग्रंथ नहीं है जो आपको यह सिखा सके। स्वयं को जानें और जैसे ही आप स्वयं को जानने लगते हैं तो आप उन समस्याओं से निपट पाते हैं, जो प्रतिदिन हमारे सामने आती रहती हैं। स्वबोध मन की प्रशांति ले आता है, और तभी सत्य का आविर्भाव हो पाता है। सत्य को ढूंढ़ा नहीं जा सकता। सत्य अज्ञात है, जबकि आप जिसे ढूंढ़ रहे हैं वह तो पूर्वज्ञात है, पहले से ही जाना हुआ है। सत्य तो बिना ढूंढ़े ही अवतरित हो जाता है, जब मन पूर्वाग्रह से रहित होता है, जब हमारे होने के समग्र ताने-बाने की समझ मौजूद होती है।

कोलंबो, 25 दिसंबर 1949

संबंध–एक दर्पण

स्वबोध कोई ऐसी बात नहीं है जिसे पुस्तकों से पाया जा सके, न ही यह एक लंबे व कठोर अभ्यास एवं अनुशासन का ही परिणाम है। यह तो पल-प्रतिपल रहने वाली सजगता है–प्रत्येक विचार तथा एहसास के प्रति, जब-जैसे भी संबंधों में वो उभर रहे हों। संबंध कोई अमूर्त विचारधारात्मक धरातल नहीं होता बल्कि एक ज़मीनी सच्चाई है–संपत्ति के साथ, लोगों के साथ और विचारों के साथ संबंध। संबंध का अभिप्राय ही है जीवन; चूंकि कोई भी अलग-थलग रहकर जी नहीं सकता, होने का अर्थ ही है संबंधित होना। संबंधों में ही हमारे टकराव होते हैं, जीवन के हर धरातल पर, और इस संबंध को पूर्णतः एवं विस्तारपूर्वक समझना ही एकमात्र वास्तविक समस्या है जो हम सबको दरपेश है, सबके सामने है। इस समस्या को स्थगित अथवा उपेक्षित नहीं किया जा सकता। इसमें टाल-मटोल करना और अधिक टकराव व दुख को आमंत्रित करना है। इससे पलायन करना केवल विचारहीनता को जन्म देना है जिसका शोषण करने के लिए चालबाज़ और महत्त्वाकांक्षी लोग तैयार बैठे हैं।

धर्म न तो कोई विश्वास है, न ही जड़सूत्र, बल्कि यह सत्य की समझ है जिसे पल-प्रतिपल के संबंधों में पाना होता है। यदि धर्म एक विश्वास और कट्टरता है तो केवल संबंधों की वास्तविकता से पलायन मात्र है। जो व्यक्ति विश्वास के माध्यम से जिसे वह धर्म कहता है–ईश्वर की या आप उसे जो भी नाम दें उसकी–तलाश में है तो वह केवल विरोध ही खड़े करता है, अलगाव ही लाता है जो कि विघटन है। कोई भी विचारधारा–वह चाहे दक्षिणपंथी हो या वामपंथी, एक धर्म हो या दूसरा धर्म–ये मनुष्य को मनुष्य के विरुद्ध ही खड़ा करते हैं, यही है जो संसार में हो रहा है।

किसी एक विचारधारा के स्थान पर दूसरी विचारधारा को बदलते रहना

हमारी समस्याओं का समाधान नहीं है। समस्या यह नहीं है कि कौन सी विचारधारा बेहतर है, बल्कि समस्या है स्वयं को पूरे ताने-बाने में समझना। आप कह सकते हैं कि स्वयं को समझने में तो अनंत समय लग सकता है और तब तक तो संसार ही बिखर जायेगा। आप सोचते हैं कि यदि आपके पास किसी विचारधारा के अनुसार कोई निश्चित कार्य-योजना है, तो संसार में शीघ्र रूपांतरण की कोई संभावना बन सकती है। इस बात को यदि हम थोड़ा और करीब से देखें तो पाएंगे कि विचार लोगों को नज़दीक नहीं लाते। कोई विचार किसी समूह को जुटा लेने में सहायक हो सकता है, परंतु वह समूह उस दूसरे समूह के विरुद्ध होगा जिसके पास कोई दूसरी विचारधारा है, और ऐसा ही चलता चला जाता है, और फिर विचार अपने आप में कर्म की अपेक्षा ज़्यादा महत्त्वपूर्ण हो जाते हैं। विचारधाराएं, विश्वास और संगठित धर्म लोगों को विभाजित करते हैं।

किसी दूसरे का अनुभव यथार्थ को समझने के लिए उपयुक्त नहीं होता। परंतु समूचे विश्व के संगठित धर्म किसी दूसरे के ही अनुभव पर टिके हुए हैं और इसीलिए वे मानव को मुक्त नहीं कर रहे, बल्कि उसे किसी विशेष ढर्रे पर चलने के लिए बाध्य कर रहे हैं, मानव को मानव के विरुद्ध खड़ा कर रहे हैं। हममें से प्रत्येक जन को फिर से, निपट नये सिरे से शुरुआत करनी होगी, क्योंकि जैसे 'हम' हैं, संसार भी वैसा ही होगा। यह संसार आपसे व मुझसे कुछ भिन्न नहीं है। हमारी समस्याओं का छोटा सा संसार ही फैल कर विश्व और फिर विश्व की समस्याएं बन जाता है।

विश्व की व्यापक समस्याओं के समक्ष हमारी समझ हतप्रभ हो जाती है। हम यह नहीं देख पाते कि यह किसी जन-आंदोलन की समस्या नहीं है, बल्कि यह तो व्यक्ति का उस विश्व के प्रति जाग जाना है जिसमें वह जीता है और अपने निजी संसार की समस्याओं का समाधान करता है, भले ही वह कितना ही सीमित हो। जनसमूह एक ऐसी अमूर्त चीज़ है जिसका राजनेताओं द्वारा यानी किसी विचारधारा से जुड़े व्यक्तियों द्वारा दुरुपयोग किया जाता है। जनसमूह तो वास्तव में मैं, आप और अन्य लोग ही हैं। जब आप, मैं और अन्य किन्हीं शब्दों से सम्मोहित हो जाते हैं तब हम जनसमूह बन जाते हैं, फिर भी वह अमूर्त ही रहता है, क्योंकि शब्द भी तो अमूर्त ही होते हैं। सामूहिक कार्रवाई एक भ्रांति है। यह कार्रवाई तो वास्तव में कार्रवाई के बारे में कुछ लोगों का विचार मात्र होता है जिसे हम अपनी भ्रांतियों व हताशा के कारण स्वीकार कर लेते हैं। अपनी भ्रांतियों व हताशा में ही हम अपने मार्गदर्शकों को चुनते हैं—वे राजनीतिक हों

या धार्मिक– तो वे भी अपरिहार्य रूप से भ्रांतियों व निराशाओं में ही उलझे होंगे क्योंकि वे हमारा ही चुनाव हैं। वे ऐसा ढोंग कर सकते हैं जैसे कि वे एकदम सुनिश्चित हैं, सब कुछ जानते हैं, परंतु असल में चूंकि वे भ्रमित लोगों के मार्गदर्शक हैं अतः वे भी उतने ही भ्रमित होंगे, अन्यथा वे मार्गदर्शक न होते। जिस संसार में नेता व अनुयायी दोनों भ्रमित हों, वहां जाने-अनजाने किसी ढर्रे या विचारधारा का अनुसरण और अधिक टकरावों तथा दुखों को ही जन्म देगा।

यह संसार आपकी समस्या है और इसे भली-भांति समझने के लिए आप को स्वयं को ही समझना होगा। स्वयं की यह समझ कोई समय के अंतर्गत होने वाली बात नहीं है। आप संबंधों में ही तो जीते हैं अन्यथा तो आप जी ही नहीं सकते, आपके संबंध ही समस्या हैं—संपत्ति से, लोगों से, धारणाओं से या विश्वासों से आपका संबंध—यही तो है आपकी समस्या। यह संबंध अब विरोध और टकराव बन गया है, और जब तक आप अपने संबंध को समझ नहीं लेते तब तक आप चाहे कुछ भी करें, चाहे जिस विचारधारा या मान्यता द्वारा खुद को सम्मोहित करते रहें, आप कभी चैन नहीं पा सकते। यह स्वयं की समझ ही संबंधों में कर्म है। जब आप संबंधों के रू-ब-रू होते हैं तभी आप खुद को खोज पाते हैं। संबंध वह दर्पण है जिसमें आप स्वयं को वैसा ही देख सकते हैं जैसे आप हैं। इस दर्पण में स्वयं को जैसे कि आप हैं वैसा तब नहीं देख पाते जब आप किसी निष्कर्ष, व्याख्या अथवा निंदा या औचित्य को ओढ़कर इसके समक्ष पहुंचते हैं।

संबंधों में विचरते समय आप जैसे हैं, जो भी हैं, उसका प्रत्यक्ष बोध ही आपको, 'जो है' उससे मुक्त कर देता है। केवल स्वतंत्रता में ही खोज हो सकती है। संस्कारबद्ध मन सत्य का अन्वेषण नहीं कर सकता। स्वतंत्रता कोई अमूर्त चीज़ नहीं है, यह सद्गुण के साथ अवतरित होती है क्योंकि सद्गुण का सहज स्वभाव ही है कि वह भ्रांति के कारणों से मुक्त कर देता है। तभी तो, सद्गुण का अभाव ही अव्यवस्था और द्वंद्व है। और सद्गुण है मुक्ति—बोध की स्पष्टता जो समझ लाती है। आप सद्गुणी बन नहीं सकते क्योंकि बनना तो लोलुपता की निशानी है, कुछ हथियाने का भ्रम है। सद्गुण 'जो है' का तत्क्षण बोध है। अतः स्वयं को जानना ही प्रज्ञा का प्रारंभ है और प्रज्ञा ही है जो आपकी समस्याओं का समाधान कर पाएगी, और साथ ही विश्व की समस्याओं का भी।

कोलंबो, 28 दिसंबर 1949

रिश्ता–दूसरों के साथ और अपने खयालों के साथ

इससे पहले कि हम यह पूछें कि क्या किया जाए, कैसे किया जाए, यह खोज लेना, यह जान लेना अधिक महत्त्वपूर्ण है कि सम्यक् विचारणा क्या होती है, सही सोचना क्या होता है। ज़ाहिर है कि सम्यक् विचारणा के बिना सम्यक् कर्म भी नहीं हो सकता। किसी ढर्रे पर, किसी विश्वास पर चलते हुए कर्म करना मानव को मानव के विरुद्ध खड़ा करता आया है। जब तक आप स्वयं को नहीं जान जाते तब तक कोई सम्यक् विचारणा नहीं हो सकती। क्योंकि स्वयं को जाने बिना भला आप कैसे जान सकते हैं कि आप सचमुच सोच क्या रहे हैं? हम खूब सोच-विचार करते रहते हैं और बहुत सी गतिविधियों में लगे रहते हैं, परंतु ये सब विचार व क्रियाएं द्वंद्व और वैरभाव ही पैदा करते आये हैं, यह बात हम न केवल अपने भीतर बल्कि अपने चारों ओर विश्व भर में भी देख सकते हैं। अतः हमारी समस्या है कि ऐसी सम्यक् विचारणा कैसे की जाए जो इस प्रकार की सम्यक् क्रिया को जन्म दे जो कि सारे द्वंद्व व भ्रांतियों को निकाल बाहर फेंक दे जिन्हें हम केवल अपने भीतर ही नहीं बल्कि अपने चारों ओर सारे संसार में भी देख रहे हैं।

यदि हमारे विचार संस्कारों की पृष्ठभूमि पर आधारित हैं तो हम जो कुछ भी सोचेंगे, वह साफ़ तौर पर एक प्रतिक्रिया ही होगी जो द्वंद्व की आग में घी का काम करेगी। तो इससे पहले कि हम यह खोजें कि सम्यक् विचारणा क्या है, हमें यह जानना होगा कि स्वबोध क्या है। निश्चय ही, स्वबोध, स्व का ज्ञान किसी विशेष प्रकार के चिंतन को सीखना नहीं है। स्वबोध किन्हीं विचारों, विश्वासों

अथवा निष्कर्षों पर आधारित नहीं होता। इसका जीता-जागता, जीवंत होना ज़रूरी है, अन्यथा यह स्वबोध नहीं रहता, सूचना मात्र रह जायेगा। सूचना, जो कि जानकारी है, और बुद्धिमत्ता—इनमें अंतर है; बुद्धिमत्ता है अपने विचारों एवं भावनाओं की प्रक्रिया को जानना। परंतु हममें से अधिकांश लोग जानकारियों और सतही पढ़ाई-लिखाई में ही उलझे रह जाते हैं और इसीलिए समस्या में गहरी पैठ कर पाने में सक्षम नहीं हो पाते। स्वबोध की पूरी प्रक्रिया को साफ़-साफ़ देखने के लिए हमें संबंधों के प्रति सजग रहना होगा। हमारे पास आपसी रिश्ते ही तो एकमात्र दर्पण हैं—एक ऐसा दर्पण जो कभी ग़लत-बयानी नहीं करता, एक ऐसा दर्पण जिसमें हम स्वयं अपने विचारों को हरकत करते हुए हू-ब-हू देख सकते हैं। अपने को अलग-थलग रखना, जिसे बहुत से लोग पसंद करते हैं, संबंधों के विरुद्ध चोरी-छिपे खड़ा किया गया प्रतिरोध मात्र है। ज़ाहिर है कि ऐसा अलगाव, संबंधों की समझ में रोड़ा बन जाता है। लोगों के साथ, विचारों के साथ और वस्तुओं के साथ हमारा क्या रिश्ता है, अलगाव का रुख इसे समझने का मौका नहीं देता। जब तक हम यह नहीं जान जाते कि हमारे व हमारी संपत्ति के बीच, हमारे और लोगों के बीच, हमारे तथा हमारे विचारों के बीच असली रिश्ता क्या है, तब तक, निश्चय ही, हममें भ्रांतियां और टकराव बने रहेंगे।

अतः सम्यक् विचारणा क्या है—यह हम केवल संबंधों में ही जान सकते हैं। अर्थात संबंधों के दौरान ही इस बात से पर्दा हटा पाते हैं कि हम पल-प्रतिपल कैसे सोचते हैं, हमारी प्रतिक्रियाएं क्या होती हैं, और इस तरह एक-एक कदम परत-दर-परत सम्यक् विचारणा में उतरते चले जाते हैं। यह ध्यानपूर्वक और तथ्यतः देखना कि हमारे संबंधों में क्या घटित हो रहा है, हमारी प्रतिक्रियाएं क्या हैं—और हर सोच, एहसास की सच्चाई को देख-समझ लेना, यह कोई अमूर्त और मुश्किल काम नहीं है। बल्कि, इस मामले में हम जब कोई खयाल, कोई पूर्वधारणा बना लेते हैं कि संबंध ऐसा-ऐसा होना चाहिए, तब यही बात 'जो है' से पर्दा हटाने में तथा उसकी परतों को खोलकर देखने में बाधक बन जाती है। यही हमारी कठिनाई है कि संबंध कैसे होने चाहिए, इस बारे में हमने पहले से ही मन बना रखा है। अधिकांश लोग संबंध को किसी सुख-सुविधा के, परितुष्टि के या सुरक्षा के पर्याय की तरह लेते हैं। ऐसे संबंधों में हम संपत्ति को, अवधारणाओं को और व्यक्तियों को अपनी परितुष्टि के लिए प्रयुक्त करते हैं। विश्वास को हम सुरक्षा के रूप में प्रयोग करते हैं। संबंध कोई यांत्रिक फेर-बदल नहीं है। जब हम व्यक्तियों

का इस्तेमाल करते हैं, तब स्वामित्त्व ज़रूरी हो जाता है, चाहे वह शारीरिक हो या मानसिक, और दूसरों पर मालिकाना हक़ जमाने से हममें ईर्ष्या, डाह, अकेलापन और टकराव उठ खड़े होते हैं। हम यदि इस बात का अध्ययन अधिक निकटता व गहनता से करें तो पाएंगे कि किसी व्यक्ति या संपत्ति को अपनी तुष्टि के लिए इस्तेमाल करना अलगाव की ही प्रक्रिया है। अलगाव की यह प्रक्रिया वास्तविक संबंध कदापि नहीं है। अतः हमारी परेशानियां तथा बढ़ती हुई समस्याएं—ये सब संबंधों की समझ के अभाव से ही आती हैं, संबंधों की यह समझ सारभूत रूप में स्वबोध ही है। हम यदि यह नहीं जानते कि लोगों के साथ, संपत्ति के साथ तथा विचारों के साथ हमारे संबंध कैसे हैं, तो हमारे संबंध निश्चित रूप से द्वंद्व को ही जन्म देंगे। आज हमारी समूची समस्या यही है—न केवल दो व्यक्तियों के बीच का संबंध, बल्कि दो समूहों के बीच, दो देशों के बीच, दो विचारधाराओं के बीच का संबंध, चाहे वे दक्षिणपंथी हों या वामपंथी, धार्मिक हों या सांसारिक। इसलिए यह महत्त्वपूर्ण है कि आप अपनी पत्नी, अपने पति और अपने पड़ोसी के साथ अपने संबंधों को आधारभूत रूप से समझें, क्योंकि संबंध ही वह द्वार है जिसमें प्रवेश करके हम स्वयं को खोज सकते हैं और इस खोज के माध्यम से ही हम यह समझ पाते हैं कि सम्यक् विचारणा क्या होती है।

सम्यक् विचारणा, सही सोचना, निश्चय ही, सम्यक् सोच से भिन्न है। सही सोच तो बना ली गयी होती है। सही सोच के बारे में आप सीख सकते हैं, परंतु सम्यक् विचारणा यानी सही सोचने के बारे में आप ऐसा नहीं कर सकते क्योंकि सही सोचना तो एक प्रवाह होता है, वह जड़ नहीं रहता। सम्यक् सोच को आप किसी पुस्तक से या किसी शिक्षक से सीख सकते हैं या उसके विषय में जानकारी हासिल कर सकते हैं, परंतु किसी ढर्रे या नमूने का अनुकरण करके आपको सम्यक् रूप से सोचना नहीं आ सकता। यह सम्यक् विचारणा तो संबंधों की पल-प्रतिपल वह समझ है जो अहं की सारी गतिविधियों को बेनकाब करती चलती है।

आप चाहे किसी भी स्तर पर जीते हों, वहां द्वंद्व रहता ही है—केवल व्यक्तिगत द्वंद्व ही नहीं वैश्विक द्वंद्व भी। यह संसार आप ही हैं, यह आपसे पृथक नहीं है। आप जैसे होते हैं, संसार भी वैसा ही हो जाता है। व्यक्ति और विचारों के साथ आपके संबंधों में एक आमूल क्रांति की आवश्यकता है। इसमें एक आमूल परिवर्तन होना चाहिए और इस परिवर्तन का आरंभ आपके बाहर कहीं नहीं बल्कि

आपके संबंधों में होना जरूरी है। अतः एक शांतिप्रिय व्यक्ति के लिए, एक विचारशील व्यक्ति के लिए यह अनिवार्य हो जाता है कि वह स्वयं को समझे, क्योंकि स्वयं को जाने बिना उसके सारे प्रयास उलझन और क्लेश की ही वृद्धि करेंगे। स्वयं की सारी प्रक्रियाओं, गतिविधियों के प्रति सजग रहिए। तमाम चीज़ों के साथ अपने संबंध को पल-प्रतिपल समझने के लिए आपको न किसी गुरु की आवश्यकता है और न ही किसी ग्रंथ की।

प्रश्न : विश्व को किसी उपयोगी तरीके से सहायता करने के बजाय आप केवल उपदेश देते हुए अपना समय व्यर्थ क्यों कर रहे हैं?

कृष्णमूर्ति : आपका 'उपयोगी' से क्या तात्पर्य है? आपके अनुसार इसका अर्थ विश्व में एक बदलाव ले आना, रुपये-पैसे के मामले में अपने लाभ के लिए गोटियां इधर-उधर करना, धन और साधनों का बेहतर बंटवारा, बेहतर संबंध या अगर कड़वा सच कहें तो बेहतर आजीविका पाने में आपकी मदद करना है? आप विश्व में परिवर्तन देखना चाहते हैं–हर बुद्धिमान व्यक्ति ऐसा चाहता है–और उस परिवर्तन को लाने के लिए आप कोई प्रणाली या पद्धति चाहते हैं, और इसीलिए आप पूछते हैं कि मैं इस बारे में कुछ करने के बजाय उपदेश करने में समय क्यों गंवा रहा हूं। क्या मैं सचमुच समय गंवा रहा हूं? मैं यदि किसी पुरानी विचारधारा, किसी पुराने ढर्रे के स्थान पर कुछ नयी अवधारणाओं की नींव डाल रहा होता तो वह समय को व्यर्थ करना होता। शायद आप मुझसे वही कराना चाहते हैं। परंतु कुछ करने के लिए, जीने के लिए, बेहतर आजीविका पाने के लिए, एक बेहतर विश्व रचने के लिए तथाकथित उपयोगी तरीकों की ओर इंगित करने के बजाय उन बिघ्न-बाधाओं पर से पर्दा उठाना क्या महत्त्वपूर्ण नहीं है जो असली क्रांति, बुनियादी बदलाव लाने में सचमुच रोड़े अटका रही हैं? यहां हम किसी दक्षिणपंथी या वामपंथी क्रांति की नहीं बल्कि ऐसी आधारभूत और आमूल क्रांति लाने की बात कर रहे हैं जो किसी भी अवधारणा पर आधारित न हो? क्योंकि आदर्श, विश्वास, विचारधाराएं और मत-सिद्धांत तो कदम उठाये जाने में बाधक ही बनते हैं। जब तक हमारी क्रियाएं अवधारणाओं पर टिकी रहेंगी तब तक वैश्विक रूपांतरण या कोई भी क्रांति नहीं आ सकती क्योंकि इस अवस्था में हमारा हर कर्म केवल एक ऐसी प्रतिक्रिया बन कर रह जाता है जिसमें कर्म की अपेक्षा आदर्श कहीं अधिक महत्त्वपूर्ण बन जाता है। संक्षेप में कहें तो विश्व में यही हो रहा है, है न? कर्म करने से पहले हमें उन विघ्न-बाधाओं का

पता लगा लेना होगा जो हमारे कर्म में बाधक बन रहे हैं। परंतु अधिकांशतः हम लोग क्रिया करना ही नहीं चाहते और यही हमारी परेशानी है। हम बहस करना अधिक पसंद करते हैं, किसी एक विचारधारा को ले आना पसंद करते हैं, और इस प्रकार वैचारिकताओं में रमे रह कर हम कर्म करने से बचते रहते हैं। यकीनन यह एकदम सीधी साफ़ बात है, है न? आज विश्व अनेक समस्याओं का सामना कर रहा है : जनसंख्या की अति, भुखमरी, देशों व जातियों में बंटते लोग इत्यादि। क्यों नहीं कुछ लोग मिल-बैठकर राष्ट्रवाद की समस्याओं को सुलझाने का प्रयास करते? बल्कि होता यह है कि जब हम अंतर्राष्ट्रीय बनने का प्रयत्न करते हैं लेकिन अपनी राष्ट्रीयता से भी चिपके रहते हैं तो हम एक और समस्या खड़ी कर लेते हैं; और यही है जो हममें से ज़्यादातर लोग किया करते हैं।

इस प्रकार आप देख सकते हैं कि ये आदर्श ही हैं जो कर्म करने में सचमुच अवरोध खड़ा करते हैं। एक राजनेता, प्रतिष्ठित विशेषज्ञ ने कहा है कि विश्व में इस तरह की व्यवस्था बनायी जा सकती है कि प्रत्येक व्यक्ति को भोजन भी उपलब्ध हो। तो यह किया क्यों नहीं जा रहा? परस्पर टकराते विचारों, विश्वासों और राष्ट्रवाद के कारण ही तो। इसलिए ये विचार, ये अवधारणाएं आदमी को दो वक्त का भोजन दिये जाने में वस्तुतः बाधक हैं, परंतु हममें से अधिकांश लोग तो इन्हीं का खेल खेलते रहते हैं और 'उपयोगी' जैसे शब्दो से स्वयं को सम्मोहित करते हुए सोचते रहते हैं कि हम तो बड़े भारी क्रांतिकारी हैं। जो बात महत्त्वपूर्ण है वह है अवधारणओं से, राष्ट्रवाद से, तमाम धार्मिक विश्वासों से और मत-सिद्धांतों से स्वयं को मुक्त करना ताकि हम कर्म कर सकें, कदम उठा सकें—किसी ढर्रे या विचारधारा के हिसाब से नहीं बल्कि जो भी उस घड़ी दरकार हो। निश्चय ही, ऐसे कदम उठाये जाने में रोड़ा अटकाने वाली विघ्न-बाधाओं और रुकावटों की ओर इंगित करना समय को व्यर्थ गंवाना नहीं है, यह कोरी गप्पें मारना नहीं है। जो आप कर रहें हैं, वह वस्तुतः निरर्थक है—आपकी सूझें और विश्वास, आपके राजनीतिक, आर्थिक और धार्मिक समाधानों के तीर-तुक्के वास्तव में लोगों को विभाजित कर रहे हैं और उन्हें युद्ध की ओर ले जा रहे हैं। मन केवल तभी सम्यक् कर्म कर सकता है जब वह प्रत्येक अवधारणा और विश्वास से मुक्त हो चुका हो। जो व्यक्ति देशभक्त है, राष्ट्रवादी है वह कभी नहीं जान सकता कि भाईचारा क्या होता है। इस बारे में वह कितना ही बोलता

रहे परंतु उसकी कथनी के उलट उसके क्रिया-कलाप—वे आर्थिक दिशा में हों या अन्य किसी दिशा में—सभी युद्धोन्मुख ही होते हैं। सम्यक् कर्म अतएव आमूल व स्थाई रूपांतरण तभी संभव है, जब यह मन अवधारणाओं से मुक्त हो जाए—सतही तौर पर नहीं बल्कि आधारभूत रूप से। और अवधारणाओं से यानी बंधे-बंधाए विचारों से मुक्ति स्वयं के प्रति सजग हो जाने तथा स्वयं को जानते रहने से ही मुमकिन है।

कोलंबो, 1 जनवरी 1950

रिश्तों में रचनात्मकता कहां खो जाती है?

हमारी बड़ी समस्याओं में से एक है सर्जनात्मक जीवन जीने का प्रश्न। ज़ाहिर है कि हममें से अधिकांश लोगों का जीवन बड़ा नीरस और थका-थका सा है। हमारी प्रतिक्रिया बहुत उथली होती है; हमारी अधिकांश प्रतिक्रियाएं सतही होती हैं और वे असंख्य समस्याओं को रचती रहती हैं। सृजन की धारा में जीने का अर्थ एक बड़ा नक्शानवीस या महान लेखक बनना बिल्कुल नहीं है। ये तो केवल क्षमताएं हैं और क्षमता सृजनधर्मी जीवन से एक बिल्कुल अलग बात है। किसी दूसरे को यह जानने की आवश्यकता नहीं है कि आप रचनात्मक, सृजनपूर्ण हैं, बल्कि इसकी अद्‌भुत आनंदानुभूति और इस अनश्वर गुण की अवस्था को आप स्वयं जान सकते हैं। परंतु इसे आसानी से पहचाना नहीं जाता क्योंकि हम अधिकांश लोग असंख्य समस्याओं से घिरे रहते हैं—राजनीतिक, सामाजिक, धार्मिक और पारिवारिक समस्याओं से—जिनका समाधान हम कुछ जानी-पहचानी व्याख्याओं, नियमों, और परंपराओं के या किसी सामाजिक अथवा धार्मिक ढर्रे के अनुसार करने के प्रयासों में लगे रहते हैं। परंतु किसी भी समस्या का हमारा समाधान निश्चित रूप से दूसरी समस्या खड़ी करता प्रतीत होता है। इस तरह हम समस्याओं का एक ऐसा जाल बना डालते हैं जो अपने विनाश में निरंतर द्विगुणित होता, बढ़ाता जाता है।

जब हम इस गड़बड़झाले से, इस उलझाव से बाहर निकलने का रास्ता तलाश करने का प्रयास करते हैं, तब हम अपनी पसंद-नापसंद के दायरे में ही इसका समाधान ढूंढते हैं। हममें सभी स्तरों से ऊपर उठने की क्षमता होनी चाहिए क्योंकि जीने का रचनात्मक तरीका किसी एक ख़ास स्तर पर नहीं पाया जा सकता। ऐसा सृजनपूर्ण कर्म तो संबंध को समझ लेने से ही संभव हो पाता है और संबंध

है अन्य के साथ सम्मिलन। तो वैयक्तिक कर्म से सरोकार एक स्वार्थी दृष्टिकोण कतई नहीं है। हमें ऐसा लगता है कि हम इस संसार में कुछ ख़ास नहीं कर सकते, वह तो केवल बड़े-बड़े राजनीतिज्ञों, प्रसिद्ध लेखकों और महान धार्मिक अगुआओं के बूते की ही बात है कि वे असाधारण कदम उठा सकते हैं।

वास्तव में, इन पेशेवर राजनीतिज्ञों और अर्थशास्त्रियों की अपेक्षा आप में और मुझमें आमूल रूपांतरण लाने की क्षमता बेइंतहा है। यदि हमें अपने जीवन से सरोकार है, यदि हम दूसरों के साथ अपने संबंधों को समझ पाते हैं तो ही एक नया समाज निर्मित कर पाएंगे, नहीं तो हम वर्तमान उत्पाती अस्तव्यस्तता और गड्डमड्ड माहौल को ही जारी रखने वाले हैं।

इस प्रकार यह हमारी स्वार्थपरता नहीं है और न ही यह किसी सत्ता या अधिकार की इच्छा है कि हम अपने व्यक्तिगत कृत्यों से ही सरोकार रख रहे हैं। यदि हम मौजूदा वक्तों की तरह धार्मिक, सामाजिक, राजनीतिक तथा आर्थिक मानकों का अंधानुकरण करने के बजाय जीने का कोई ऐसा ढंग ढूंढ़ सकें जो सृजनशील हो, तो शायद हम अपनी बहुत सारी समस्याओं को सुलझा पाने में समर्थ हो पायेंगे। फिलवक्त तो हम बार-बार बस एक ही रिकार्ड बजाते रहने वाला ग्रामोफोन बन गये हैं जो शायद किसी दबाव में आकर अपना रिकार्ड कभी भले ही बदल ले, अन्यथा तो अधिकतर हम लोग हर समय एक ही राग अलापते रहते हैं। यह अनवरत पुनरावृत्ति और परंपराओं की निरंतरता ही है जो अपनी तमाम जटिलताओं के साथ हमारी सारी समस्याओं का स्रोत बनी हुई है। भले ही हम वर्तमान अंधानुकरण के स्थान पर कोई दूसरा अंधानुकरण चुन लें या वर्तमान ढर्रे को थोड़ा बहुत संशोधित करने के लिए थोड़े हाथ-पैर चला लें, परंतु अंधानुकरण के इस चक्रव्यूह से बाहर निकल पाने में हम स्वयं को बेबस ही महसूस करते हैं। हम एक सतत पुनरावृत्ति और अनुकरण की प्रक्रिया को ही जी रहे हैं। या तो हम बौद्ध हैं, या ईसाई हैं या हिंदू हैं, या फिर हम दक्षिणपंथ से जुड़े हुए हैं या वामपंथ से। विविध पवित्र ग्रंथों के उद्धरण देकर, उन्हें बस दोहराते रहकर हम समझते हैं कि हम अपनी इन ढेर सारी समस्याओं को सुलझा लेंगे। निश्चय ही, इस पुनरावृत्ति से मानवीय समस्याएं सुलझने वाली नहीं हैं। इन 'क्रांतिकारियों' ने इस तथाकथित जनसमूह के लिए आखिर किया क्या है? समस्याएं तो वास्तव में जस-की-तस हैं। वास्तविकता यह है कि किसी अवधारणा की, किसी विचार की निरंतर पुनरावृत्ति किसी समस्या को समझने में बाधक ही बनती है। स्वबोध के ज़रिये हम इस पुनरावृत्ति से स्वयं को मुक्त कर पाने की क्षमता हासिल

कर पाते हैं। इसीसे उस रचनात्मक अवस्था में आ पाना संभव हो पाता है जो कि नितनूतन रहती है और इसीलिए तब हम प्रत्येक समस्या का सामना एक नये सिरे से करने के लिए हर समय तत्पर रहते हैं। हमारी कठिनाई भी तो आखिर यही है कि अपनी ढेर सारी तमाम समस्याओं का मुकाबला हम पुराने निष्कर्षों के साथ, और गत अनुभवों के अभिलेखों के अनुसार करते हैं—इस तरह हम नूतन का मुकाबला पुरातन से करते हैं, और यही बात समस्याओं को और भी बढ़ा देती है।

सृजनमय जीवन अतीत के निष्कर्षों और अनुभवों का बोझ नहीं ढोता। इसमें नूतन को नूतन की तरह देख पाना होता है, इसलिए यह और-और समस्याएं खड़ी नहीं करता।

इसलिए हर नये से, नये तौर पर मिलना ज़रूरी हो जाता है जब तक कि हम इस पूरी प्रक्रिया को, विकराल होते विनाश, दुख, भुखमरी, युद्ध, बेरोजगारी, और असमानता की समूची समस्या को, परस्पर विरोधी विचारधाराओं के बीच चलते संग्राम को समझ न लें। यह संघर्ष और उलझन पुरातन पंथों की पुनरावृत्ति से सुलझने वाले नहीं हैं। यदि आप सचमुच निकट से देखें, पूर्वाग्रह तथा धार्मिक पक्षपात के बिना देखें तो आपको इनसे भी बड़ी समस्याएं दिखाई देंगी और अंधानुकरण व अंधविश्वास से मुक्त हो चुके होने के कारण आप उस नूतन का सामना करने में सक्षम हो जायेंगे। नूतन का सामना नूतन के साथ करने की यही क्षमता सृजनशील अवस्था कहलाती है और निश्चय ही, यह धर्म का सर्वोच्च रूप है। धर्म कोई विश्वास मात्र नहीं है। धर्म तो वास्तव में उस अवस्था की अनुभूति है जिसमें सृजन विद्यमान है। यह कोई अवधारणा या प्रक्रिया नहीं। इसका एहसास तभी मुमकिन है, जब स्व से, मैं से मुक्ति हो सके। और स्व से मुक्ति केवल तभी हो पाती है जब इस स्व को, इस अहं को संबंधों में गति करते देख-समझ लिया ज़ाए, क्योंकि अलगाव में, अलग-थलग रहने में तो कोई समझ संभव ही नहीं है।

जैसा कि मैंने बताया यह महत्त्वपूर्ण है कि कोई प्रश्न ज्यों ही उठे हम उसे त्यों ही अनुभव कर लें और यह भी कि केवल मेरे उत्तर को ही न सुनते रहें बल्कि साथ-साथ इस विषय के सत्य का अन्वेषण करते चलें—यद्यपि यह काफी कठिन कार्य है। हममें से अधिकांश लोग इस समस्या से विलग ही रहना पसंद करेंगे, दूसरों को देखते रहेंगे; परंतु आप मेरे साथ-साथ यह अन्वेषण कर सकते हैं, मेरे साथ-साथ यह यात्रा कर सकते हैं ताकि यह अनुभव आपका अपना रहे,

मेरा नहीं—भले ही आप मेरे कहे शब्द सुन रहे हों, परंतु यदि हम साथ-साथ चल सकें तो यह स्थायी महत्त्व की बात होगी।

प्रश्न : क्या आप शाकाहार के समर्थक हैं? क्या अपने भोजन में अंडे के समावेश पर आपको आपत्ति होगी?

कृष्णमूर्ति : क्या यह सचमुच कोई बड़ी समस्या है कि हमें अंडा खाना चाहिए या नहीं? आप में से अधिकतर का सरोकार जीवहत्या न करने से है। इसमें असल मुद्दा क्या है? आपमें से ज़्यादातर लोग मांस-मछली खाते हों। कसाई से मांस-मछली खरीद कर आप हत्या करने से बच जाते हैं या इसका आरोप मारने वाले यानी बूचड़ के मत्थे मढ़ देते हैं। परंतु ऐसा करना तो समस्या के साथ पैंतरा खेलना ही हुआ। आपको यदि अंडे खाना पसंद है, तो हत्या से बचने के लिए आपको जीवरहित अंडे उपलब्ध हैं। लेकिन यह प्रश्न बहुत सतही है, समस्या और गहरी है। आप अपनी भूख शांत करने के लिए तो पशुहत्या करना नहीं चाहते, परंतु उन सरकारों को समर्थन देना आपको बुरा नहीं लगता जो हत्या करने के लिए ही गठित की जाती हैं। सभी प्रभुतासंपन्न सरकारें हत्याओं पर ही टिकी हुई हैं, उनके पास थलसेना, जलसेना और वायुसेना अनिवार्यतः रहती हैं। उनको समर्थन देना तो आपको बुरा नहीं लगता है, परंतु एक अंडा खाने पर आप आसमान सिर पर उठा लेते हैं। देख लीजिए, यह सब कितना हास्यास्पद है। उस व्यक्ति की मानसिकता की तनिक विवेचना कीजिए जो राष्ट्रवादी तो है, लोगों के शोषण और क्रूर विनाश को बुरा नहीं मानता, और भारी संख्या में जनसंहार उसके लिये जैसे कोई अर्थ ही नहीं रखता—लेकिन इस बारे में उसके नैतिक चोंचले हैं कि उसके मुंह में क्या जा रहा है।

इस समस्या में केवल हत्या का मसला नहीं है बल्कि इसके और भी कई पहलू हैं—मन का सही-सही उपयोग भी इसमें शामिल है। मन को संकीर्णता के साथ प्रयुक्त किया जा सकता है या इसकी अद्भुत क्षमताओं के साथ। अधिकतर हम लोग अपनी सतही गतिविधियों में ही संतुष्ट रहते हैं—सुरक्षा, यौनतुष्टि, मनोरंजन और धार्मिक विश्वास—इनमें ही हम संतुष्ट बने रहते हैं और जीवन के गहन-गंभीर तथा व्यापक महत्त्व को पूरी तरह नज़रअंदाज़ कर देते हैं। यहां तक कि धर्म जगत के नेता भी जीवन के प्रति अपने जवाबी रुख में बहुत क्षुद्र हो गये हैं। आखिरकार समस्या सिर्फ जानवरों को मारने की ही नहीं है बल्कि इनसानों को मारने की भी है जो कहीं अधिक महत्त्वपूर्ण है। हो सकता है कि आप पशुओं का इस्तेमाल किये जाने तथा उनके साथ बुरा बर्ताव किये जाने

से गुरेज़-परहेज़ करते हों, उनकी हत्या को लेकर आप करुण-कातर हो उठते हों, परंतु इस प्रश्न का महत्त्वपूर्ण पहलू है शोषण व हत्या की समूची समस्या, मानवसंहार युद्ध में ही नहीं होता बल्कि वे तमाम तौर-तरीके भी संहारक हैं जिनसे आप लोगों का शोषण करते हैं, वह शैली भी जिसमें आप दूसरों के साथ व्यवहार करते हैं और उन्हें हिकारत की नज़र से देखते हैं। शायद आप इस सब पर इसलिए ध्यान नहीं देते क्योंकि यह तो रोज़मर्रा की, आम बात है। बल्कि आप ईश्वर या पुनर्जन्म पर चर्चा करना ज़्यादा पसंद करेंगे, परंतु ऐसे किसी मसले पर नहीं, जिसमें तत्काल कुछ करने या दायित्व लेने की ज़रूरत महसूस हो।

कोलंबो, 8 जनवरी 1950

हमारे आपसी रिश्ते क्या पारस्परिक आवश्यकता पर आधारित हैं?

यह बात महत्त्वपूर्ण है कि हम किसी समस्या को कैसे लेते हैं। इस बात को बिलकुल साफ़ तौर पर देख-समझ लेना बहुत आवश्यक है कि यह सम्यक् संबंधों का अभाव ही है जो द्वंद्व को जन्म देता है। अतः यह भी आवश्यक हो जाता है कि हम अपने रिश्तों में द्वंद्व को तथा अपने विचारों व कृत्यों की समूची प्रक्रिया को समझें। यह बात तो साफ़ है कि जब तक संबंधों में रहते हुए हम स्वयं को नहीं समझेंगे, तब तक हम कैसा भी समाज रचते रहें, हमारी अवधारणाएं और हमारे अभिमत कैसे भी हों—वे सब और भी अधिक अनिष्टकारी, और भी अधिक कष्टकारी ही रहेंगे। अतः समाज के साथ अपने संबंधों में अहं की समूची क्रियाविधि की समझ ही द्वंद्व की समस्या को समझने की शुरुआत है। स्वबोध, स्वयं को जानना-समझना ही प्रज्ञा की शुरुआत है क्योंकि आप ही विश्व हैं, आप विश्व से पृथक नहीं हैं। दूसरों के साथ आपके संबंध ही समाज है, यह समाज आप ही के द्वारा रचित है अतः कोई समाधान भी संबंध की ही समझ से तथा आपके व समाज के बीच क्रिया-प्रतिक्रिया से ही आएगा। स्वयं को समझे बिना किसी समाधान के लिए भटकते फिरना बेकार है, वह तो केवल एक पलायन मात्र है। जो मुद्दे की बात है वह है संबंधों को समझना। यह संबंध ही है जो द्वंद्व का कारण बनता है। संबंध को तब तक नहीं समझा जा सकता जब तक हम में तटस्थ परंतु सजग रूप से देखने की क्षमता न आ जाए। इसी तटस्थता में, इसी सजगता में समझ का प्रादुर्भाव होता है।

प्रश्न : मैं देखता हूं कि अकेलापन मेरी अनेक समस्याओं का मूल कारण है। इसके साथ मैं कैसे पेश आऊं?

कृष्णमूर्ति : आपका अकेलेपन से क्या अभिप्राय है? क्या आपको सच में इसका भान है कि आप अकेले हैं? निश्चय ही, अकेलापन एकाकी होने की अवस्था नहीं है। हममें से बहुत थोड़े लोग ही एकाकी होते हैं। हम एकाकी होना ही नहीं चाहते। यह समझ लेना बहुत आवश्यक है कि एकाकीपन कभी अकेलापन नहीं होता। एकाकी होने और अकेला होने में अंतर है। अकेलापन वह स्थिति है जिसमें एक अलग खोल में बंद होने का, संबंधविहीनता का एहसास होता है, जिसमें आपको ऐसा लगने लगता है जैसे आप अन्य सब से कट गये हों। यह एकलता की अवस्था से बिल्कुल भिन्न है, क्योंकि एकल अवस्था में, एकाकीपन तो सुरक्षा की कामना से रहित होता है। जब हम अकेले होते हैं तब भय, व्यग्रता और स्वयं के अलग-थलग पड़ जाने की पीड़ा का एहसास हमें सालता रहता है। जब आप किसी से प्रेम करते हैं तो आपको लगता है कि उसके बिना आप कहीं के नहीं रहेंगे। अकेलेपन के एहसास को महसूस न होने देने के लिए वह व्यक्ति आपके वास्ते आवश्यक हो जाता है। इसीलिए तो हम किसी अन्य के साथ संबंध, एक सघन संवाद स्थापित करने का जतन करते हैं, या फिर वस्तुओं के साथ नाता बना लेते हैं—सिर्फ इसलिए कि हम स्वयं को जीवंत महसूस कर सकें। हम फर्नीचर, पोशाकें, कारें खरीदते रहते हैं, अपना ज्ञान-भंडार बढ़ाने में लगे रहते हैं या फिर प्रेम-व्यसनी बन जाते हैं।

अकेलेपन से हमारा अभिप्राय उस अवस्था से है जो बिना किसी आहट के मन को घेर लेती है—एक ऐसी अवस्था जिसमें हम अलग-थलग पड़ जाते हैं, जिसमें कोई संपर्क, कोई संबंध नहीं रह जाता, किसी तरह का सहसंवाद नहीं हो पाता। हम इससे डरे रहते हैं, इसे दर्दनाक कह कर पुकारते हैं। और जो हम हैं उससे, अपनी वस्तुस्थिति से डरे रहने की हालत में हम इससे तमाम किस्म के पलायनों के ज़रिये खुद को बचा लेते हैं—ईश्वर के जरिये, शराब, रेडियो, मनोरंजन के माध्यम से; जो भी मिल जाए इस अलगाव के एहसास से दूर भागने के लिए। क्या हमारे सारे क्रियाकलाप—वे चाहे किसी व्यक्ति के साथ संबंध के दौरान हों या समाज के—स्वयं को अलग-थलग कर लेने की प्रक्रिया नहीं है? क्या मौजूदा वक्तों में माता, पिता, पत्नी, पति ये सारे संबंध अपने खोल में बंद रहने की प्रक्रिया नहीं बन गये हैं? क्या यह संबंध लगभग हमेशा ही पारस्परिक ज़रूरत पर आधारित नहीं होता? तो स्वयं को अलग-थलग कर लेने की यह प्रक्रिया बिलकुल सीधी-साफ़ है—आप अपने संबंधों में सदा-सर्वदा अपना ही हित साधने

की जुगत में रहते हैं। स्वयं को अलग मान लेने का यह अलगावकारी सिलसिला निरंतर जारी रहता है, और जब हमको अपनी खुद की गतिविधियों के माध्यम से अचानक इस अलगाव का एहसास होता है तब हम इससे दूर भाग जाना चाहते हैं। इसीलिए हम मंदिर चले जाते हैं या कोई ग्रंथ बांचने लगते हैं, या रेडियो सुनने लगते हैं–ऐसा कुछ भी करने लगते हैं जो हमें इससे कहीं दूर ले जाए।

कोलंबो, 22 जनवरी 1950 'सार्वजनिक वार्ता'

संबंध हमारी एकमात्र समस्या है

कर्म की सार्थकता केवल संबंधों में होती है और संबंधों को समझे बिना कुछ करना केवल द्वंद्व को जन्म देता है। कुछ करने की अपेक्षा, योजनाएं गढ़ने की अपेक्षा कहीं अधिक महत्त्वपूर्ण होता है संबंधों को समझना। कोई विचारधारा, कुछ करने का कोई पूर्वनिर्धारित ढंग—ये सब आपको पहलकदमी से रोकते हैं। किसी विचारधारा पर टिका कोई कार्यकलाप मानव-मानव के बीच संबंधों को समझने में बाधक बना रहता है। विचारधारा चाहे दक्षिणपंथी हो या वामपंथी, धार्मिक हो या धर्मनिरपेक्ष, वह संबंधों के लिए विनाशकारी ही होती है। संबंध को समझना ही सम्यक् कर्म है। संबंधों को समझे बिना विवाद तथा विरोध को, संग्राम तथा विभ्रम को रोका नहीं जा सकता।

संबंध का अर्थ होता है संपर्क, सम्मिलन। जब लोग धारणाओं में, विचारों में बंटे हों तब यह सम्मिलन, सहसंवाद संभव नहीं। कोई विश्वास अपने इर्द-गिर्द लोगों का एक समूह इकट्ठा कर सकता है। ऐसा समूह हर हाल में विरोध को ही पनपाता है और वह विरोध किसी भिन्न विश्वास को लेकर एक अन्य समूह निर्मित कर लेता है।

धारणाएं किसी समस्या से सीधा संबंध नहीं बनने देतीं, आड़े आती हैं। समस्या से जब सीधा-सीधा संबंध स्थापित हो जाता है, कर्म तभी हो पाता है। परंतु दुर्भाग्य से हम सभी हर समस्या को किसी निष्कर्ष या किसी व्याख्या के दृष्टिकोण से ही देखते हैं। और इस बात को हम एक धारणा या सूझ-बूझ भरा विचार कह देते हैं। यह अवधारणा कर्म को टालने की ही तरकीब होती है। धारणा सोच को शब्दों में ढालना ही तो होता है। बिना शब्द के, बिना प्रतीक के, बिना छवि के सोच का कोई वजूद ही नहीं होता। विचार प्रतिकर्म है स्मृति का, अनुभव

का, जो कि संस्कारजनित प्रभाव हैं। ये प्रभाव केवल अतीत के ही नहीं होते बल्कि ऐसे अतीत के होते हैं जो वर्तमान से संयुक्त है। तभी तो अतीत सदैव वर्तमान पर छाया रहता है। धारणा वर्तमान के लिए अतीत का प्रत्युत्तर है और इसीलिए वह कितनी भी व्यापक क्यों न हो, रहती एक सीमित दायरे में ही है। इस तरह धारणाएं लोगों को सदैव विभाजित ही करती हैं।

यूं तो विश्व पर हमेशा खतरा मंडराता रहा है परंतु लगता है कि अब तो यह विनाश के कगार तक पहुंच गया है। विनाश को सन्निकट देखकर अधिकतर लोगों ने धारणाओं का सहारा ले लिया है। मैं समझता हूं कि इस विनाश का, इस संकट का निदान किसी विचारधारा के बस की बात नहीं है। विचारधारा व मत-सिद्धांत सदैव सीधे संबंध में बाधक बनते हैं और कर्म के मार्ग में अवरोधक का काम करते हैं। हम शांति केवल सैद्धांतिक रूप में चाहते हैं, वस्तुतः नहीं। हम केवल शाब्दिक तल पर शांति चाहते हैं जो कि विचार का तल ही है और हम बड़े गर्व से इसे बौद्धिक धरातल का नाम दे देते हैं। परंतु 'शांति' शब्द शांति नहीं होता। शांति तभी संभव है जब आपके व दूसरे के द्वारा निर्मित भ्रमों का अंत हो जाएगा। हम शांति में नहीं बल्कि अपनी धारणाओं के संसार में आसक्त रहते हैं। हम शांति की नहीं, बल्कि नयी-नयी सामाजिक और राजनीतिक परिपाटियों की तलाश में रहते हैं। हम युद्ध के कारणों को दूर करने से नहीं बल्कि युद्ध के परिणामों के साथ सामंजस्य बिठाने से सरोकार रखते हैं। यह भागमभाग हमें केवल अतीत के संस्कारों में जकड़े समाधान ही उपलब्ध करा पाती है। यह संस्कारबद्धता ही है जिसे हम ज्ञान का नाम दे देते हैं, अनुभव कह देते हैं। नये व बदलते तथ्यों का अनुवाद व उनकी व्याख्या हम इसी ज्ञान के आधार पर करते रहते हैं। इसीलिए 'जो है' और पहले घटे अनुभव के बीच द्वंद्व रहता है। अतीत जिसे ज्ञान कहा जाता है उस तथ्य के साथ हमेशा द्वंद्व में रहता है जो कि सदैव वर्तमान में हुआ करता है। इसीलिए यह अवस्था समस्या का समाधान नहीं कर पाती, उलटे यह समस्या पैदा करने वाली स्थितियों को और हवा दे देती है।

संबंध ही हमारी समस्या है—न केवल किसी एक स्तर पर बल्कि हमारे जीवन के प्रत्येक स्तर पर यह हमारी एकमेव समस्या है। संबंध को समझने के लिए हमें बिना किसी विचारधारा व सैद्धांतिकता तथा बिना किसी पूर्वाग्रह के इसे देखना होगा—किसी अनपढ़ के पूर्वाग्रह के बिना ही नहीं बल्कि अपने ज्ञान के पूर्वाग्रह के बिना भी। विगत अनुभव को आधार बनाकर किसी वर्तमान समस्या को समझने जैसी कोई बात नहीं होती। प्रत्येक समस्या नयी होती है। पुरानी

समस्या जैसी कोई चीज़ नहीं होती। जब हम किसी समस्या को देखते हैं—जो कि हमेशा नयी ही होती है—और उसे उस विचार व धारणा के साथ देखते हैं जो कि निरपवाद रूप से अतीत से उपजे होते हैं, तब हमारी अनुक्रिया भी अतीत-आधारित ही होती है और समस्या को समझने में बाधा खड़ी करती है।

किसी समस्या का निदान ढूंढना समस्या को केवल और गहरा देता है क्योंकि निदान समस्या से कहीं दूर नहीं होता बल्कि उसी में सन्निहित रहता है। समस्या को हमें अतीत के चश्मे से न देखकर एकदम नयी नज़र से देखना चाहिए। किसी चुनौती के प्रति की गई अनुक्रिया का आधा-अधूरापन समस्या ही पैदा करता है। इस आधे-अधूरेपन को समझा जाना चाहिए न कि चुनौती को। हम नूतन को देखने को उत्सुक तो रहते हैं परंतु उसे देख नहीं पाते क्योंकि हमारे भीतर जमी अतीत की छवि इसके स्पष्ट दर्शन से हमें वंचित रखती है। किसी समस्या के प्रति हमारी अनुक्रिया एक कैथोलिक, हिंदू या बौद्ध के रूप में होती है या एक दक्षिणपंथी अथवा वामपंथी के रूप में और यह बात निश्चित ही द्वंद्व को और भी बढ़ा देती है। इसीलिए नूतन को देखने से पहले पुरातन को हटाना अधिक महत्त्वपूर्ण हो जाता है। जब किसी चुनौती के लिए हमारा प्रत्युत्तर भरपूर होता है तब कोई द्वंद्व पैदा नहीं हो पाता है और न कोई समस्या ही शेष रहती है। इस बात को हमें अपने दैनिक जीवन में देखना होगा, समाचारपत्रों में नहीं।

संबंध हमारे दैनिक जीवन की चुनौती होते हैं। यदि आप, मैं व दूसरे लोग यह नहीं जानते कि हम एक-दूसरे से किस तरह जुड़े हैं तो निश्चय ही हम ऐसे हालात बना रहे हैं जो युद्ध पैदा करने वाले हैं। इसीलिए विश्व-समस्या आप ही की समस्या है। आप विश्व से पृथक् नहीं हैं। आप ही विश्व हैं। जो आप हैं वही विश्व है। अपने दैनिक जीवन में संबंधों को समझते हुए ही आप विश्व को अर्थात् स्वयं को बचा सकते हैं, न कि धर्म कहे जाने वाले किसी विश्वास द्वारा—भले ही वह दक्षिणपंथी हो या वामपंथी—और न ही अन्य किसी सुधार द्वारा, वह चाहे कितना भी व्यापक क्यों न हो। संभावना न तो किसी विशेषज्ञ में है, न किसी मत-सिद्धांत में और न ही किसी नेता में, यह तो आप ही के भीतर विराजमान है।

आप पूछ सकते हैं कि अपने सीमित दायरे में साधारण जीवन बिताते हुए आप भला इस वैश्विक संकट के बारे में कर क्या सकते हैं। आपको ऐसा लगता है कि आप कुछ नहीं कर सकते। वर्तमान संघर्ष उस अतीत का परिणाम है जो आपने और दूसरों ने रचा है। आप व अन्य जब तक वर्तमान संबंधों में मूलभूत

परिवर्तन नहीं ले आते तब तक आप इस संकट की आग में घी ही डालते रहेंगे। यह बड़ी बात को छोटा कर देने जैसा नहीं है। आप यदि इस बात में पूरी तरह उतर कर देखें तो समझ पायेंगे कि कैसे दूसरे के साथ आपके संबंध ही विस्तार पाकर वैश्विक द्वंद्व और वैरभाव का रूप ले लेते हैं।

आप ही विश्व हैं। प्रत्येक व्यक्ति का अर्थात् आपका रूपांतरण हुए बिना विश्व में कोई मूलभूत क्रांति नहीं आ सकती। व्यक्ति का रूपांतरण हुए बिना सामाजिक व्यवस्था में होने वाली क्रांति हमें केवल और भी बड़े द्वंद्व और विध्वंस की ओर ले जाती है क्योंकि समाज आपके, मेरे और दूसरों के संबंधों से ही तो बना है। इन संबंधों में मूलभूत क्रांति लाये बिना शांति लाने के प्रयास—वे चाहे कितने भी क्रांतिकारी क्यों न हों—केवल सुधार बनकर रह जाते हैं और सुधार प्रतिगामी ही होता है।

पारस्परिक आवश्यकताओं पर टिके संबंध द्वंद्व ही पैदा करते हैं। हम एक-दूसरे पर कितने भी निर्भर हों, हम एक-दूसरे को किसी न किसी प्रयोजन, किसी न किसी ध्येय के लिए ही इस्तेमाल कर रहे हैं। जब हमारी दृष्टि ध्येय पर रहती है तब हममें संबंध नहीं हो पाता। तब हो सकता है कि मैं आपको इस्तेमाल कर रहा होऊं और आप मेरा इस्तेमाल कर रहे हों। इस इस्तेमाल में हम संपर्क खो बैठते हैं। परस्पर इस्तेमाल पर टिका समाज हिंसा की जड़ है। जब हम किसी दूसरे का इस्तेमाल करते हैं तब हमारा ध्यान प्रायः ध्येय पर ही रहता है। यह ध्येय, कुछ हासिल करना संबंधों में, सम्मिलन में दीवार बना रहता है। दूसरे को इस्तेमाल करना कितना भी परितोषपूर्ण और सुख-सुविधापूर्ण क्यों न हो, इसमें भय सदैव विद्यमान रहता है। इस भय से बचने के लिए हमें किसी चीज़ का मालिक बन जाना पड़ता है। इस मालिकपने से डाह, शक और अविराम द्वंद्व उठने लगते हैं। ऐसा संबंध कभी भी सुख नहीं दे सकता।

जिस समाज की संरचना केवल आवश्यकता पर टिकी हो—चाहे वह भौतिक आवश्यकता हो अथवा मनोवैज्ञानिक—उस समाज में निश्चित रूप से टकराव, उलझन और दुख ही पनपेंगे। समाज है अन्य के साथ संबंध में आपका प्रक्षेपण जिसमें आवश्यकता और इस्तेमाल हावी रहते हैं। जब आप अपनी शारीरिक या मनोवैज्ञानिक आवश्यकता के लिए किसी का इस्तेमाल करते हैं तब सचमुच कोई संबंध नहीं बन पाता, तब आपका दूसरे से वास्तव में कोई संपर्क या सहसंवाद नहीं हो पाता। जब आप किसी को अपनी सहूलियत और सुख-सुविधा के लिए फर्नीचर की तरह इस्तेमाल कर रहे हों, तब आपका उससे मिलन भला कैसे संभव

है? इसलिए यह नितांत आवश्यक है कि अपने दैनिक जीवन में संबंधों के महत्त्व को समझा जाये।

हम संबंधों को समझते ही नहीं हैं। हमारे जीने की, हमारे विचारों की, हमारी गतिविधियों की समूची प्रक्रिया हममें अलगाव पैदा करती है जो संबंधों में बाधा बन जाता है। जो महत्त्वाकांक्षी है, चालाक है, विश्वासग्रस्त है, वह दूसरों के साथ संबंध रख ही नहीं सकता। वह तो दूसरों को केवल इस्तेमाल कर सकता है, जिससे भ्रम और वैमनस्य ही पैदा होते हैं। यही उलझाव और वैरभाव हमारे आज के सामाजिक ढांचे में कुंडली मारकर बैठे हुए हैं। और किसी भी सुधार के बावजूद ये तब तक समाज में बने रहेंगे जब तक अन्य के प्रति हमारी दृष्टि में, प्रवृत्ति में मूलभूत क्रांति नहीं आ जाती। हम जब तक किसी दूसरे को अपने ध्येय के लिए इस्तेमाल करते रहेंगे—वह ध्येय कितना भी महान क्यों न हो—तब तक हिंसा और अव्यवस्था भी निश्चित रूप से बनी रहेगी।

यदि आप और मैं अपने आप में एक ऐसा बुनियादी बदलाव ले आते हैं जो आपसी ज़रूरत पर निर्भर न हो, न तो शारीरिक, न मानसिक, तो क्या अन्य के साथ हमारा संबंध भी उस बुनियादी बदलाव से नहीं गुज़रेगा? हमारी कठिनाई यह है कि हम एक तस्वीर बना लेते हैं कि नवगठित समाज कैसा होना चाहिए, और फिर उस ढांचे में खुद को बिठाने का प्रयास करते हैं। ज़ाहिर है कि वह ढांचा तो काल्पनिक ही है। पर यथार्थ तो वही है जो हम सचमुच में हैं, यथार्थ है जो हम हैं उसकी समझ में, जिसे दैनिक संबंध के दर्पण में साफ तौर पर देख लिया गया है।

वर्तमान सामाजिक अव्यवस्था और विपत्ति को अपने जवाब खुद ढूंढ़ने होंगे। परंतु आप, मैं और अन्य भी संबंध का सच देख सकते हैं, हमें यह देखना ही होगा, ताकि एक नूतन कर्म की शुरुआत हो सके जो पारस्परिक ज़रूरत और तृप्तिकामना पर न टिका हो। अपने संबंधों में मूलभूत परिवर्तन लाये बिना समाज के वर्तमान ढांचे में सुधार-संशोधन कर लेने मात्र से स्थिति बिगड़ती ही जाती है। कोई भी ऐसी क्रांति जो किसी ध्येय के लिए व्यक्ति को इस्तेमाल करती है—चाहे वह जितने भी बड़े-बड़े वादे करने वाली हो—वह युद्धों में, अनकहे दुखों में और भी वृद्धि करेगी। वह ध्येय हमारी अपनी ही संस्कारबद्धता का प्रक्षेपण होता है। वह चाहे कितना भी आशाजनक और यूटोपियन, आदर्शराज्य का स्वप्न दिखानेवाला क्यों न हो, ऐसा ध्येय और भी अधिक गड़बड़ी व पीड़ा का उपकरण बन जाता है। इस सब में दरअसल महत्त्व नये प्रतिमानों और नये सतही परिवर्तनों

का नहीं बल्कि मनुष्य होने की इस समूची प्रक्रिया की समझ का है, और यह प्रक्रिया आप ही तो हैं।

स्वयं को समझने की प्रक्रिया में—अलग-थलग रहकर नहीं बल्कि संबंध में—आप पायेंगे कि एक गहन और स्थायी रूपांतरण होता है जिसमें अपनी मनोवैज्ञानिक परितुष्टि के लिए किसी दूसरे को एक साधन की तरह इस्तेमाल करने की प्रवृत्ति जाती रहती है। महत्त्वपूर्ण यह नहीं है कि कर्म कैसे करें, किस प्रतिमान का अनुसरण करें, या कौन सी सैद्धांतिकता को सर्वोत्तम मानें, बल्कि दूसरे के साथ आपके संबंध की समझ महत्त्वपूर्ण है। यह समझ ही एकमेव क्रांति है, किसी ख्याल पर आधारित क्रांति है ही नहीं। किसी विचारधारा पर टिकी क्रांति तो व्यक्ति को केवल साधन मात्र बना छोड़ती है।

चूंकि जो भीतर है वह बाहर पर हमेशा हावी हो जाता है, बिना समूची मानसिक प्रक्रिया को समझे, जो कि आप हैं विचार कर पाने का कतई कोई आधार नहीं है। कोई भी सोच जो कर्म के लिए कोई ढर्रा निर्मित-निर्धारित कर लेती है, वह हमें महज़ और अधिक अज्ञान, और अधिक उलझन की ओर ही ले जाती है।

मूलभूत क्रांति एक ही है और वह क्रांति तब वजूद में आती है जब दूसरे को इस्तेमाल करने की आवश्यकता की इति हो जाती है। ऐसा रूपांतरण कोई अमूर्त, हवाई घटना नहीं है, जिसकी बस हम कामना किया करें, बल्कि यह एक यथार्थता है जिसका अनुभव किया जा सकता है जब हम अपने संबंध के ढंग-ढब को समझना शुरू कर दें। इस मूलभूत क्रांति को प्रेम भी कहा जा सकता है—और यही एकमात्र सृजनपूर्ण निमित्त है जो हममें, और इसलिए समाज में भी बुनियादी बदलाव ला पाता है।

कोलंबो, 22 जनवरी 1950 रेडियो वार्ता

भय रिश्तों के आईने में

प्रश्न : मैं भय से कैसे मुक्त हो सकता हूं?

कृष्णमूर्ति : भय क्या होता है? भय किसी चीज़ के संबंध में ही मौजूद होता है, इसका अपने आप में कोई अस्तित्व नहीं होता, यह तो जुड़कर ही अपना अस्तित्व बना पाता है। किसी खयाल, किसी व्यक्ति से हमारे संबंध के सिलसिले में भय जन्म लेता है, और संपत्ति के खो जाने और ऐसे ही अन्य संदर्भों में भी। कोई मृत्यु से भयभीत हो सकता है परंतु वह तो अज्ञात-अनजान है। इसके अतिरिक्त सामाजिक टीका-टिप्पणी का भय भी रहता है—कोई क्या कहेगा—इस बात का भय, रोज़गार छूट जाने का भय, भर्त्सना का भय या आलोचना का भय। विविध प्रकार के भय होते हैं, गहरे भी और सतही भी, परंतु सारे भय किसी कारण को लेकर हैं, किसी-न-किसी चीज़ से ताल्लुक रखते हैं। तो जब हम पूछते हैं, "क्या मैं भय से मुक्त हो सकता हूं?" तब इसका सचमुच मतलब होता है, "क्या मैं सभी संबंधों से मुक्त हो सकता हूं?" बात आपकी समझ में आई? यह यदि संबंध ही है जो भय उत्पन्न कर रहा है, तो यह पूछना कि क्या मैं भय से मुक्त हो सकता हूं ऐसा ही है जैसे यह पूछना कि क्या मैं अलगाव में जी सकता हूं। स्पष्ट है कि कोई भी मनुष्य ऐसा नहीं कर सकता। अलग-थलग रहकर जीने जैसा कुछ नहीं होता, हम केवल संबंधों में ही जी सकते हैं। इसलिए भय से मुक्त होने के लिए हमें अपने संबंधों को समझना होगा, अपने मन में बैठी धारणाओं के साथ, मूल्यों के साथ अपने संबंध को समझना होगा; पति व पत्नी के बीच, व्यक्ति व उसकी संपत्ति के बीच और व्यक्ति व समाज के बीच संबंधों को समझना होगा। मैं यदि आपके साथ अपने संबंधों को समझ लेता हूं तो फिर उनमें कोई भय नहीं रह जाता, क्योंकि भय का अपना कोई अस्तित्व

नहीं हुआ करता, इसे तो संबंधों में हम स्वयं पैदा करते हैं। तो हमारी समस्या यह नहीं है कि भय पर कैसे विजय प्राप्त करें, बल्कि यह पता लगाना है सबसे पहले कि हमारा संबंध इस समय क्या है, और सम्यक् संबंध क्या होते हैं। हमें सम्यक् संबंध कोशिश करके नहीं बनाने होते, क्योंकि संबंधों की समझ के साथ-साथ सम्यक् संबंध स्वतः ही अस्तित्व में आ जाते हैं।

यह देख पाना ज़रूरी है कि अलग-अलग रहकर कोई नहीं जी सकता। आप चाहे वैरागी या संन्यासी हो जाएं, केवल कोपीनधारी बन जाएं या एकांतवासी हो जाएं, अथवा किसी विश्वास की चारदीवारी में स्वयं को क़ैद कर लें, तब भी कोई व्यक्ति बिल्कुल अलग रहकर नहीं जी सकता। फिर भी मन अपने ही रचे 'मेरे अनुभव', 'मेरा विश्वास', 'मेरी पत्नी', 'मेरा पति', 'मेरी संपत्ति' जैसे खोलों में स्वयं को बंद करने में लगा रहता है—यह तो अपने दायरे से दूसरों को निकाल बाहर करने की प्रक्रिया ही है। मन अपने तमाम संबंधों में अलग-थलग होने की फिराक में रहता है और इसीलिए भय बना रहता है। अतएव हमारी समस्या है : संबंधों को समझना।

संबंध होता क्या है? जब आप कहते हैं 'मेरा संबंध है' तो इसका क्या तात्पर्य है? संसर्ग, रक्त और वंश-परंपरा पर आधारित विशुद्धतः शरीरगत संबंधों के अतिरिक्त हमारे तमाम संबंध धारणाओं की, विचारों की नींव पर ही खड़े किये जाते हैं। हम 'जो है' का अध्ययन कर रहे हैं, 'जो होना चाहिए' का नहीं। वर्तमान में हमारे संबंध धारणाओं पर टिके हैं, उस संकल्पना पर टिके हैं जो हमारी इस बारे में सोच है कि संबंध क्या होता है। अर्थात् हर शै के साथ हमारा रिश्ता निर्भरता की कहानी है। मैं किसी धारणा विशेष में विश्वास रखता हूं क्योंकि यह विश्वास मुझे दिलासा, सुरक्षा और कल्याण का एहसास देता है, यह मेरे विचारों को एकसूत्र में पिरोने, अनुशासित करने, नियंत्रित करने और संयमित रखने का कार्य करता है। इस तरह उस धारणा के साथ मेरा संबंध मेरी मजबूरी हो जाती है, और मेरे उस विश्वास को यदि कोई छीन ले तो मैं कहीं का नहीं रहूंगा, मैं समझ नहीं पाऊंगा कि अब मैं कैसे सोचूं और कैसे किसी निर्णय पर पहुंचू। बिना ईश्वर में विश्वास रखे या बिना इस धारणा के कि ईश्वर है, मैं स्वयं को असुरक्षित महसूस करता हूं। इस तरह मैं उस विश्वास पर निर्भर हो जाता हूं।

एक-दूसरे के साथ हमारे संबंध क्या एक मनोवैज्ञानिक निर्भरता नहीं है? मैं शारीरिक तल पर परस्पर-निर्भरता की बात नहीं कर रहा हूं—वह तो एकदम अलग किस्सा है। मैं अपने पुत्र पर इसलिए निर्भर करता हूं क्योंकि मैं चाहता

हूं कि वह ऐसा कुछ बने जो मैं नहीं बन पाया। मेरा वह बेटा मेरे लिए मेरी आशाओं, मेरी इच्छाओं की पूर्णता है, वह मेरा अमरत्व, मेरी निरंतरता है। इस प्रकार अपने पुत्र, अपनी पत्नी, अपने बच्चों और अपने पड़ोसी से मेरा रिश्ता एक मानसिक मजबूरी बन गया है, और इसलिए किसी ऐसी अवस्था की आशंका से जिसमें निर्भरता है ही नहीं, मेरे पैरों तले से जमीन खिसकने लगती है। चूंकि मैं नहीं जानता कि उस अनिर्भरता की अवस्था के निहितार्थ क्या होंगे, अतः मैं ग्रंथों पर, संबंधों पर, समाज पर निर्भर करने लगता हूं, मैं सुरक्षा, पद एवं प्रतिष्ठा हेतु संपत्ति पर निर्भर हो जाता हूं। और यदि इनमें से किसी पर नहीं तो फिर मैं स्वयं के अनुभवों पर, अपने ही विचारों पर, अपनी ही खामखयाली द्वारा गढ़ ली गई किसी महानता पर निर्भर रहने लगता हूं।

मानसिक तौर पर हमारे संबंध निर्भरता पर टिके हैं और इसीलिए इनमें भय बना रहता है। तो समस्या यह नहीं है कि निर्भर कैसे न रहा जाए, समस्या निर्भरता से मुक्ति की नहीं है अपितु इस तथ्य को देख लेना भर है कि हम सचमुच निर्भर हैं। जहां आसक्ति होती है वहां प्रेम नहीं रहता। चूंकि आप यह नहीं जानते कि प्रेम कैसे किया जाए, अतः आप निर्भर रहने लगते हैं और इसीसे उभरता है भय। महत्त्वपूर्ण है इस तथ्य को देख लेना, न कि यह पूछते रहना कि प्रेम कैसे करें या भय से कैसे मुक्त हों। तरह-तरह के मनोरंजनों में आप अपने भय को तात्कालिक तौर पर तो भुला सकते हैं, जैसे कि आप रेडियो सुन लें, कोई ग्रंथ बांच लें अथवा मंदिर या चर्च चले जाएं, परंतु ये सभी हैं पलायन ही। मदिरा की मादकता में रहने वाले व्यक्ति और धार्मिक ग्रंथों में रमे रहने वाले व्यक्ति में, ईश्वर के तथाकथित घर को जाने वाले व्यक्ति और सिनेमाघर जाने वाले व्यक्ति में कोई खास फर्क नहीं है क्योंकि सारे-के-सारे पलायन ही कर रहे होते हैं, परंतु यहां यह सब सुनने के दौरान यदि आप इस तथ्य को सचमुच देख पाएं कि संबंधों में जहां निर्भरता होती है वहां भय होगा ही, दुख होगा ही, और यह भी कि जहां आसक्ति होती है वहां कोई प्रेम नहीं हो सकता—जबकि आप यहां सुन रहे हैं यदि आप इस सीधे-सादे तथ्य को बस देख भर सकें तथा इसी क्षण, एकदम से यह बात आपकी समझ में आ जाए, तो आप पाएंगे कि आपके भीतर कुछ विलक्षण घटित हो रहा है। खंडन या मंडन किए बिना, कोई मत-अभिमत दिए बिना, इधर-उधर का कोई उद्धरण बीच में लाए बिना, आप इस तथ्य को बस सुन-समझ लें कि जहां आसक्ति होती है वहां प्रेम नहीं होता और जहां निर्भरता होती है वहां निर्भयता नहीं होती। मैं यहां मनोवैज्ञानिक निर्भरता की बात कर

रहा हूं न कि आपकी उस निर्भरता की जो दूधवाले पर होती है, रेलवे पर होती है, किसी पुल पर होती है। यह तो किसी धारणा पर, लोगों पर, संपत्ति पर अंदरूनी मानसिक निर्भरता ही है जो भय को जनती-उपजाती है। अतः, आप तब तक भय से मुक्त नहीं हो सकते जब तक आप संबंध को नहीं समझ लेते, और संबंध को केवल तभी समझा जा सकता है जब मन अपने तमाम रिश्तों को देखना-समझना शुरू कर दे जो कि स्वबोध का, स्वयं को जानने का आरंभ है।

क्या आप यह सब सरल-सहज रूप से, बिना किसी प्रयास के सुन पा रहे हैं? आयास-प्रयास तभी होते हैं जब आप कुछ पाने की, कुछ बनने की कोशिश करते हैं। परंतु भय से मुक्त होने की कोशिश में लगे बिना, यदि आप इस तथ्य को सुनने में सक्षम हो सकें कि आसक्ति प्रेम को नष्ट कर देती है, तो यही तथ्य मन को तुरंत भय से मुक्त कर देगा। भय से छुटकारा तब तक हो ही नहीं सकता जब तक संबंध की समझ अनुपस्थित है, जिसका अभिप्राय असल में यह है कि जब तक स्वबोध गैरहाज़िर है।

स्व केवल संबंध में ही उद्घाटित होता है, उघड़ता है। मैं जिस तरीके से अपने पड़ोसी से बात करता हूं, जिस तरह से मैं संपत्ति को महत्त्व देता हूं, जिस तरीके से मैं विश्वास से, अनुभव से या ज्ञान से चिपकता हूं, इस सब का अवलोकन करते हुए, इसे देखते-समझते हुए स्व उघड़ता है, कहने का मतलब यह कि अपनी खुद की निर्भरता का पता मुझे चलता जाता है।

तो भय से कैसे मुक्त हुआ जाए, महत्त्वपूर्ण यह नहीं है। वह तो आप दो घूंट चढ़ा लीजिए और भय को भूल जाइए; आप चर्च या मंदिर चले जाइए और वहां झुकने-प्रणाम करने में, शब्द विशेष बड़बड़ाने में या भक्ति-भजन में स्वयं को भुला लीजिए। परंतु ज्यों ही आप इस सब से बाहर आएंगे, भय आपकी राह जोहता हुआ उसी नुक्कड़ पर मिल जाएगा। भय का अवसान केवल तभी हो पाता है जब हम हर शै के साथ अपने संबंध को समझ लेते हैं, और यह समझ तब तक नहीं आ पाती जब तक हम स्वयं को नहीं जान लेते। स्वयं को जानने के लिए कहीं दूर नहीं जाना पड़ता, इसकी शुरुआत यहीं से और इसी पल से संभव है—यह देख लेने भर से, कि दूसरों के साथ, अपनी पत्नी के साथ, अपने बच्चों के साथ बर्ताव कैसा करते हैं। संबंध वह दर्पण है जिसमें आप स्वयं को वैसा ही देख पाते हैं जैसे आप हैं। अपने बारे में आप कोई गणना-परिगणना किए बिना, जैसे आप हैं स्वयं को ठीक वैसा ही देख पाने में यदि आप सक्षम होते हैं तो भय का अवसान हो सकेगा, और इसी से प्रेम के अद्भुत भाव का

आविर्भाव होगा। प्रेम तो कुछ ऐसा है जिसे उपजाया-पोसा नहीं जा सकता, प्रेम कोई ऐसी शै नहीं है जिसे मन कहीं खरीद ले। आप यदि यह कहते हैं, ''मैं करुणावान बनने का अभ्यास करूंगा,'' तो ऐसी करुणा मन का ही मामला बन जाती है, और इसीलिए वह प्रेम है ही नहीं। प्रेम तो चुपके से, बिना किसी आहट के, पूर्णरूपेण प्रवेश करता है, जब हम संबंध की इस पूरी प्रक्रिया को समझ लेते हैं। तब मन मौन हो जाता है, तब वह हमारे हृदय में अपना शोर उड़ेलना बंद कर देता है। और इसलिए वह, जो कि प्रेम है, अस्तित्व में आ पाता है।

बंबई, 9 मार्च 1955

आप अपने मन की कारगुज़ारियों को बेनकाब कैसे करेंगे?

आप अपने आशय में यदि किंचित भी गंभीर हैं तो आपको स्वयं के तथा वक्ता के बीच के संबंध को समझना होगा। ऐसा नहीं है कि कोई आपको उपदेश दे रहा है, बल्कि इसके विपरीत आप और मैं मिलकर कुछ सीखने जा रहे हैं और शिक्षक एवं शिक्षार्थी जैसा कोई विभाजन यहां नहीं है। इस प्रकार का विभाजन तो अनैतिक, अनाध्यात्मक और अधार्मिक होता है, यह बात कृपया भली-भांति समझ लीजिए। मैं कोई हठधर्मी या स्वाग्रही नहीं हूं। परंतु जब तक आपके व इस वक्ता के संबंध को हम समझ नहीं लेते तब तक हम धोखे में रहेंगे। मुझे तो यहां बस सीखना है, न कि यह देखना कि कौन जानता है और कौन नहीं जानता। कोई यदि कहता है कि वह जानता है तो समझ लीजिए कि वह नहीं जानता। सत्य को जाना नहीं जा सकता। जिसे जान लिया जाता है वह अतीत की चीज़ बन जाता है, मृत हो जाता है। सत्य तो जीवंत रहता है, वह अचल नहीं रहता, इसीलिए आप सत्य को जान नहीं सकते। सत्य तो अविराम गति में रहता है, उसका कोई घर नहीं होता। तभी तो, जो मन किसी विश्वास के, किसी ज्ञान के, या किसी संस्कार विशेष के खूंटे से बंधा रहता है, वह यह समझने में अक्षम रहता है कि सत्य क्या है।

स्वयं को जानना प्रज्ञा का आरंभ है। स्वयं संबंधी यह ज्ञान किसी ग्रंथ से नहीं मिलता बल्कि इसे आप अपनी पत्नी, अपने पति, अपने बच्चों, अपने हाकिम, एक बस कंडक्टर के साथ अपने दैनिक संबंधों को देख-समझकर ही पा सकते हैं। दूसरों के साथ अपने संबंधों के प्रति सजगता के ज़रिए ही ऐसा हो पाता है कि आप अपने मन की कारगुज़ारियों को बेनकाब कर सकें। स्वयं

की यही समझ संस्कारबद्धता की हमारी बेड़ियों को तोड़ना शुरू करती है। आप इस बात में यदि गहराई तक उतरें तो पायेंगे कि तब मन एकदम शांत हो जाता है, अनुद्विग्न और स्थिर। यह स्थिरता उस मन की स्थिरता जैसी नहीं होती जिसे अनुशासित, बाधित या नियंत्रित कर दिया गया हो बल्कि यह वह ठहराव है जो तब आता है जब संबंधों की समझ आ जाने के फलस्वरूप मन अपने स्वार्थगर्त से बाहर आ जाता है। ऐसा ही मन उस अवस्था को ग्रहण कर पाता है जो अन्यथा उसकी पहुंच से परे रहती है।

कोलंबो, 13 जनवरी 1957

आप ज्यों ही प्रतिक्रिया करते हैं, द्वंद्व शुरू हो जाता है

मेरे विचार से, सभी जानते हैं कि अकेला होना क्या होता है। हम सभी उस अवस्था से परिचित हैं जिसमें सभी नाते टूट जाते हैं, जब भूत-भविष्य का कोई भाव नहीं रह जाता, अलग-थलग पड़ जाने का एक बोझिल एहसास हम पर छा जाता है। आप भले ही बहुत से लोगों के बीच हों, किसी भीड़ भरी बस में हों या अपने मित्र, अपने पति या पत्नी के बिल्कुल निकट ही बैठे हुए हों, फिर भी अचानक इस एहसास का ज्वार आप को डुबो देता है—घोर निरर्थकता का एक खौफनाक एहसास, शून्यता का, रसातल में डूबते चले जाने का एक एहसास। मूल प्रवृत्ति होती है—इससे दूर भागो। इसीलिए तो आप रेडियो सुनने लगते हैं, गप्पों में लग जाते हैं, किसी समिति से जुड़ जाते हैं या ईश्वर, सत्य और प्रेम पर उपदेश देने लगते हैं, या ऐसा ही कुछ और करने लगते हैं। चाहे आप ईश्वर के माध्यम से पलायन करें या सिनेमा के माध्यम से—सभी पलायन एक जैसे होते हैं। भय अलग-थलग पड़ जाने के इस एहसास की प्रतिक्रिया है, और फिर हम भय से भागते हैं। राष्ट्रवाद के, अपने देश के, अपने बच्चों के, अपनी संपत्ति के माध्यम से किये जाने वाले तमाम पलायनों को आप जानते हैं जिनके लिए आप लड़ने-झगड़ने, भिड़ जाने और मरने-मारने पर उतारू हो जाते हैं।

तो आप यदि यह बात देख-समझ लें कि सारे पलायन एक जैसे हैं, या किसी भी एक पलायन की निरर्थकता को सचमुच में देख लें तो क्या आप तब भी पलायन कर पाएंगे? या फिर पलायन जैसा कुछ रहता ही नहीं? और आप यदि पलायन नहीं कर रहे हैं तब भी क्या कोई द्वंद्व बना रहता है? आप समझ रहे हैं न? पलायन 'जो है' से किया जाता है, यह 'जो है' से कुछ इतर पाने

का प्रयास होता है। अतः जिस मन को ईर्ष्या से, डाह से, चीज़ों को अपने कब्ज़े में लेने की प्रवृत्ति से और सद्गुणी बनने की धुन से, अपने तमाम संबंधों की समूची स्मृति के अचानक लोप हो जाने से, अकेलेपन के इस एहसास से पार जाना हो, उसे सर्वप्रथम इन सब के रू-ब-रू होना होगा, इनमें से गुज़रना होगा ताकि हर प्रकार का भय तिरोहित हो जाये। तो क्या किसी एक पलायन की व्यर्थता के ज़रिए मन सारे पलायनों की व्यर्थता को देख सकता है? ऐसा देख लेने पर कोई द्वंद्व शेष नहीं रह जाता। चूंकि अकेलेपन का कोई अवलोकनकर्ता नहीं बचता, बस इसकी सतत अनुभूति रहती है। ऐसा अकेलापन सारे संबंधों का विराम हो जाता है। अवधारणाओं का तब कोई महत्त्व नहीं रह जाता। विचार अपनी अहमियत खो देता है। मैं इसका वर्णन कर रहा हूं, परंतु आप इसे सुनने तक ही सीमित मत रहिए, क्योंकि फिर आपके पल्ले कुछ पड़ने वाला नहीं। आखिर इस संवाद का उद्देश्य ही है इन तमाम विकराल उलझनों के जाल से स्वयं को सचमुच मुक्त कर पाना, जीवन में घिर आये द्वंद्व, भय तथा थकावट व उकताहट को एक तरफ हटाकर किसी और ही आयाम में प्रवेश कर पाना।

जब भय नहीं रहता तब आता है सौंदर्य—कवियों द्वारा वर्णित तथा चित्रकारों द्वारा चित्रित सौंदर्य नहीं बल्कि एक ऐसा सौंदर्य जो बिल्कुल विलक्षण होता है। ऐसे सौंदर्य को पाने के लिए हमें इस प्रचंड अलगाव में से गुज़रना होगा या यूं कहें कि हमें इसमें से गुज़रना नहीं पड़ेगा बल्कि हम तो इसमें हैं ही। आप भले ही उससे पलायन करते रहें, परंतु वह विद्यमान रहता है—छाया की तरह हमेशा आपका पीछा करता हुआ। आपके दिलोदिमाग की, आपके व्यक्तित्व की हर खाली जगह में वह पसरा हुआ है। आप इसे ढांपते रहते हैं, इससे पलायन करते रहते हैं, दूर भागते रहते हैं फिर भी यह विद्यमान रहता है। परंतु इसमें से गुज़रना सोने का आग में तपकर कुंदन हो जाने जैसा है। देखना यह होगा कि मन यह अनुभूति कोई प्रतिक्रिया किये बिना कर सकता है या नहीं—यह कहे बिना कि उफ़! यह तो भयंकर है? आप में ज्यों ही कोई प्रतिक्रिया उठती है त्यों ही द्वंद्व शुरू हो जाता है। आप इसे यदि स्वीकारते हैं तो यह आप पर बोझ बन जाता है और यदि नकारते हैं तो भी वह हर दो कदम पर आपके सामने आ खड़ा होता है। प्रतिक्रियारहित मन स्वयं वह अकेलापन 'हो जाता है' फिर उसे इसमें से गुज़रना नहीं पड़ता, वह स्वयं वही 'हो जाता है' जैसे ही आप इसमें से गुज़रने तथा अन्यत्र कहीं पहुंचने की बात सोचते हैं, तभी आप पुनः द्वंद्व में प्रवेश कर जाते हैं। ज्यों ही आप कहते हैं, "मैं इसमें से कैसे पार जाऊं, मैं सचमुच इसे

कैसे देख पाऊं," त्यों ही आप पुनः इसके जाल में आ फंसते हैं।

आपमें एक रिक्तता विद्यमान है, आपमें एक ऐसा अद्भुत अकेलापन विद्यमान है जिसे कोई गुरु, कोई स्वामी, कोई अवधारणा, कोई गतिविधि मिटा नहीं पाये हैं। आपने इन सब पर खूब समय गंवाया है, इनके साथ विहार किया है, परंतु ये आपकी शून्यता को भर नहीं पाये हैं। यह अकेलापन एक तल रहित गर्त है। परंतु जिस पल आप एकाकीपन को अनुभूत करने लगते हैं, यह गर्त तब तलरहित नहीं रहता। आप समझ रहे हैं न?

देखिये, मन को यदि सर्वथा और संपूर्णतया इस प्रकार मुक्त करना है कि उसमें कोई आशंका, कोई भय और कोई व्यग्रता शेष न रहने पाये तो किसी से भी कोई भी संबंध न होने के इस विलक्षण भाव को अनुभूत करना होगा। इससे एकलता का, एकाकीपन का एहसास उभर कर आता है।

देखिये, इस कल्पना में मत खो जाइये कि आपने इसे पा लिया है, क्योंकि यह इतना आसान नहीं है। यह तभी उभर कर आता है जब उस एकाकीपन के एहसास के साथ कोई भय शेष नहीं रह जाता, केवल तभी उस अपरिमेय की ओर गति संभव हो पाती है क्योंकि तब न भ्रांति रहती है, न भ्रांति रचने वाला; भ्रांति की कोई गुंजाइश ही नहीं बचती। जब तक द्वंद्व रहता है तभी तक भ्रांति रहती है, परंतु इस द्वंद्व के समूचे समापन के साथ-साथ सारे भय का भी अवसान हो जाता है और फिर कुछ पाने की तलाश भी शेष नहीं रह जाती।

शायद आप यह सब समझ गये होंगे। आखिर आप सब कुछ पाने की तलाश में ही तो यहां आये हैं, परंतु मन में झांक कर देखें तो सही कि आप क्या पा लेने की तलाश में हैं? आप अपने द्वंद्व, दुख, कष्ट, संताप और व्यग्रता के पार कुछ पाने की तलाश में हैं। आप इनसे बाहर निकलने के रास्ते की तलाश में हैं। परंतु हम यदि उसे समझ लें जिसके बारे में हम बात करते आये हैं तो सारी तलाश ही खत्म हो जाती है—यह मन की एक अद्भुत अवस्था होती है।

आप जानते हैं कि जीवन एक चुनौती और उसके प्रत्युत्तर की प्रक्रिया है, है न? बाहरी चुनौतियां हमारे सामने खड़ी रहती हैं—युद्ध की, मृत्यु की और दर्जनों अन्य बातों की—और हम इनका जवाब देते हैं। परंतु चुनौती तो नित-नूतन होती है और फिर भी उसके प्रति हमारे जवाब और हमारे प्रत्युत्तर सदैव पुरातन और संस्कारग्रस्त होते हैं। आशा है कि यह बात आपको स्पष्ट हो गई होगी। किसी चुनौती का जवाब देने के लिए मुझे उसे पहचानना होगा, है न? और जब मैं उसे पहचानता हूं तो यह पहचानना पुरातन की शब्दावली से ही किया जाता है,

तो ज़ाहिर है कि सब कुछ पुरातन ही हो जाता है। कृपया इसे भली-भांति समझ लीजिये क्योंकि मैं इससे कुछ आगे बढ़ना चाहता हूं।

जो व्यक्ति बहुत अंतर्मुखी होता है उसके लिए बाहरी चुनौतियां कुछ अधिक महत्त्व नहीं रखतीं, परंतु फिर भी उसकी अपनी आंतरिक चुनौतियां तो होती ही हैं, और उन चुनौतियों की अनुक्रियाएं भी होती हैं। जबकि मैं एक ऐसे मन की बात कर रहा हूं जो अब कुछ पाने की तलाश में नहीं है और इसीलिए उसके लिए अब न कोई चुनौती है और न ही उसका जवाब या प्रत्युत्तर। यह अवस्था गऊ समान, संतुष्ट व परितुष्ट हो जाने जैसी नहीं है। जब आप बाहरी चुनौती को तथा उसके प्रति अपनी अनुक्रिया को समझ लेते हैं—और यह सब अनेक महीनों या वर्षो में नहीं बल्कि बहुत तेज़ी से जान लेते हैं—तब बाहरी परिवेश ऐसे मन को अपने अनुसार नहीं मोड़ पाता, और फिर कभी वह उसे प्रभावित नहीं कर पाता। इस विलक्षण क्रांति से गुज़रा हुआ मन प्रत्येक समस्या का सामना इस प्रकार करता है कि न तो समस्या शेष रहती है और न ही उसका मूल कारण। तब भय के सारे भाव तिरोहित हो जाते हैं।

मैं नहीं जानता कि आप मेरे साथ इस बात में कहां तक चल पाये हैं। देखिये, सुनना केवल कानों से नहीं होता, सुनना तो एक कला है। स्वयं को जानने का हिस्सा है यह, जब हम सचमुच सुनते हैं, अपने अंतरतम तक सुनते हैं तब हम विशुद्ध व निर्मल हो जाते हैं। और जहां विशुद्धता व निर्मलता होती है, वहीं आनंद है, 'बेनेडिक्शन' है, परंतु यह चर्च वाला आशीष नहीं है।

लंदन 18 मई 1961

सही रिश्ता, सम्यक् संबंध क्या है?

हमारा जीवन, जैसा भी यह है, हमारा यह दैनिक जीवन संबंधों का ही सिलसिला है। संबंध में संपर्क शामिल है—न केवल शारीरिक संपर्क बल्कि मनौवैज्ञानिक, भावनात्मक और बौद्धिक संपर्क भी। परंतु संबंध हो तभी सकता है जब भरपूर स्नेह हो। आपके व मेरे बीच जो कुछ है यदि वह केवल बौद्धिक व शाब्दिक है तो न तो आप मुझसे संबंधमय हैं और न मैं आपसे, तब हममें कोई संबंध ही नहीं है। संबंध तभी होगा जब संपर्क का भाव होगा, संप्रेषण का भाव होगा, मेल-मिलाप का भाव होगा। इस सबके लिए भरपूर स्नेह चाहिए।

यह वास्तविकता है कि हमारे संबंध बहुत ही भ्रमपूर्ण, नाखुश, विरोधाभासी और अलगावकारी हैं। हममें से प्रत्येक जन केवल अपने लिए, अपने ही चारों ओर व अपने आप ही में एक ऐसा खोल बनाने में लगा रहता है जो अभेद्य हो। स्वयं को भली-भांति निरखिये—इस रूप में नहीं कि आपको कैसा होना चाहिए, बल्कि इस रूप में कि आप कैसे हैं। चूंकि आपने इतने सारे अवरोध, अवधारणाएं, मिज़ाज़, अनुभव, दुख, सरोकार और चिंताएं खड़ी कर ली हैं इसीलिए आप इतने अभेद्य, इतने दुर्गम हो गये हैं। आपके दैनिक कार्यकलाप आपको अलग-थलग किये जा रहे हैं। भले ही आपका विवाह हो गया हो, आपके बच्चे हों, परंतु फिर भी आपकी सारी गतिविधियां, आपके सारे कार्यकलाप अहं-केंद्रित ही हैं। इसीलिए किसी भी समुदाय में माता-पिता के बीच, पुत्री व दामाद के बीच और इसी तरह के अन्य रिश्तों के बीच शायद ही कोई संबंध रह गया हो।

जब तक हम सम्यक् संबंध स्थापित नहीं कर लेते तब तक हमारा सारा जीवन एक अविराम युद्ध बना रहेगा—व्यक्तिगत रूप से भी और सामूहिक रूप से भी। आप भले ही कहें कि एक समाज सेवक के रूप में या एक समाजवादी

के रूप में आप स्वयं को भूलकर समाज या बिरादरी के लिए कार्य कर रहे हैं, परंतु वास्तविकता यह है कि आप कभी स्वयं को भूलते ही नहीं हैं। किसी बृहत्तर चीज़ से, समाज-बिरादरी से स्वयं का तादात्म्य करके आप स्वयं को भूल नहीं सकते। यह "मैं" को, अहं को विसर्जित कर देने की क्रिया नहीं है। इसके विपरीत यह तो "मैं" का किसी बृहत्तर चीज़ के साथ तादात्म्य कर देना है, इसीलिए संग्राम जारी रहता है। यह उन देशों में बिल्कुल साफ़ तौर पर देखा जा सकता है जहां हर व्यक्ति जनसमुदाय के और सामूहिकता के बारे में लगातार बातें तो करता रहता है, परंतु फिर भी वह स्वयं का तादात्म्य किसी समूह के साथ कर बैठता है। सामूहिकता तब "मैं" का रूप ले लेती है जिसके लिए लड़ने-झगड़ने, तमाम तरह की यंत्रणा व अनुशासन झेलने को वह तत्पर हो जाता है, क्योंकि उसने स्वयं का तादात्म्य उस समुदाय के साथ कर लिया है। यह ऐसा ही है जैसे कोई धार्मिक व्यक्ति अपना तादात्म्य एक ऐसी अवधारणा से कर ले जिसे वह ईश्वर कहता है, परंतु यह तादात्म्यता फिर भी "मैं" ही रहती है।

अतः जैसा मैंने पाया है, जीवन संबंध है और संबंधों की गतिविधि पर आधारित है, है न? आपसे, पत्नी से या पति से मेरा संबंध समाज के एक अंश रूप में है। आपके साथ या अपने हाकिम के साथ मेरा संबंध इस प्रकार कार्य करता है कि जो पहली नज़र में तो केवल मेरे लिए ही लाभदायक नहीं दीखता बल्कि पूरे समुदाय के लिए भी लगता है और इसीलिए समुदाय के साथ मेरी अपनी तादात्म्यता का हेतु मुझे भी लाभदायी लगने लगता है। इस बात पर ज़रा गौर कीजिए क्योंकि अपने हर कर्म के पीछे छिपी मंशा को तो हमें समझना ही चाहिए।

जीवन, जैसा भी है, वास्तविक दैनिक जीवन, एक अविराम युद्ध है। यह जीवन दुख और संभ्रम का एक सिलसिला है, जिसमें भूली-भटकी कोई खुशी या सुख की कोई गहरी अनुभूति केवल कभी-कभार ही कौंधती है। तो, जब तक हमारे संबंधों में मूलभूत क्रांति नहीं आती तब तक इस युद्ध पर विराम नहीं लगने वाला और इसके चलते कोई निदान भी नहीं है। कृपया इस तथ्य को पहचानिये। संबंधों के संघर्ष आपको मुक्ति के द्वार पर नहीं ले जाएंगे। हालांकि कोशिश हमारी यही रहती है। हम नहीं कहते, "हमारे संबंधों में बदलाव आना चाहिए," इसके बजाय हम द्वंद्व में ही रहते हुए उससे बस पलायन का प्रयास करते रहते हैं—दर्शन की भिन्न-भिन्न प्रणालियों के माध्यम से, मदिरा या यौनाचार के माध्यम से अथवा बौद्धिक व भावनात्मक मनोरंजन के हर संभव माध्यम से। इसीलिए जब तक आंतरिक रूप से हमारे संबंधों में—इन संबंधों में जो कि हमारा जीवन है, ये संबंध

जैसे कि वे आज हैं, "मेरी पत्नी," "मेरी बिरादरी," "मेरा हाकिम," "मेरे संबंध"–इन तमाम संबंधो में जब तक मूलभूत बदलाव नहीं आ जाता, तब तक आप कुछ भी कर लें–चाहे बढ़िया से बढ़िया विचार एवं वार्ता कर लें, चाहे ईश्वर के बारे में अविरत शास्त्रार्थ कर लें या कुछ और कर लें–उस सबका कोई अर्थ नहीं होगा, क्योंकि यह सब पलायन के अलावा कुछ नहीं है।

तो समस्या अब यह आती है कि संबंधों में रहते हुए ही मैं उनमें मूलभूत परिवर्तन कैसे लाऊं? मैं उनसे भाग तो नहीं सकता। पलायन कर किसी मठ आदि में रहने लगना, कहीं दूर चले जाना और संन्यास ले लेना जैसा कुछ भी करके मैं स्वयं को ही छलूंगा, क्योंकि तब भी मेरा मानव अस्तित्व तो बना ही रहेगा। जीने का अर्थ है संबंधों में जीना। इसीलिये संबंधों को समझना ही होगा और उनमें परिवर्तन लाना होगा। मुझे यह पता लगाना होगा कि कैसे मैं अपने संबंधों में मूलभूत-आधारभूत परिवर्तन लाऊं, क्योंकि आखिर इन्हीं संबंधों से ही तो युद्ध का सूत्रपात होता है–इस देश में पाकिस्तानियों व हिंदुओं के बीच, मुसलमानों और हिंदुओं के बीच तथा अरब व यहूदियों के बीच आज यही तो हो रहा है। इसीलिए मंदिर, मस्जिद, चर्च या वेदांत के शास्त्रार्थ के ज़रिए या किसी और तरह से, किसी भिन्न प्रणाली से बाहर निकलने का मार्ग नहीं मिल सकता। जब तक आप, मनुष्य होने के नाते, स्वयं में मूलभूत परिवर्तन नहीं ले आते, तब तक इसका कोई निदान संभव नहीं है।

अब सवाल यह पैदा होता है कि अभी तक अहंकेंद्रित ध्येय तथा सुख-लालसा पर आधारित रहे अपने संबंधों में परिवर्तन कैसे लाऊं–काल्पनिक तौर पर नहीं बल्कि वस्तुतः? असल समस्या यही है न?

इसका तात्पर्य है कि इच्छा और सुख-लालसा को सचमुच समझना होगा–समझना, न कि यह कहना, "मुझे इच्छा को दबाना चाहिए," या "मुझे सुख का त्याग करना चाहिए," क्योंकि यह तो आप सदियों से कहते-सुनते आ रहे हैं–"आपको निष्काम कर्म करना चाहिए"–मैं नहीं जानता कि इस बात का अर्थ क्या है–"आपको इच्छारहित होना चाहिए"–इस बात का भी कोई अर्थ नहीं है क्योंकि हम तो इच्छाओं से लबालब भरे हुए हैं, हमारा सारा उत्साह इसी से है। इच्छा को दबा देने से कुछ भला होने वाला नहीं है क्योंकि यह तब भी बनी ही रहेगी–बोतल में बंद, आपके द्वारा इस पर ठोकी गई डाट के भीतर–आप इच्छा के विरुद्ध स्वयं को अनुशासित करते हैं, इससे क्या होता है? उलटे आप कठोर और क्रूर हो जाते हैं।

इसलिये हमें इच्छा को समझना होगा, सुख-भोग को समझना होगा, क्योंकि हमारे आंतरिक मूल्य और निर्णय इसी पर ही तो आधारित हैं—किसी महान या अनूठे सिद्धांत पर नहीं, बल्कि सुख-लालसा पर ही। आपको ईश्वर की आवश्यकता इसलिये पड़ती है ताकि आप इस नीरस, भौंडे, असार, बेवकूफ़ियों भरे जीवन से पलायन कर एक उच्चतर सुख का लुत्फ़ ले सकें—हालांकि यह बात बेमानी है। तो, हमारे जीवन का सजीव और सक्रिय सिद्धांत है सुख। आप इसे दरकिनार नहीं कर पाते। सूर्यास्त को निहारना, धूप में चमकती पत्ती को निहारना, उसके सौंदर्य को, उसकी कोमलता को महसूस कर पाना—यह सब विपुल सुख का एहसास देने वाला होता है, इस सब में भरपूर सौंदर्य होता है। परंतु, चूंकि हमने सुख-भोग को नकार दिया है, उसका दमन कर डाला है अतः हम सौंदर्य बोध खो बैठे हैं। हमारे जीवन में सौंदर्य नहीं रह गया है, सचमुच, कोई सौंदर्य नहीं बचा है- सुरुचि भी नहीं बची है। सुरुचि तो सीखी भी जा सकती है, परंतु आप सौंदर्य को नहीं सीख सकते। सौंदर्य को समझने के लिए सुख को समझना होगा।

तो, हमें सुख को नकारना नहीं है बल्कि समझना है कि सुख-भोग का तात्पर्य क्या है, यह कैसे उपजता है, इसकी प्रकृति क्या है, बनावट क्या है? हम यह कहकर खुद को मूर्ख न बनायें, "मेरे मूल्य तो दैविक मूल्य हैं, मेरे विचार तो महान हैं।" यदि आप गहराई तक स्वयं का अध्ययन करें तो पायेंगे कि आपके मूल्य, आपकी अवधारणायें, आपका दृष्टिकोण, आपके क्रियाकलाप—ये सभी सुख की लालसा पर ही आधारित रहते हैं। इसीलिए हम इसका अध्ययन करने जा रहे हैं। केवल शाब्दिक या बौद्धिक रूप में नहीं बल्कि वास्तविक रूप में हम यह पता लगाने जा रहे हैं कि सुख के प्रति हम किस तरह पेश आयें, इसका उचित स्थान क्या है, और जितना समय व श्रम हम इसके लिए लगा देते हैं, उतने के योग्य यह है भी या नहीं। इस सब के लिए बड़े जतन से अध्ययन करने की आवश्यकता है।

सुख को समझने के लिए हमें इच्छा को समझना होगा। हमें पता लगाना होगा कि इच्छा क्या होती है, कैसे अस्तित्व में आती है, इसे निरंतरता कौन देता है, और यह भी कि क्या इसका अंत संभव है, जैसा कि होना ही चाहिए। जब तक हम इस सबको सचमुच न समझ लें तब तक इच्छा रहित होने का स्वांग करना, और इच्छारहित होने के लिए जूझते रहना—इसका कोई अर्थ नहीं। ऐसा करना तो आपके मन को मार देता है, उसे विकृत कर देता है, आपके अस्तित्व को तनावग्रस्त कर देता है। जबकि इस बारे में जो कुछ समझने योग्य है उसे

समझ लेने के लिए आपको एक बिल्कुल स्वस्थ, विवेकी और निर्मल मन की आवश्यकता है, न कि ऐसे मन की जो विकृत हो, तनावग्रस्त हो, नियंत्रित हो, किसी सांचे में ढला हो या चोट खाते-खाते जो अपनी सूझ-बूझ खो चुका हो।

हम यह पता लगाने जा रहे हैं कि इच्छा अस्तित्व में कैसे आती है। कृपया इसे अच्छी तरह समझ लीजिए क्योंकि इसमें से होते हुए हमें कहीं आगे जाना है। यह अध्ययन हमें कहां ले जायेगा यह समझने के लिए हमें जड़ से शुरू करना होगा। आप यदि आरंभिक अंश को समझ पाने में असमर्थ रहे तो फिर अगली बात को समझ पाने में भी अक्षम रहेंगे। इसलिए ऐसा मत सोचें, ''इसे छोड़ता हूं, आगे बढ़ जाता हूं।''

यह समझना सचमुच ही बहुत सरल है कि इच्छा अस्तित्व में कैसे आती है। जैसे कि, मैं एक मनोहारी सूर्यास्त देखता हूं। यह तो देखना हुआ, इसका सौंदर्य निहारना, फिर इसके रंग, आकाश की पृष्ठभूमि में पत्तियों की सुकोमलता, गहरे रंग की शाखा—ये सब मेरे भीतर इसे देखते रहने की इच्छा जगाते हैं। अर्थात् : दर्शन, संवेदन, सनसनाहट, संसर्ग, फिर इच्छा, ठीक? इसमें कुछ मुश्किल नहीं है। मैं एक कार को देखता हूं, खूब चमचमाती हुई, कोई खरोंच नहीं—यह हुआ देखना। मैं उसे छूता हूं—संवेदन। और फिर इच्छा। मैं कोई सुंदर चेहरा देखता हूं तो फिर अनुराग, कामभाव और इच्छाओं का पूरा काफ़िला चल पड़ता है। यह सीधी-सी बात है।

अगला प्रश्न थोड़ा जटिल है, वह है : इच्छा को बनाए कौन रखता है? यदि मैं यह बात जान लूं तब मैं यह भी जान पाऊंगा कि इच्छा से कैसे निपटा जाये। आप समझ रहे हैं न? समस्या तभी खड़ी होती है जब इच्छा की निरंतरता बनी रहती है। तब मैं इसे पूरा करने के लिए जूझने लगता हूं, तब मैं इसे और अधिक चाहने लगता हूं। मैं यदि इच्छा के इस समय घटक को जान लूं तो मैं यह भी जान जाऊंगा कि इससे निपटा कैसे जाये। हम यही पता लगाने जा रहे हैं। मैं इसी का खुलासा करने जा रहा हूं।

हमने देखा कि इच्छा कैसे सर उठाती है : कार को, सूर्यास्त को, सुदंर चेहरे को, किसी लुभावने आदर्श को, किसी पूर्ण व्यक्ति को देखने में। हमने देखा है कि इच्छा कैसे अस्तित्व में आती है। अब हम यह देखने जा रहे हैं कि इस इच्छा को बने रहने के लिए ऊर्जा कहां से मिलती है? साफ़ है कि विचार से। मैं कार को देखता हूं, मुझमें इच्छा हिलोर लेने लगती है और मैं कह उठता हूं, ''यह मेरे पास होनी चाहिए।'' उसी के बारे में सोचता रहता विचार इस इच्छा

को निरंतरता प्रदान करता है। यह निरंतरता इसलिए है क्योंकि उस इच्छा के बारे में सोचते हुए उस विचार से मुझे सुख मिलता है। ठीक? मैं कोई मकान देखता हूं जो स्थापत्य कला और उपयोगिता की दृष्टि से उत्कृष्ट है कि तभी इच्छा आ कूदती है। फिर विचार भी प्रवेश कर लेता है, "काश यह मेरा हो जाये।" फिर मैं उसके लिए जूझने लगता हूं। यहीं समस्या खड़ी हो जाती है। मैं उस मकान को पा नहीं सकता, क्योंकि मैं उतना धनी नहीं हूं। अतः यह बात मुझमें कुंठा पैदा कर देती है और इस तरह पूरा मामला शुरू हो जाता है। इस प्रकार, सुख-लालसा पर सवार रहने वाला विचार ज्यों ही इच्छा में दाखिल होता है, त्यों ही समस्या उठ खड़ी होती है। सुख की धुरी पर टिका विचार जैसे ही इच्छा से आ जुड़ता है, उसी पल द्वंद्व, कुंठा और संघर्ष का तांडव शुरू हो जाता है।

तो मन यदि इच्छा तथा विचार की पूरी संरचना को समझ ले तो इच्छा से निपट पाना भी उसके लिए मुश्किल नहीं रहेगा। अर्थात् विचार यदि इच्छा में घुसपैठ न करें तो इच्छा टिक ही नहीं सकती। आप समझे न? मैं एक सुंदर सा मकान देखता हूं और कहता हूं कि कितना प्यारा है। इस बात में बुराई क्या है? मकान सुंदर अनुपात में बना है, साफ़-सुथरा है, परंतु ज्यों ही विचार बोल उठता है, "कितना अच्छा होता कि यह मेरा होता और मैं इसमें रहता," त्यों ही बखेड़ा खड़ा हो जाता है। तो इच्छा अनुचित नहीं है। यह कभी बुरी नहीं होती परंतु विचार इसमें घुसपैठ कर जाता है तो समस्या खड़ी कर देता है। इस प्रकार इच्छा को समझे बिना, विचार को समझे बिना, हम बस इच्छा का दमन करने, उसे नियंत्रित करने या उसे अनुशासित करने के प्रयास में जुट जाते हैं।

आशा करता हूं कि आप यह सब समझ रहे होंगे, केवल सुन ही नहीं रहे होंगे बल्कि उतना ही श्रम कर रहे होंगे जितना वक्ता कर रहा है। अन्यथा तो आप इसमें सहभागी नहीं रहेंगे, तब आप एक कान से सुनकर दूसरे से बाहर निकाल रहे होंगे। यही तो है जो हम सब करते हैं। सुनने का अर्थ है अवधान में होना। और यदि आप पूरी तन्मयता से सुन रहे होंगे तो ही आप इसे देख-समझ पायेंगे और तभी आप जान पायेंगे कि जीवन क्या है—जीने का एक बिल्कुल अनूठा ढंग।

तो हम विचार के तंत्र का अध्ययन कर रहे हैं। यह विचार-तंत्र अनिवार्य रूप से सुख की धुरी पर टिका है, यह या तो पसंद करता है या नापसंद करता है। और यह बात साफ़ है कि सुख-लालसा में दुख व पीड़ा का वास रहता ही है। मैं दुख-पीड़ा नहीं चाहता, परंतु सुख-भोग की अविरल निरंतरता बनाये रखना

चाहता हूं। दुख-पीड़ा को मैं दरकिनार कर देना चाहता हूं। परंतु इसे दरकिनार करने में मुझे सुख को भी दरकिनार करना पड़ता है, इन दोनों का विच्छेद नहीं किया जा सकता, ये दोनों एक ही हैं। तो सोच-विचार की गतिविधि को समझते हुए मैं यह पता लगाना चाहता हूं कि क्या सुख-लालसा के जंजाल को तोड़ा जा सकता है? आप समझे?

हमारी सोच सुख-लालसा पर आधारित रहती है। भले ही हम भारी दुख-पीड़ा में रहे हों—न केवल शारीरिक रूप से बल्कि आंतरिक रूप से भी—भारी व्यग्रता, भय व हताशा में रहते आये हों, परंतु ये सभी इसी मांग का परिणाम रहे हैं कि सुख-लालसा को ही सारे मूल्यों का आधार मान लिया जाये, बस उसी में जिया जाये। इस बात का यह अर्थ कदापि नहीं है कि सुख-आनंद लें ही ना या फिर उसी में डूबे रहें। परंतु इस मन-मस्तिष्क की समूची संरचना को—जो कि गहरे तक सुख-लालसा पर आधारित है—समझ लेने से हम यह जान जायेंगे कि इच्छा को किस तरह देखा जाये बिना उसमें उलझे, और इस तरह उस संभ्रम का, उस दुख का अंत कैसे किया जाये जो इस इच्छा की निरंतरता की ही उपज है, ठीक?

विचार यांत्रिक होता है। यह एक बहुत बढ़िया कंप्यूटर है। इसने बहुत कुछ सीख लिया है, तरह-तरह के अनुभव किये हैं, न केवल व्यक्तिगत व सामुदायिक, बल्कि मानवीय भी। यह सचेतन मन में भी रहता है और अचेतन मन में भी। हमारी पूरी चेतना समूची सोच का ही अवशेष है, उसी का तंत्र-यंत्र है। परंतु यह सोच केवल नकल और आज्ञापालन पर नहीं बल्कि सदैव सुख-भोग पर आधारित रहती है। मैं आज्ञापालन इसलिए करता हूं क्योंकि यह मेरे लिए सुखद है, मैं किसी का अनुसरण भी इसलिए करता हूं क्योंकि यह मेरे लिए सुखद होता है, मैं दूसरों को ग़लत इसलिए बताता हूं क्योंकि यह मेरे लिए सुखद है। जब मैं कहता हूं, "यह मेरा देश है, मैं इस पर मर मिटने के लिए तैयार हूं" तो ऐसा कहना मुझे सुख देता है—ऐसा सुख जो सुरक्षा या ऐसे ही कुछ अन्य बड़े सुखों से जुड़ा हुआ है।

यानी कि विचार यांत्रिक होता है। इस बात का महत्त्व नहीं है कि वह विचार है किसका—इसमें आपके तमाम गुरु, तमाम शिक्षक और तमाम दार्शनिक शामिल रहते हैं। यह विचार संचित स्मृति की ही प्रतिक्रिया होता है, और आप यदि इसमें गहरे तक जायें तो पायेंगे कि वह स्मृति भी सुख के सिद्धांत पर ही आधारित है। आप यदि आत्मा में, रुह में या किसी ऐसी ही अन्य चीज़ में आस्था रखते हों और यदि आप इसमें गहराई में जाकर देखें तो पायेंगे कि यह सुख-भोग

ही है। चूंकि जीवन एकदम अनिश्चित है, इसमें मृत्यु है, भय है, अतः आप आशा करते हैं कि इसमें इन सबसे गहरा भी कुछ होगा और उसी को आप कुछ नाम दे देते हैं, इससे आपको बड़ा चैन मिलता है, और यह चैन-आराम सुख ही तो है। इस प्रकार विचार और विचारणा का यह तंत्र कितना भी जटिल हो, कितना भी सूक्ष्म हो, इसे आप कितना ही मूलभूत मान लें, परंतु यह आधारित इसी सिद्धांत पर है।

यह आपको समझना होगा, परंतु आप इसे समझ तभी सकते हैं जब आप इस ओर पूरी तवज्जो दें। जो कुछ कहा जा रहा है उसे आप ध्यानपूर्वक सुनते हैं तो उसका सत्य-असत्य आप तत्काल देख पाते हैं। इसमें कुछ भी झूठ नहीं है क्योंकि यह तथ्य है। हम तथ्यों पर आधारित बात कर रहे हैं, न कि अवधारणाओं पर जिन पर बहस हो सकती है या जिनके बारे में आपकी अलग-अलग राय हो सकती है। ये तो तथ्य हैं—प्रिय लगें या अप्रिय। हजारों वर्षों से हम विचार को पालते आये हैं, हम स्वयं से कहते आये हैं, "विचार सब कुछ बदल सकता है।" विचार का आधार होता है सुख-लालसा, और कामना का आधार भी वही है, और फिर भी हम दावा करते हैं, "इसी से हम सब कुछ बदल डालेंगे।" आप जब इस बात का अध्ययन करेंगे तो पायेंगे कि आप तब तक कुछ नहीं बदल सकते जब तक आप इस सुख के सिद्धांत को समझ नहीं लेते।

जब हम इस सब को समझ लेते हैं तब द्वंद्व का अवसान हो जाता है—आप सायास इसका अंत नहीं करते—यह तब स्वयं ही, अनायास ही हो जाता है। परंतु इसका यह अर्थ नहीं है कि तब आपका अस्तित्व शाक-पात जैसा रह जाता है। हमें इच्छा को समझना होगा, प्रतिदिन की गतिविधियां करते हुए इसे ध्यानपूर्वक देखते रहना होगा और साथ-साथ विचार के हस्तक्षेप को भी देखते रहना होगा जो कि इच्छा को समय के पंख लगा देता है। इस सब के अध्ययन व समझ से एक अंतर्निहित अनुशासन पैदा होता है। देखिये, जो कुछ यहां कहा जा रहा है उसे सुनने के लिये अनुशासन की आवश्यकता है, और, यह सुनना भी केवल कानों से न होकर अंतस की गहराई से हो—किसी परिपाटी के अनुसार नहीं। निश्चय ही ऐसे सुनना अपने आप में ही अनुशासन है, है न?

मन जब सुख, विचार और इच्छा की प्रकृति को समझ लेता है तब वह अध्ययन-अन्वेषण सहज ही अनुशासन ले आता है, इसीलिए लिप्तता-अलिप्तता, ऐसा होना चाहिए या ऐसा नहीं होना चाहिए का मुद्दा ही नहीं रहता, यह सब तब समाप्त हो जाता है। यह एक ऐसे भोजन जैसा है जिसे खाने से आपको

पेट-दर्द हो जाता हो। यदि स्वाद का सुख पेट-दर्द से अधिक महत्त्वपूर्ण है तो आप खाते रहेंगे और कहते भी रहेंगे, ''मुझे इसे खाना नहीं चाहिए।'' तब आप अपने साथ चाल खेलते हैं और खाते रहते हैं, परंतु जब पेट की तकलीफ़ बहुत बढ़ जाती है तब आप जो कुछ खाते हैं उस पर ध्यान देने लगते हैं। तो जब आपको पहली बार पेट-दर्द लगा था तभी यदि आप सजग हो जाते तो आपको स्वाद-सुख और उदर-पीड़ा के बीच द्वंद्व में से गुजरना नहीं पड़ता। आप समझ रहे हैं न?

तो यह सब हमें एक असंदिग्ध बिंदु पर ले आता है, और वह है कि हम अपने लिये स्वयं पूर्ण प्रकाश बनें। अभी हम नहीं हैं, अभी हम दूसरों पर निर्भर करते हैं। जब आप यह सुन रहे हैं तो वक्ता पर निर्भर कर रहे हैं कि वह बताये कि क्या करना है। परंतु आप यदि बहुत ध्यानपूर्वक सुन रहे हों, तो आपने पाया होगा कि वक्ता आपको यह नहीं बता रहा है कि क्या करना है। वह तो आपसे अध्ययन करने का आग्रह कर रहा है, वह बता रहा है कि परीक्षण कैसे किया जाये और उसमें क्या-क्या निहित है। बहुत ध्यानपूर्वक अध्ययन करने से आप सारी निर्भरताओं से मुक्त हो जाते हैं—स्वयं प्रकाश हो जाते हैं, अर्थात् आप एकल हो जाते हैं, एकाकी हो जाते हैं।

परंतु हम एकल नहीं हैं, हम तो अकेले हैं, तन्हा हैं। आप अनेक शताब्दियों की संस्कृति का, मत-प्रचार का, प्रभाव का, जलवायु का, भोजन तथा वेश-भूषा का परिणाम हैं, लोगों ने क्या कहा है और क्या नहीं कहा है—इसका और ऐसी ही अनेक बातों का परिणाम हैं। इस प्रकार आप एकल नहीं हैं, आप तो परिणाम हैं। परंतु स्वयं प्रकाश होने के लिए तो आपको एकल होना होगा। जब आप समाज की, सुख की और द्वंद्व की समूची मनोवैज्ञानिक संरचना को दरकिनार कर देते हैं तब आप एकल हो जाते हैं।

यह एकलता कोई ऐसी चीज़ नहीं है जिससे डरा जाये या जो पीड़ाजनक हो। पीड़ा, व्यग्रता और भय तो तभी होते हैं जब अलगाव होता है, अकेलापन होता है। एकलता तो एक बिल्कुल भिन्न अवस्था है क्योंकि केवल वही मन एकल होता है जो किसी भी प्रभाव से परे हो जाता है। इसका अर्थ हुआ कि ऐसा मन सुख के सिद्धांत को समझ गया है, इसीलिए तो कोई चीज़ उसे छू नहीं पाती है—न प्रशंसा, न प्रसिद्धि न हैसियत न लुभाव—कुछ भी उसे छू नहीं पाता। ऐसे ही एकाकीपन की ज़रूरत है।

किसी सूर्यास्त को जब आप पूरे तनमन से देखते हैं, तब आप एकल हो जाते हैं, है न? सौंदर्य सदैव एकल ही होता है—एकल का तात्पर्य यहां नासमझी

वाले, अलगाव भाव से नहीं है। यह तो मन का वह गुण है जो मत-प्रचार, निजी पसंद-नापसंद से परे है तथा जो सुख-लालसा पर आरूढ़ नहीं है। केवल एकाकी अवस्था में ही मन सौंदर्य का बोध कर सकता है। मन को उस विलक्षण अवस्था में आना होगा जहां उसे कोई अपने रंग में न रंग सके, और इसके लिए आवश्यक है कि वह परिवेश व परंपरा की संस्कारबद्धता से स्वयं को मुक्त कर चुका हो। केवल ऐसा ही मन अपनी एकाकी अवस्था में यह अध्ययन करने या अवलोकन करने के लिए और आगे जा सकता है कि मौन क्या है क्योंकि केवल इस मौन में ही आप पक्षियों की आवाज़ सुन सकते हैं। यदि आप अपनी ही समस्याओं के साथ बतियाते रहते हैं तो आप उन पंछियों को बिल्कुल नहीं सुन सकते। उस मौन में ही आप कर्म कर पाते हैं और कर्म ही जीवन है।

आपने यदि इच्छा, सुख-लालसा और विचार को समझ लिया है तो निश्चय जानिए कि आपने समूची मान्यता को, सत्ता-प्रामाण्य को दरकिनार कर दिया है, क्योंकि मान्यता किसी भी रूप में हो, आंतरिक हो या बाह्य हो, वह हमें कहीं नहीं ले जाने वाली। जब समूची मान्यता से अंततः और पूर्णतः विश्वास उठ चुका होता है तब आप किसी पर आश्रित नहीं रह जाते। इस प्रकार विचार के तथा सुख-लालसा के निरीक्षण-परीक्षण से गुजरकर आप एकाकी हो जाते हैं। एकाकी होने में मौन निहित है, यदि आप मौन नहीं हैं तो एकाकी नहीं हो पायेंगे। इसी मौन से कर्म की उत्पत्ति होती है। इसमें अभी और गहरे जाना होगा।

हमारे लिए कर्म किसी धारणा पर आधारित रहता है। जिसे हम किसी सिद्धांत, किसी विश्वास या किसी मताग्रह के रूप में मानते हैं और उसी धारणा के अनुसार हम कर्म करते हैं। यदि मैं अपने कर्म को अपनी धारणा के अनुरूप कर पाता हूं तो मैं खुद को बहुत निष्ठावान मानता हूं, बहुत महान समझता हूं। परंतु धारणा और कर्म में सदैव एक अंतर रहता है और इसीलिए द्वंद्व पैदा हो जाता है। जब तक किसी प्रकार का द्वंद्व रहता है तब तक स्पष्टता नहीं आ पाती। आप भले ही बाहरी तौर पर संत सरीखे दिखाई दें, या तथाकथित सादा जीवन व्यतीत करें, जिसका अर्थ केवल एक कोपीन धारण करना व एक समय ही भोजन करना माना जाता है, परंतु यह कोई सादा जीवन नहीं है। सादे जीवन के लिए कुछ और भी चाहिए, तभी वह इस तथाकथित सादे जीवन से कहीं अधिक गहरा हो पाता है। सादा जीवन तो वह है जिसमें कोई द्वंद्व नहीं रहता।

जब आप एकाकी होते हैं, तभी आता है मौन। ऐसा मौन चेतना से परे है। चेतना तो है सुख-लालसा, विचार और ऐसी ही तमाम चीज़ों का संयंत्र, हम

चाहे उनके प्रति सचेत हों या न हों। मन के इस क्षेत्र में मौन हो ही नहीं सकता और इसीलिए इससे उत्पन्न कोई भी कर्म केवल संभ्रम ही पैदा करेगा, सदैव दुख ही लायेगा, सदैव विपदा ही खड़ी करेगा।

कर्म जब उस मौन में से होता है, केवल तभी दुख का अवसान होता है। मन जब तक दुख से मुक्त नहीं होता—वह दुख चाहे व्यक्तिगत हो या अन्यथागत—तब तक वह अंधकार में, भय में और व्यग्रता में ही जीता है। उसका हर एक कर्म हमेशा संभ्रम युक्त ही होगा, और जो कुछ वह चुनेगा वह द्वंद्वकारी ही होगा। जब हम यह सब समझ लेते हैं तब आता है मौन, और जब मौन आ जाता है तब होता है कर्म, मौन तो स्वयं ही कर्म है न कि पहले मौन और फिर कर्म। निपट मौन की अवस्था में शायद आप कभी नहीं रहे हैं। जब आप मौन हो जाते हैं तब आप उस मौन में से बोल सकते हैं—भले ही आपकी स्मृतियां, अनुभव और ज्ञान आपके साथ बने रहें। यदि आप को कुछ भी ज्ञान नहीं है तो आप बोल पाने में असमर्थ रहेंगे, परंतु जब मौन आ जाता है तब उस मौन में से कर्म होता है और वह कर्म कभी जटिल नहीं होता, उसमें कोई उलझाव नहीं होता, कोई अंतर्विरोध नहीं होता।

जब हम सुख-भोग, विचार तथा एकाकी अवस्था के इस सिद्धांत को समझ लेते हैं, मौन की शून्यता को समझ लेते हैं, जब हम इतने आगे तक आ गये होते हैं—समय की शब्दावली के अनुसार आगे नहीं बल्कि वास्तव में बहुत आगे तक पहुंच गये होते हैं—तब इस समूचे अवधान के कारण मौन कर्म करता है जिसमें पूर्णतया अकर्मता रहती है—यह अकर्मता ही कर्म है। चूंकि यह पूर्णतया अकर्मता होती है अतः यह विस्फोट की स्थिति होती है और इस विस्फोट में ही नूतन का आविर्भाव होता है—बिलकुल नवीन, जो किसी पूर्व पहचान पर आधारित नहीं होता और इसीलिए वह अनुभवातीत होता है। तभी तो ऐसी अवस्था में यह नहीं कहा जा सकता, "मैंने अनुभव कर लिया है, अतः आप आइये और मुझसे सीखिये कि अनुभव कैसे किया जाये।"

जब हम अपने अस्तित्व की अर्थात् संबंधों की इस वास्तविकता को समझ लेते हैं तब यह सब बड़े सहज व सरल रूप से हो जाता है। अधिकतर लोगों के लिए संबंध का मतलब है उलझन और मुसीबत। इसमें भारी, गहन और मूलभूत परिवर्तन लाने के लिए हमें इच्छा, सुख-लालसा और विचार को तथा साथ ही एकाकी अवस्था की प्रकृति को समझना होगा। तब इस समझ में से मौन का प्रादुर्भाव होगा, और चूंकि ऐसा मौन अकर्मक होता है अतः यह कर्म तभी करता

है जब कर्म किये जाने की मांग होती है। चूंकि यह पूर्णतया अकर्मक होता है अतः बिना कोई गति किये ही यह विस्फोटित होता है। आप जानते हैं कि वैज्ञानिक बताते हैं कि आकाश गंगाएं तब बनती है जब पदार्थ गति करना बंद कर देता है और इसीलिए उसमें विस्फोट हो जाता है। विस्फोट होने पर ही यह संभव हो पाता है कि एक नूतन मन, एक सचमुच धार्मिक मन अस्तित्व में आये, और केवल धार्मिक मन ही मानवीय समस्याओं का समाधान कर सकता है।

मद्रास, 9 जनवरी 1966

प्रेम क्या है?

प्रेम क्या है? क्या हम इसे शाब्दिक और बौद्धिक रूप से समझ सकते हैं या यह कोई ऐसी चीज़ है जिसे शब्दों में बांधा नहीं जा सकता? वह है क्या जिसे हम प्रेम कह देते हैं? क्या प्रेम भावुकता है? क्या प्रेम भावना है? क्या प्रेम को दैवीय तथा मानवीय प्रकारों में बांटा जा सकता है? जब हममें ईर्ष्या, घृणा या प्रतिस्पर्धा का आवेग रहता है तब भी क्या हममें प्रेम रहता है? जब हम सब अपनी ही सुरक्षा की जुगत में रहते हों—मनोवैज्ञानिक सुरक्षा की भी और सांसारिक, बाहरी सुरक्षा की भी—तब क्या प्रेम रहता है? न तो सहमत होइये और न असहमत, क्योंकि आप उलझे हुए हैं। हम किसी ऐसे प्रेम की बात नहीं कर रहे जो कपोल कल्पित हो क्योंकि प्रेम की किसी कल्पित अवधारणा का कोई मतलब नहीं होता। आप और मैं इस बारे में न जाने कितने सिद्धांत पाले हुए हैं परंतु वह शै है क्या जिसे हम प्रेम कहते हैं?

सुख-लालसा से हम परिचित हैं और यौन-सुख से भी जिसमें ईर्ष्या के साथ-साथ मल्कियत की तथा हावी होने की इच्छा बनी रहती है, साथ ही, दूसरे का मालिक बन बैठने की इच्छा, उसे मुट्ठी में रखने की इच्छा, उसकी नकेल अपने हाथ में रखने की इच्छा और उसकी सोच में हस्तक्षेप करते रहने की इच्छा विद्यमान रहती है। इस सब की जटिलता को देखते हुए हम कहने लगते हैं कि अवश्य ही कोई अन्य प्रेम भी होता होगा—दिव्य, सुदंर, अछूता, निर्दोष। हम उसके बारे में कल्पना करने लगते हैं और एक भक्तिपूर्ण, भावपूर्ण और भावुकतापूर्ण प्रवृत्ति में प्रवेश कर जाते हैं और फिर कहीं के नहीं रह जाते। चूंकि प्रेम कही जाने वाली मानवीय अद्‌भुतता की गहराई को हम माप नहीं पाते अतः हम उन कल्पनाओं में खो जाते हैं जिनकी कोई प्रामाणिकता नहीं है। तो प्रेम है क्या?

क्या यह सुख-भोग है, इच्छा है? क्या प्रेम किसी एक से होता है, अनेकों से नहीं?

प्रेम क्या है—इस प्रश्न को समझने के लिए सुख की, यौन-सुख की, दूसरों पर हावी रहने, उन्हें नियंत्रण में रखने तथा उनके शमन-दमन करने से प्राप्त होने वाली तृप्ति की समस्या को समझना होगा, साथ ही जानना होगा कि क्या प्रेम महज़ किसी एक के लिए ही होता है—जिसमें दूसरों के प्रति प्रेम का परित्याग निहित रहता है? जब कोई कहता है, "मैं तुम्हें प्रेम करता हूं" तब क्या यह दूसरे का बहिष्कार होता है? प्रेम क्या वैयक्तिक और अवैयक्तिक होता है? हम ऐसा समझते हैं कि कोई यदि किसी एक व्यक्ति से प्रेम करता है तो वह दूसरों से प्रेम नहीं कर सकता, और कोई यदि पूरी मानव-जाति से प्रेम करता है तो वह किसी व्यक्ति विशेष से प्रेम नहीं कर सकता। यह सब इस बात का द्योतक है कि हम कुछ अवधारणायें पाले हुए हैं कि प्रेम कैसा होना चाहिए। यह वह प्रतिमान है, वह निर्धारित संहिता है जो उस संस्कृति द्वारा विकसित कर ली गई है जिसमें हम रहते आये हैं, या यह कोई ऐसा प्रतिमान भी हो सकता है जो किसी ने स्वयं ही गढ़ लिया हो। इस प्रकार प्रेम के बारे में बनी अवधारणायें हमारे लिये तथ्य से कहीं अधिक महत्वपूर्ण बन जाती हैं। हमने प्रेम के बारे में अवधारणायें बना रखी हैं—यह क्या होना चाहिए, क्या नहीं होना चाहिए। मानवजाति का यह दुर्भाग्य है कि धार्मिक संत यह बात विहित मान बैठे हैं कि किसी स्त्री को प्रेम करना बिल्कुल गलत है, पाप है और आप अगर किसी को प्रेम करते हैं तो ईश्वर संबंधी उनकी अवधारणा के निकट आप का पहुंच पाना लगभग असंभव है, अर्थात् यौनाचार वर्जित है। इन संतों ने इसे उठाकर एक तरफ तो रख दिया है, परंतु प्रायः वे इसकी आग में जलते-जलते राख हो जाते हैं। इसलिए प्रेम के इस प्रश्न में प्रवेश करने से पहले कि यह क्या है, यह क्या होना चाहिए और क्या नहीं होना चाहिए तथा दिव्य प्रेम एवं अदिव्य प्रेम के बीच क्या अंतर है, हमें सर्वप्रथम समस्त अवधारणाओं और समस्त वैचारिक सिद्धांतों को उठाकर परे करना होगा। क्या हम यह कर सकते हैं?

तो किसी प्रतिक्रिया के रूप में नहीं बल्कि अवधारणा व तथ्य के बीच विभाजन की इस पूरी प्रक्रिया को समझते हुए क्या हम तमाम धारणाओं को परे करके तथ्यों का सचमुच में सामना कर सकते हैं? अन्यथा तो 'जो है' और 'जो होना चाहिए' के बीच यह विभाजन जीवन के व्यवहार में सबसे बड़ा गोरखधंधा बन गया है। गीता, बाइबिल, जीसस, कृष्ण—सब लोग व सारे ग्रंथ यही कहते हैं, "आपको यह करना चाहिए, आपको वह करना चाहिए।" ये सब अवधारणायें

ही हैं, कोरे विचार हैं, इन सब को उठाकर परे कर दीजिए तभी हम वास्तविकता को देख पायेंगे। तभी हम देख पायेंगे कि जहां प्रेम का संबंध है वहां न तो भावुकता के लिए कोई स्थान है और न भावनात्मकता के लिए, ये तो केवल प्रिय या अप्रिय लगने की प्रतिक्रियाएं मात्र होती हैं। मैं आपसे प्रेम करता हूं और इसीलिए आपके बारे में अत्यधिक उत्साह से भर उठता हूं। मुझे यह स्थान प्रिय है तो इसमें यह बात निहित है कि मुझे अन्य स्थान अप्रिय हैं। इस प्रकार भावुकता व भावनात्मकता क्रूरता को जन्म देती हैं। क्या आपने कभी यह देखा है? ध्वज कहे जाने वाले एक कपड़े के टुकड़े के साथ स्वयं को जोड़ लेना भावुकता व भावनात्मकता से भरा एक कारक ही है और इस कारक के लिए आप दूसरों की हत्या कर देने पर उतारु हो जाते हैं। इसे स्वदेश प्रेम कह दिया जाता है। कोई भी यह बात देख सकता है कि जहां भावुकता व भावनात्मकता रहती है वहां प्रेम नहीं होता। यह बात साफ़ है। मैं आपसे ईर्ष्या करता हूं क्योंकि आपके पास बेहतर पद-प्रतिष्ठा है, बेहतर रोज़गार है, बेहतर मकान है, आप मुझसे अधिक आकर्षक दिखाई देते हैं, आप मुझसे अधिक बुद्धिमान हैं, अधिक सुविज्ञ हैं—इसीलिए मैं आपके प्रति ईर्ष्यालु हो उठता हूं। मैं आपको यह तथ्य बताता नहीं हूं कि मैं आपसे ईर्ष्या करता हूं, बस आपसे प्रतिस्पर्धा करने लगता हूं जो कि ईर्ष्या का, डाह का ही दूसरा रूप है। चूंकि डाह और ईर्ष्या प्रेम नहीं होते इसलिए मैं उन्हें पोंछ डालता हूं। ऐसा नहीं कि मैं यह पूछता फिरूं कि इन्हें कैसे मिटाऊं और ईष्यालु भी बना रहूं। मैं सचमुच इन्हे ऐसे पोंछ रहा हूं, जैसे वर्षा पत्तियों पर बहुत दिनों से जमी धूल को धो डालती है, ठीक ऐसे ही मैं ईर्ष्या को मिटाए देता हूं।

प्रेम क्या सुख की चाह है, इच्छा है, यौनाचार है? देखिये इस प्रश्न में क्या छिपा है। प्रेम क्या सुख-भोग है? आप जानते हैं कि इस 'प्रेम' शब्द पर कितने लबादे लाद दिये गये हैं। "मैं अपने देश से प्रेम करता हूं, अपने ग्रंथ से प्रेम करता हूं, अपनी घाटी से, अपने ईश्वर से प्रेम करता हूं।" कितने लबादों से लदा है यह। चूंकि हमें इस शब्द का प्रयोग करना है तो क्या हम पहले सदियों से इस पर चढ़ाई जाती रही इन तमाम परतों को हटाकर इस शब्द को असंयुक्त, असंलग्न और खुला-डुला नहीं बना सकते? ऐसा हम केवल तभी कर पायेंगे जब हम इस प्रश्न में पैठ करेंगे कि प्रेम क्या सुख और इच्छा है? मेरा मानना है कि हमारा व्यवहार सुख के सिद्धांत पर आधारित रहता है। यहां तक कि जब हम कोई बलिदान करते हैं तो वह भी सुख के सिद्धांत पर ही आधारित रहता है। अपने पूरे जीवन के दौरान आप यह देख सकते हैं। हम एक शैली विशेष में

व्यवहार करते हैं क्योंकि ऐसा करना हमें निश्चय ही सुख देता है। और यदि हमने इस विषय में पर्याप्त चिंतन-मनन नहीं किया है तो हम कह देते हैं कि प्रेम सुख-भोग ही है। इसलिए हम यह पता लगाने जा रहे हैं कि प्रेम क्या सुख की चाह के पार है और यदि है तो क्या इसमें सुख शामिल है?

सुख क्या है? जहां मैं बैठा हूं वहां से पेड़ों की पत्तियों के बीच में से एक पहाड़ी और उसकी चोटी पर टिकी हुई एक शिला दीख रही है। यह ऐसा लग रहा है जैसे यह इटली का कोई ग्रामीण क्षेत्र हो, जहां किसी पहाड़ी पर कोई गांव बसा हो और बीच में किला बना हो। उजली धूप में चमकती पत्तियों को मैं देख सकता हूं। इस दृश्य में बड़ा आनंद है, बड़ा सुख है। है न? यह सचमुच बहुत ही मनोरम है। इस सब में देखना और देखने का भरपूर सुख शामिल हैं। यह है विषय-सुख परंतु इसमें बुराई क्या है? इसे देखने पर मन कहता है, ''कितना प्यारा है यह दृश्य! जी करता है हमेशा इसे निहारता रहूं, उन बेहूदे शहरों से दूर यहीं बस कर शांति में एक ठहरी-ठहरी जिंदगी जीऊं।'' मैं चाह रहा हूं कि इसे फिर से देखूं और इसीलिए मैं कल यहां फिर आऊंगा और यहीं बैठूंगा, भले ही कल आप साथ हों या न हों—मैं इसे फिर निहारूंगा। चूंकि विगत कल में मैंने इसका आनंद लिया था अतः मैं वैसा ही आनंद आज फिर लेना चाहता हूं। इस प्रकार, इस पुनरावृत्ति में सुख मिलता है। ठीक? विगत कल का यौन-सुख मुझे याद है, अतः मैं आज और आने वाले कल में उसकी पुनरावृत्ति चाहता हूं। मैं पहाड़ी का वह दृश्य देखता हूं, वे वृक्ष, वे पुष्प इस पल मैं इन सबका पूर्ण आनंद लेता हूं, विपुल मनोरमता का आनंद। इसमें गलत क्या है? इसमें तो कुछ भी गलत नहीं है परंतु इसमें विचार आ कूदता है और कहता है, ''अहा, कितना मनोरम दृश्य है, मैं इसे पुनः पुनः देखना चाहता हूं।'' आगामी समय में भी इस सुख की ललक, इसकी पुनरावृत्ति ही इच्छा का सूत्रपात है। तब आने वाले कल का सुख यंत्रवत् हो जाता है। विचार सदैव यांत्रिक होता है, वह उस पहाड़ी की उन वृक्षों की एक छवि बना लेता है, यह सब उसकी स्मृति में बस जाता है और जो आनंद मैंने लिया था उसकी मैं पुनरावृत्ति चाहने लगता हूं। हम कहते हैं ''प्रेम सुख है, प्रेम इच्छा है।'' परंतु क्या ऐसा है? प्रेम क्या विचार की उपज होता है? विचार की उपज तो सुख रूपी इच्छा की निरंतरता है। कल जिसने सुख दिया, उसके बारे में सोचते रहकर विचार ने उस सुख-मज़े को जन्म दिया है जिसकी पुनरावृत्ति मैं आज चाहता हूं।

तो प्रेम क्या विचार की निरंतरता है या विचार का प्रेम से कोई लेना-देना

ही नहीं है। हम कह सकते हैं कि विचार का प्रेम से कोई लेना देना नहीं है, परंतु यह बात हम अधिकारपूर्वक तभी कर सकते हैं जब हम सुख, इच्छा, समय और विचार के इस पूरे प्रकरण को सचमुच समझ लें—अर्थात् इनसे मुक्त हो जायें। तत्काल, सहज आचरण केवल मुक्ति में ही हो पाता है। देखिये, आदतों में जकड़ा आचरण तथा किसी ढर्रे में कैद व्यवहार न केवल यंत्रवत् और दोहरावभरे संबंधों को जन्म देता है बल्कि गड़बड़ी भी फैलाता है। इस सब में समय भी कारक बन जाता है। हमारा प्रश्न है कि क्या कोई ऐसा आचरण और व्यवहार है जिसका एक-एक पल, एक-एक क्षण पूरी तरह मुक्त हो, स्वतंत्र हो, क्योंकि केवल ऐसे संपूर्ण व्यवहार में ही, उसके प्रत्येक पल में ही सद्गुण का वास रहता है—जिसमें भूत-भविष्य की गति का वजूद नहीं रहता।

तो स्वतंत्रता कर्म के क्षण में ही निहित है, जो कि व्यवहार है। इसका नाता बीते कल या आने वाले कल से नहीं है। आप ज़रा दूसरी तरह से देखें। क्या प्यार की जड़ें बीते अथवा आने वाले कल में हैं? अतीत में जिसकी जड़ें हैं, वह तो विचार है। विचार स्मृति का प्रत्युत्तर है और यदि प्रेम एक स्मृति मात्र है, तो ज़ाहिर है कि वह असली चीज़ नहीं है। यदि मैं आपसे इसलिये प्रेम करता हूं कि आप मेरे साथ कल अच्छाई से पेश आ रहे थे, या मैं आपको इस वज़ह से नापसंद करता हूं कि आपने मुझे इस बात या उस बात का मौका नहीं दिया था, तब तो यह विचार का ही एक प्रकार हुआ जो अपनाता है या ठुकराता है।

क्या प्रेम ऐसा हो सकता है जिसमें न कोई भावुकता हो, न भावनात्मकता हो और जो समय में भी पसरा हुआ न हो? यह बात कोरी सैद्धांतिक नहीं है बल्कि यथार्थ है, बशर्ते आप इसके रू-ब-रू हो जायें। तब आप पायेंगे कि ऐसा प्रेम वैयक्तिक भी है और अवैयक्तिक भी, एक के लिए भी है और अनेक के लिए भी। यह उस पुष्प के समान है जिसमें सुगंध है, आप चाहे उसे सूंघे या उसके पास से यूं ही गुजर जायें। ऐसा पुष्प सबके लिए होता है, परंतु जो गहरी सांस लेकर इसे सूंघने की ज़हमत उठाता है उसके लिए यह अत्यंत आनंददायी होता है।

क्या इस बारे में हम कुछ और चर्चा करें, प्रश्न उठाकर तथा इसमें कुछ और गहरे उतर कर? कुछ और विस्तार में जा सकते हैं यदि आपकी भी यही मंशा हो तो?

प्रश्न : जब दबाव के कारण टकराव खड़ा हो जाए, तब ऐसी अवस्था में

आ पाना असंभव हो जाता है जिसमें प्रेम वैयक्तिक न हो। इस बात को मैं दूसरे शब्दों में यू कहूं कि उस अवस्था में 'प्रेम' शब्द तिरोहित हो जाता है और हम तरह-तरह के शब्दों का प्रयोग करने लगते हैं। क्या हम इस पर कुछ चर्चा कर सकते हैं?

कृष्णमूर्ति : जब प्रेम में द्वंद्व न हो और यह अवैयक्तिक भी हो, तब क्या आप उसे किसी और नाम से भी पुकार सकते हैं? देखिये, हम पुनः उसी द्वंद्व शब्द का प्रयोग कर रहे हैं। देखा न आपने? यह बड़ा भयानक वक्तव्य है कि प्रेम में द्वंद्व है। हमारे तमाम मानवीय संबंध द्वंद्व ही हैं—अपनी पत्नी के साथ, अपने पति के साथ, अपने पड़ोसी या किसी और के साथ। दो व्यक्तियों के बीच यह द्वंद्व क्यों है—पति व पत्नी तथा दूसरों के बीच—वह भी उस संबंध में जिसे हम प्रेम का संबंध कहते हैं। क्यों? इस 'संबंध' शब्द का अर्थ क्या है, "संबंधित होना" क्या है इसका अर्थ? मैं आपसे संबंधमय हूं, जिसका तात्पर्य है कि मैं आपको छू सकता हूं—सचमुच, शारीरिक रूप से या मानसिक रूप से। हम एक दूसरे से मिलते हैं हमारे बीच कोई नाका नहीं है, हमारे बीच एक प्रत्यक्ष संपर्क रहता है, बिल्कुल ऐसे ही जैसे मैं यह माइक्रोफोन छू सकता हूं। परंतु मानवीय संबंधों में ऐसा प्रत्यक्ष संपर्क नहीं होता, क्योंकि आप, पति व पत्नी अपनी पत्नी व पति के लिए एक छवि बनाये रहते हैं। क्या आपने वक्ता के लिए भी कोई छवि नहीं बनायी हुई है? यह तो स्पष्ट ही है, अन्यथा आपमें से अधिकतर लोग उसे सुनने आते ही नहीं। तो आपका संबंध उस छवि से रहता है और वह छवि यदि आपके प्रतिमान के अनुरूप नहीं है तो आप कह देते हैं, "वह सही आदमी नहीं है।" आपका वक्ता के साथ वास्तव में कोई संपर्क नहीं है। आपका संपर्क तो उस छवि से हो रहा है जो आपने वक्ता के बारे में बना रखी है, वैसे ही जैसे आपने अपने पति या पत्नी के बारे में बना रखी है, और इन दो छवियों के बीच होने वाले संपर्क को आप संबंध का नाम दे देते हैं। द्वंद्व इन्हीं दो छवियों के बीच रहता है, और जब तक ये छवियां बनी रहेंगी तब तक द्वंद्व का अस्तित्व भी बना ही रहेगा। परंतु, यदि कोई छवि हो ही नहीं—यह अवस्था कुछ असाधारण होती है, और इसमें बहुत गहराई तक जाना चाहिए—तो जब कोई छवि रहती ही नहीं तब कोई द्वंद्व भी नहीं रहता। मैंने जब आपकी कोई छवि न बना रखी हो, और आपने मेरी कोई छवि न बना रखी हो—हम तभी मिल पायेंगे। परंतु यदि आपका ज़ोर इस बात पर रहता है कि मैं एक विदेशी हूं और आप परंपराओं में बंधे हुए हठधर्मी हिंदू, तो हमारा मिल पाना असंभव ही होगा। तो जहां प्रेम

रहता है वहां द्वंद्व नहीं रहता, क्योंकि प्रेम कोई छवि नहीं बनाता। प्रेम इसलिए कोई छवि नहीं बनाता क्योंकि यह विचार से अछूता रहता है। प्रेम समय से संबद्ध नहीं रहता।

जैसा आपने बताया, हम शब्दों के गुलाम हैं वैसे ही जैसे हम छवियों के और प्रतीकों के गुलाम हैं। ये शब्द, ये प्रतीक वास्तविक नहीं होते। अतः वास्तविकता को देखने के लिए, उसे पाने के लिए हमें शब्दों और प्रतीकों से मुक्त होना होगा।

प्रश्न : क्या प्रेम में सहजता होती है?

कृष्णमूर्ति : मैं नहीं जानता कि 'प्रेम' और 'सहजता' शब्दों का आप क्या अर्थ लगाते हैं। क्या हम कभी सहज होते हैं? क्या स्वतः प्रवर्तित होने जैसी कोई बात होती है? क्या आप कभी स्वतःस्फूर्त रहे हैं? ओह, ठहरिये, सहमत या असहमत मत हो जाइये। इस शब्द के निहितार्थ को ध्यानपूर्वक देखिये। स्वतःप्रवर्तित होने का अर्थ है कि आप संस्कारबद्ध नहीं हैं, आप प्रतिक्रिया नहीं कर रहे हैं, आप प्रभावित नहीं हो रहे हैं। इसका अर्थ है कि आप सचमुच एक स्वतंत्र व्यक्ति हैं जिसमें न क्रोध है, न घृणा है और न ही आपकी सोच किसी प्रयोजन के अधीन है। क्या आप इतने स्वतंत्र हो सकते हैं? केवल तभी आप कह सकते है, "मैं सहज हूं।" सचमुच सहज होने के लिए न केवल सतही सचेतनता की, व समझ की आवश्यकता है बल्कि इसकी गहरी परतों को समझना भी आवश्यक है, क्योंकि सचेतन मन हो या अचेतन मन, वह पूरा का पूरा किसी प्रयोजन के अनुरूप व्यवहार करने वाला होता है। इसके अंतर्गत किया गया कोई भी कर्म सदैव सीमाबद्ध रहता है, अतः उससे ऐसा कोई भी कर्म नहीं हो पाता जो स्वतंत्र हो, स्वतःस्फूर्त हो।

ऋषि वैली, 8 नवंबर 1967

‘जो है’ के साथ जीना

हम किन्हीं कपोल कल्पनाओं और आदर्शों की चर्चा नहीं कर रहे हैं जो एक तरह से मूर्खता की निशानी हैं, बल्कि हम चर्चा कर रहे हैं वास्तविक की, “जो है” की, क्योंकि यही तो है हमारा जीना। हमारा जीना क्या है? आप यदि ध्यानपूर्वक देखें तो जन्म से मृत्युपर्यंत हमारा जीना एक अविराम युद्ध और अनवरत संघर्ष है, जिसमें बहुत सी सुख-सामग्री भी है तो बहुत सारे भय, हताशा, अकेलापन, प्रेम का अभाव-अकाल, ऊबन, पुनरावृत्ति और रोज़ाना की रट भी है। यही है हमारा जीवन : किसी कार्यालय या फैक्ट्री में चालीस वर्ष व्यतीत करना, घर संभालना, कोल्हू का बैल बने रहना और इस सबसे उपजी नीरसता व ऊब में रहना, यौन-सुख, ईर्ष्या, डाह में जीना, सफल न हो पाना और सफलता को पूजना। आप यदि थोड़े-बहुत भी गंभीर हैं और ध्यान से देखें तो यही है हमारा यातनापूर्ण जीवन, परंतु आप यदि केवल तरह-तरह के मनोरंजनों के चक्कर में रहते हैं—भले ही वह चर्च जाना हो या फुटबाल के मैदान में—ऐसे मनोरंजनों की अपनी कुछ पीड़ायें होती हैं, कुछ समस्यायें होती हैं। सतह पर जीने वाला मन चर्च या फुटबाल के माध्यम से पलायन करता रहता है। हम ऐसे सतही मन के बारे में चर्चा नहीं कर रहे हैं, क्योंकि उसकी रुचि जीवन में सचमुच नहीं होती। जीवन गहन है, गंभीर है, उस गंभीरता में भरपूर हास-परिहास भी रहता है। केवल गंभीर मन ही है जो जीता है और जीवन की प्रबल समस्या को सुलझा सकता है।

मैं इसकी व्याख्या संक्षेप में करूंगा और आशा करता हूं कि यह बात उससे स्पष्ट हो जायेगी। हम ईर्ष्या को, डाह को स्वीकार कर लेने के लिये संस्कारबद्ध हैं—डाह से अभिप्राय है नापतोल, तुलना। कोई मेधावी है, बुद्धिमान है, सफल है, उसकी वाह-वाही होती है, परंतु मैं ऐसा नहीं हूं। तुलना द्वारा, मापन द्वारा

डाह बचपन से ही उपजने लगती है। इस प्रकार डाह अपनी ही एक हस्ती लिए रहती है, हमसे बाहर किसी चीज़ की तरह विद्यमान रहती है। डाहयुक्त रहते हुए जब हम इसका अवलोकन करते हैं तब डाह ही अवलोकनकर्ता बन जाती है, और अवलोकित एवं अवलोकनकर्ता में कोई भिन्नता नहीं रह जाती। अवलोकनकर्ता स्वयं डाह बन जाता है और वह समझता है कि यह अवलोकनकर्ता इस डाह के बारे में शायद कुछ नहीं कर सकता क्योंकि वही (अवलोकनकर्ता) कारण भी है और वही परिणाम भी, दोनों जगह स्वयं डाह ही होती है। अतः "जो है" अर्थात् हमारा दैनिक जीवन-भय, डाह, ईर्ष्या, नितांत हताशा और अकेलेपन जैसी तमाम बातों से ओतप्रोत हमारा यह दैनिक जीवन उस अवलोकनकर्ता से कुछ अलग नहीं है जो कहता है,"मैं अकेला हूं।" अवलोकनकर्ता ही है जो अकेला है, डाह भी वही है और भय भी। इसीलिए यह अवलोकनकर्ता "जो है" के बारे में शायद ही कुछ कर पाये। परंतु इसका अर्थ यह भी नहीं है कि वह "जो है" को स्वीकार कर लेता है, और न ही इसका अर्थ यह है कि वह "जो है" से संतुष्ट हो जाता है। बल्कि, "जो है" के साथ जबं कोई द्वंद्व न रहे, अवलोकनकर्ता और अवलोकित के बीच विभाजन करके जब द्वंद्व पैदा न किया जाये, "जो है" के प्रति जब कोई प्रतिरोध न रह जाये, तब आप पायेंगे कि वहां पूरा रूपांतरण हो जाता है। यही है ध्यान–अवलोकनकर्ता की पूरी असलियत को जान लेना, उसकी प्रकृति तथा संरचना को, अर्थात् स्वयं को जान-समझ लेना। इस प्रकार, अवलोकनकर्ता ही अवलोकित है, वह आपका ही हिस्सा है। इसकी समग्रता का, इसके एकत्व का बोध हो जाना ही ध्यान है। इसमें फिर किसी तरह का कोई द्वंद्व शेष नहीं रह जाता। और तभी संभव होता है विसर्जन और "जो है" के पार जा पाना।

क्लेमेंट कॉलेज, कैलिफोर्निया 17 नवंबर, 1968

लक्ष्य, विचार, सिद्धांत–हमें जोड़ते हैं या विभाजित करते हैं?

प्रश्न : आपके लिए संबंध का अर्थ क्या है?

कृष्णमूर्ति : संसर्ग में होना, संवाद में होना।

प्रश्न : संबंध का आपके लिए क्या अर्थ है? आप जब मुझे देखते हैं, किसी महिला को देखते हैं, तब आप किस प्रकार मुझसे या उससे संबंधित होते हैं? क्या आप संबंध में होते भी हैं?

कृष्णमूर्ति : मुझे तो ऐसे ही लगता है। आइये, इसका अध्ययन करते हैं। मैं आपको देखता हूं और आप मुझे देखते हैं। तब हमारा रिश्ता क्या रहता है? एक औपचारिक संबंध के अतिरिक्त भी क्या हमारा कोई नाता होता है?

प्रश्न : जब हम किसी की ओर बढ़ते हैं तब संबंध का एक एहसास होता है।

कृष्णमूर्ति : हम दोनों यदि किसी एक आदर्श की ओर, किसी बिंदु की ओर साथ-साथ चलें तो क्या वह संबंध है? क्या तब भी कोई संबंध रह सकता है जब हर कोई अपनी-अपनी दुनिया में जी रहा हो?

प्रश्न : आपका प्रथम प्रश्न था कि यदि कोई केंद्र है तो क्या संबंध संभव है?

कृष्णमूर्ति : मैंने यदि अपने चारों ओर दीवार खड़ी कर ली है–सचेतन या अचेतन रूप से–संरक्षण के लिए, ठेस से बचने के लिए, सुरक्षा के लिए यदि मैंने प्रतिरोध की, बचाव की दीवार खड़ी कर ली है तो क्या कोई भी संबंध बनता है? इस बात पर ध्यान दीजिए। मैं भयभीत हूं, क्योंकि मैं शारीरिक रूप से ही नहीं मनौवैज्ञानिक रूप से भी आहत हुआ हूं, मेरा सारा वजूद घायल है, मैं अब

और चोट खाना नहीं चाहता। अतः मैं अपने चारों ओर दीवार खड़ी कर लेता हूं—प्रतिरोध की, प्रतिरक्षा की, "मैं जानता हूं, तुम नहीं जानते" की, ताकि मैं और आहत होने से पूरी तरह बचा रह सकूं। इस दशा में, मेरा आपसे क्या संबंध रहता है? क्या कोई संबंध रहता है?

प्रश्न : हमारे दैनिक सामान्य जीवन में संबंध से आपका अभिप्राय क्या है?

कृष्णमूर्ति : आप मुझसे क्यों पूछ रहे हैं? स्वयं को देखिये। आपके सामान्य जीवन में, दैनिक जीवन में होता क्या है? कार्यालय जाना, झिड़की खाना, किसी वरिष्ठ पदाधिकारी द्वारा अपमानित होना। यह है आपका संबंध। अपने घायल घमंड के साथ घर लौटना और अपनी पत्नी से सुनना कि आप ऐसे है, वैसे हैं। तब आप थोड़ा और बुझ जाते हैं और फिर उसके साथ सो जाते हैं—इस सब में आपका कोई संबंध है क्या?

प्रश्न : इसका अर्थ हुआ कि यदि केंद्र विद्यमान है तो कोई भी संबंध नहीं हो सकता।

प्रश्न : परंतु एक सामान्य सद्भावना तो रहती ही है।

कृष्णमूर्ति : परंतु यह सद्भावना क्या तब भी रहती है जब कि मैंने प्रतिरोध की दीवार खड़ी कर ली हो, अपने चारों तरफ एक बाड़ा बनाकर उसी में रहने लगूं? आपके प्रति तब भी क्या मेरी सद्भावना बनी रहती है? मैं औपचारिक रहता हूं, एक दूरी बनाये रखता हूं और अपनी चारदीवारी के भीतर ही रहता हूं।

प्रश्न : किसी भी सामान्य व्यक्ति के जीवन में कुछ संबंध तो रहते ही हैं जो सदैव चारदीवारी के पीछे नहीं होते।

प्रश्न : आप कहते हैं कि कोई संबंध है ही नहीं। जबकि तथ्य यह है कि मैं इस तरह ही संबंधयुक्त हूं, क्योंकि मुझमें प्रतिबद्धता का एक भाव रहता है। एक दूसरे के प्रति प्रतिबद्धता विद्यमान रहती है। मैं स्व-हित में कार्य नहीं कर रहा होता हूं बल्कि केवल दूसरों के हित में कार्य कर रहा होता हूं।

कृष्णमूर्ति : आप कह रहे हैं कि आप दूसरों के हित में कार्य कर रहे होते हैं। क्या ऐसा है? मैं उसी नेता का ही तो अनुसरण करता हूं जिससे आशा की जाती है कि वह समाज में क्रांति ले आयेगा—बाहरी क्रांति भी और भीतरी भी। मैं उसका अनुयायी बन जाता हूं और उसके कहे का अनुपालन करता हूं। मैं एक ऐसी कार्य-विधि के प्रति प्रतिबद्ध हो जाता हूं जिसके लिए मेरे व उस नेता

के बीच में सहमति है। क्या इस एक ही लक्ष्य के लिए कार्यरत नेता व मेरे बीच कोई संबंध है? संबंध का अर्थ क्या है? संपर्क में आना व घनिष्ठ सामीप्य में होना?

प्रश्न : संबंध का मूलाधार उपयोगिता है।

कृष्णमूर्ति : हमारे संबंध किसी न किसी उपयोगिता के सूत्र से ही तो बंधे रहते हैं।

प्रश्न : मैं समझता हूं कि यदि आप इस कसौटी पर कसेंगे, फिर तो कोई संबंध बचेगा ही नहीं।

कृष्णमूर्ति : आप इसके गहन बिंदु को नहीं छू रहे हैं और वह है कि जब तक कोई अवलोकनकर्ता विद्यमान रहता है जिसने किसी कार्य के प्रति स्वयं को प्रतिबद्ध कर लिया है तो क्या आपके व मेरे बीच भला कोई संबंध है?

प्रश्न : तब संबंध क्या एक विचार मात्र नहीं रह जाता?

कृष्णमूर्ति : वह कोई विचार भी हो सकता है, कोई प्रतिमान, कोई सूत्र-सिद्धांत या कोरी सैद्धांतिकता भी हो सकता है। यहां तक तो हम दोनों एकमत हैं, परंतु क्या तब कोई संबंध रहता भी है?

प्रश्न : क्या दो लोगों के बीच कोई रिश्ता ही नहीं है?

कृष्णमूर्ति : यह सचमुच एक बड़ी समस्या है। जैसा मैंने कहा, किसी एक विचार व किसी दूसरे विचार के बीच तथा एक कर्म और दूसरे कर्म के बीच क्या संबंध होता है? अथवा, कर्म एक निरंतर चलन है और इसीलिए कर्म में कोई कड़ी नहीं होती और एक कर्म का दूसरे कर्म से संबंध नहीं होता। जब मैं उस वृक्ष को देखता हूं तब क्या मैं उसके साथ संबंधमय हो जाता हूं? उस वृक्ष तथा अवलोकनकर्ता के रूप में मेरे बीच का संबंध वह दूरी है। यह दूरी दो इंच भी हो सकती है और एक सौ गज भी। परंतु जहां अवलोकनकर्ता तथा अवलोकित के बीच एक दूरी हो वहां क्या किसी संबंध की संभावना बनती है? विवाह के बाद मैंने पत्नी की जो एक छवि बना ली है वही छवि तो दूरी का कारक बन जाती है। मेरी पत्नी व मेरे बीच शारीरिक संबंध के अतिरिक्त भी क्या कोई संबंध है?

कोई कार्य करने के लिए हम संग-सहयोग कर लेते हैं। कुछ करना हमें साथ रखता है, परंतु मेरी अपनी चिंताएं रहती हैं और उसकी अपनी व्यग्रताएं रहती हैं। भले ही हम साथ-साथ कार्य कर रहे हों, परंतु क्या हम संबंधमय रहते हैं—तब भी जब कि हम एक ही विचारधारा के लिए साथ-साथ कार्य कर रहे हों?

प्रश्न : सर, साथ-साथ कार्य करने की बात तो समझ में आ गई परंतु दूसरी बात समझ में नहीं आई।

कृष्णमूर्ति : तनिक ठहरिये। एक रॉकेट बनाने के लिए हज़ारों लोगों की आवश्यकता पड़ती है और उनमें से प्रत्येक व्यक्ति एक परिपूर्ण संयंत्र को तैयार करने में जुट जाता हैं। वे एक परिपूर्ण रॉकेट तैयार कर भी देते हैं। इसके लिए हरएक ने अपनी-अपनी सनक को उठाकर एक ओर रख दिया था और इसे सहयोग का नाम दे दिया था। क्या यह सहयोग है? आप और मैं एक भवन निर्माण में लगे हैं। हम दोनों का एक ही प्रयोजन है, परंतु आप और मैं भिन्न-भिन्न व्यक्ति बने रहते हैं। क्या यह सहयोग है? जब मैं किसी वृक्ष को देखता हूं तब मेरे व उसके बीच एक दूरी रहती है और मेरा उस वृक्ष के साथ कोई संबंध नहीं रहता। यह दूरी बनाई गई होती है—भौतिक रिक्तता के कारण नहीं, बल्कि यह ज्ञान द्वारा रची होती है। तो, संबंध क्या है, सहयोग क्या है, विभाजन क्या है?

प्रश्न : छवि किसी न किसी रूप में विभाजन करती रहती है।

कृष्णमूर्ति : धीमे चलिए। एक वृक्ष है। मैं उसे देखता हूं। मेरे व उस वृक्ष के बीच भौतिक दूरी कुछ गज हो सकती है, परंतु वास्तविक दूरी बहुत अधिक होती है। मैं भले ही उसे देख पाता हूं परंतु मेरी आंखें, मेरे मन-मस्तिष्क उससे कोसों दूर रहते हैं। यह दूरी अगणनीय होती है।

इसी प्रकार अपनी पत्नी को देखते हुए भी मैं उससे बहुत दूर होता हूं। और, इसी तरह सहकारी कार्यों में भी दूरी बनी ही रहती है।

प्रश्न : क्या शब्द या छवि इस सबमें दखल देते हैं?

कृष्णमूर्ति : हम पता लगा रहे हैं। शब्द भी हैं, छवियां भी हैं और वह लक्ष्य भी हैं जिसके लिए हम सहयोग कर रहे हैं। जो चीज़ विभाजन कर रही है वह है लक्ष्य। आपको व मुझको जो अलग कर रहा है वह लक्ष्य ही है।

प्रश्न : परंतु वृक्ष वाले मामले में तो कोई लक्ष्य नहीं है।

कृष्णमूर्ति : ज़रा ठहरिये। जल्दबाजी मत कीजिये। हम ऐसा समझते हैं कि किसी लक्ष्य के लिए साथ-साथ कार्य करना हमें संपर्क में लाता है। जबकि तथ्य यह है कि यह लक्ष्य ही हमें अलग-थलग कर रहा होता है।

प्रश्न : नहीं, आप यह कैसे कह सकते हैं कि लक्ष्य हमें अलग कर रहा है?

कृष्णमूर्ति : मैं नहीं जानता। मैं गलत हो सकता हूं। हम छानबीन कर रहे हैं। आपका मेरा एक लक्ष्य है, हम साथ-साथ कार्य कर रहे हैं।

प्रश्न : क्या यह कुछ बनने का प्रश्न है?

कृष्णमूर्ति : इसे ध्यान से देखिये। मैं कहता हूं कि लक्ष्य लोगों में अलगाव करता है। कोई लक्ष्य लोगों को साथ नहीं जोड़ता। आपका लक्ष्य और मेरा लक्ष्य—ये अलग-अलग हैं, इन्होंने हमें विभाजित कर दिया है। स्वयं लक्ष्य ने हमें विभाजित किया है न कि सहयोग ने, जिसका लक्ष्य से कोई लेना-देना नहीं होता।

प्रश्न : मैं एक बात देख रहा हूं : जब दो व्यक्ति किसी चीज़ का आनंद लेने के लिए एक साथ होते हैं तब बात कुछ भिन्न होती है।

कृष्णमूर्ति : नहीं, जब दो व्यक्ति स्नेह, प्रेम, और आनंद से प्रेरित होकर साथ आते हैं, तब वह कर्म क्या है जो बांटता नहीं, विभाजन नहीं करता? मैं आपसे प्रेम करता हूं और आप मुझे प्रेम करते हैं, तो उस प्रेम से उत्पन्न होने वाला कर्म क्या होगा? न कि लक्ष्य? प्रेम करने वाले दो व्यक्तियों के बीच कर्म क्या होगा?

प्रश्न : स्नेह के कारण जब दो व्यक्ति साथ-साथ होते हैं तब इससे कोई परिणाम निकल सकता है परंतु उस परिणाम के लिए वे दोनों साथ-साथ नहीं हुए थे। अतएव इस प्रकार के साथ में कोई विभाजन नहीं होता। परंतु जब दो व्यक्ति एक लक्ष्य के लिए साथ-साथ होते हैं तब वह विभाजन का कारक बन जाता है।

कृष्णमूर्ति : हम कुछ तो अन्वेषण कर पाए हैं। इसमें अभी और पैठ कीजिए। मैं समझता हूं कि जब लोग स्नेहमय रहते हुए साथ-साथ होते हैं, जब न कोई लक्ष्य होता है, न प्रयोजन और न ही कोई काल्पनिक आदर्श, तब उनमें कोई विभाजन नहीं रहता। तब हमारी महत्ता-प्रतिष्ठा तिरोहित हो जाती है, बस कर्म ही बचता है। तब मैं किसी बगीचे में झाड़ू भी लगा सकता हूं क्योंकि यह उस स्थान की आवश्यकता है।

प्रश्न : स्थान का प्रेम।

कृष्णमूर्ति : नहीं, 'प्रेम', न कि उस स्थान का प्रेम। आप देखिये कि हम कहां चूक रहे हैं। लक्ष्य, सिद्धांत या आदर्श लोगों को विभाजित करते हैं। मैं देखना चाहता हूं कि इसमें समाहित क्या है। और मैं पाता हूं कि मैं जब कोई लक्ष्य, प्रयोजन, सिद्धांत या काल्पनिक आदर्श बना लेता हूं, तब वही लक्ष्य, वही सिद्धांत लोगों को विभाजित कर देता है। इसीलिए यह मुद्दा मेरे लिए साफ़ हो गया। अब मैं स्वयं से पूछता हूं कि मैं कैसे जिऊं, बिना किसी लक्ष्य के आपके साथ कार्य कैसे करूं?

मैं समझता हूं कि संबंध का अर्थ है इतने निकट संपर्क में आना कि दोनों के बीच कोई विभाजन रेखा न रहे। ठीक? और, मैं यह भी देख रहा हूं कि किसी वृक्ष के व मेरे बीच, किसी पुष्प और मेरे बीच, मेरी पत्नी व मेरे बीच एक शारीरिक दूरी तो है ही, साथ ही एक विशाल मानसिक दूरी भी है। तो मैं देख पाता हूं कि मैं किंचित भी संबंधित नहीं हूं।

अब मैं क्या करूं? इसलिए मैं कह देता हूं, वृक्ष के साथ तादात्म्य करो, "परिवार के प्रति प्रतिबद्ध हो जाओ," "अपना आपा मिटा दो, लक्ष्य में स्वयं को खपा दो और साथ जुटे रहो।" सारे बुद्धिजीवी कहते रहते हैं, "लक्ष्य तुमसे अधिक महत्त्वपूर्ण है, समग्र तुमसे महानतर है इसीलिए स्वयं को समर्पित कर दो, अपनी पत्नी के साथ, वृक्ष के साथ, संसार के साथ पूरी तरह लिप्त हो जाओ।"

मैं क्या कर रहा हूं? मैं प्रकृति से प्रेम करता हूं, प्रकृति के प्रति, अपने परिवार व अपनी अवधारणा के प्रति मैं प्रतिबद्ध हो जाता हूं कि हमें साथ-साथ एक लक्ष्य के लिए कार्य करना है। यह सब क्या है और इस सब में मैं कर क्या रहा हूं?

प्रश्न : स्वयं को अलग-थलग किये दे रहा हूं।

कृष्णमूर्ति : नहीं सर, जो हो रहा है उसे ध्यान से देखिये।

प्रश्न : तथ्य यह है कि मैं संबंधमय नहीं हूं। एक संबंध स्थापित करने के लिए, दो विचारों के बीच की खाई को पाटने के लिए मैं जूझता रहता हूं। एक विचार व दूसरे विचार के बीच मुझे सेतु बनाना ही होगा। क्योंकि जब तक मैं ऐसा नहीं कर लेता तब तक मैं स्वयं को बिल्कुल अलग-थलग महसूस करता हूं, खोया-खोया महसूस करता हूं।

कृष्णमूर्ति : पूरी बात का एक अंश है यह। इसमें अभी और गहरे उतरिये। जब मेरा मन परिवार के, प्रकृति के, सौंदर्य जैसी तमाम चीज़ों के प्रति प्रतिबद्ध होने के लिए जूझ रहा होता है, तब मेरे मन में क्या चल रहा होता है?

प्रश्न : सर, तब तो बहुत अधिक द्वंद्व चल रहा होता है।

कृष्णमूर्ति : जैसा कि अभी किसी ने कहा कि मैं किसी के साथ संबंधमय नहीं होता। मैं उस बिंदु तक आ पहुंचा हूं। तब, किसी के साथ संबंधमय न होने के कारण मैं संबंधमय हो जाना चाहता हूं, अतः मैं स्वयं को प्रतिबद्ध कर लेता हूं, इसीलिए गतिविधियों से स्वयं को जोड़ लेता हूं। परंतु, अलगाव तब भी बना रहता है। तब मेरे मन में क्या चल रहा होता है?

प्रश्न : मृत्यु

प्रश्न : एक निरंतर संघर्ष।

कृष्णमूर्ति : देखिये, आप उसी बिंदु पर ठहरे हुए हैं। मैं संबंधमय नहीं हूं और फिर मैं संबंधमय होने का प्रयास करता हूं। मैं कुछ करने के माध्यम से स्वयं की पहचान बनाने का प्रयास करता हूं। तब मेरे मन में क्या चल रहा होता है? मैं प्रतिबद्धता की परिधि में प्रवेश कर रहा होता हूं। जब मेरा मन सारा समय अपने से बाहर विचरता रहता है तब उसमें क्या चल रहा होता है?

प्रश्न : मन सबल हो जाता है।

प्रश्न : मैं स्वयं से पलायन कर रहा होता हूं।

कृष्णमूर्ति : इसका अर्थ क्या हुआ? इसे ध्यानपूर्वक देखिये। तब प्रकृति बहुत महत्त्वपूर्ण हो जाती है, परिवार बहुत महत्त्वपूर्ण हो जाता है, जिस व्यक्ति के प्रति मैंने स्वयं को समर्पित किया है वह बहुत महत्त्वपूर्ण हो जाता है। परंतु मेरा क्या होता है? मैंने हर चीज़ को बहिर्मुखी कर दिया है। तब मेरे इस मन का क्या होता है जिसने संबंधों के सारे प्रवाह को बहिर्मुखी कर दिया है? आपके मन का तब क्या होता है जब वह बहिर्मुखता, बाह्यता से भर जाता है?

प्रश्न : यह अपनी तमाम संवेदनशीलता खो बैठता है।

कृष्णमूर्ति : आपके भीतर जो कुछ होता है उसे ध्यानपूर्वक देखिये। इस बहिर्मुखता की प्रतिक्रिया में आप संसार से अपने कदम वापस खींच लेते हैं, आप संन्यासी बन जाते हैं। जब मन कदम वापस खींचता है तब उसमें क्या घटित होता है?

प्रश्न : मुझमें सहजता नहीं रह पाती।

कृष्णमूर्ति : आपको उत्तर मिल जाएगा। भीतर झांकिये। जब आप कदम वापस खींचते हैं, या प्रतिबद्ध होते हैं तब आपके मन में क्या होता है? और तब क्या होता है जब आप कदम वापस खींचते हुए अपने ही निष्कर्षों में सिमटते जाते हैं। यह एक अलग ही दुनिया होती है। एक संसार को छोड़कर आप दूसरा संसार रच डालते हैं जिसे आप आंतरिक जगत कह देते हैं।

प्रश्न : मन स्वतंत्र नहीं रहता।

कृष्णमूर्ति : क्या यही है जो आपके मन में हो रहा है?

प्रश्न : यह सदैव प्रतिबद्ध रहता है।

कृष्णमूर्ति : मन बाह्य जगत के लिए प्रतिबद्ध है और इसकी प्रतिक्रिया स्वरूप होती है आंतरिक प्रतिबद्धता, बाहर से भीतर की ओर कदम वापसी। यह

आंतरिक प्रतिबद्धता आपके अपने कल्पना जगत की तथा गुह्य अनुभवों की प्रतिक्रिया होती है। जो मन यह सब कर रहा हो, उसमें क्या हो रहा होता है?

प्रश्न : वह व्यस्त रहता है, घिरा रहता है।

कृष्णमूर्ति : क्या केवल व्यस्त रहता है? इनका कहना है कि वह व्यस्त रहता है। इस बात को समझ लेने के लिए अपना पूरा दिमाग लगाइये। मन अपनी गतिविधियों को बहिर्मुखी करता है, फिर कदम वापस लेता है और जो उसे करना है वह करता है। उस मन का, उस मस्तिष्क का गुणधर्म क्या होगा जो कदम वापस ले रहा है और बहिर्मुखी भी हो रहा है?

प्रश्न : वह तथ्य का सामना नहीं करता।

प्रश्न : उसे भारी भय रहता है, वह बेजान-सा हो जाता है।

प्रश्न : वह स्वतंत्र होकर देख नहीं पाता।

कृष्णमूर्ति : आपने कभी अपने मन को ध्यानपूर्वक देखा है जब वह अपनी तमाम गतिविधियों को बहिर्मुखी मानकर चल रहा हो या अंतर्मुखी मानकर? बाहरी हो या फिर भीतरी, यह प्रवाह तो एक ही है। यह तो ज्वार-भाटा है, मौजों की रवानी है। बात सीधी व साफ़ है। बहिर्गमन करते या अंतःगमन करते हुए मन में क्या हो रहा होता है?

प्रश्न : वह यंत्रवत् हो जाता है।

कृष्णमूर्ति : वह एक ऐसा मन हो जाता है जो अपनी जड़ों से पूर्णतया उखड़ गया हो, पूर्णतया अस्थिर—एक ऐसा मन जो अस्त-व्यस्त हो चुका है। वह विक्षिप्त, असंतुलित, असंगत और विनाशकारी हो जाता है, क्योंकि उस पूरे प्रवाह में कहीं कोई ठहराव नहीं रहता।

प्रश्न : वह बेचैन रहता है।

कृष्णमूर्ति : अर्थात् ठहराव नहीं रहता। फिर क्या होता है? वह या तो कोई नया बाहरी कार्यकलाप ईजाद कर लेता है या अंतःगामी हो जाता है। परंतु मस्तिष्क को तो व्यवस्था चाहिए। व्यवस्था अर्थात् ठहराव, स्थिरता। इसलिये वह इसे बाहर संबंधों में तलाशने लगता है, परंतु असफल रहता है, अतः वहां से भी कदम वापस खींच कर अब वह उसे भीतर तलाशने लगता है और फिर से इसी प्रक्रिया में फंस जाता है। क्या ऐसा ही है?

मन किसी प्रयोजन के लिये किये जा रहे सहकारी कार्यों में स्थिरता पाने का यत्न करता है। वह परिवार में, प्रतिबद्धता में स्थिरता, ठहराव पाने का प्रयास करता है, परंतु विफल रहता है। अतः वह इसे अपनी व्याख्याओं का जामा ओढ़ा

देता है, प्रकृति के साथ रिश्ता खोजता है, कल्पनाशील व रोमांटिक हो जाता है जो पुनः अस्थिरता को ही बढ़ाते हैं। तब वह इनसे भी कदम वापस खींचते हुए निष्कर्षों के, काल्पनिक आदर्श के, प्रत्याशाओं के अंतहीन विश्व में खो जाता है, परंतु वहां भी उसे ठौर-ठिकाना नहीं मिल पाता। इसी सबके चलते वह कोई व्यवस्था ईजाद कर लेता है। अस्थिर व संकीर्ण होने तथा किसी चीज़ में अपनी जड़ें न जमा सकने के कारण यह मन खोया-सा भटकता रहता है। क्या यही कुछ आपके साथ हो रहा है?

प्रश्न : यह तो सुंदरता के संप्रदाय का विवरण हुआ।

कृष्णमूर्ति : सुंदर की सनक हो या असुंदर की सनक या हिप्पियों का पंथ। क्या यही कुछ आपके मन के साथ हो रहा है? सावधान रहिए, मेरे कहे को स्वीकार मत कीजिए।

जो मन स्थिर नहीं है, दृढ़ नहीं है और सुव्यवस्था में जिसकी जड़ें गहराई तक नहीं हैं—ऐसा मन सर्वाधिक विध्वंसक होता है। व्यवस्था से अभिप्राय यहां उस व्यवस्था से नहीं है जो ईजाद कर ली गई हो, क्योंकि ईजाद की गई व्यवस्था तो मृतप्राय होती है। ऐसा मन कम्यूनिज़्म से गुरु की ओर, योग वशिष्ठ या फिर रमण महर्षि की ओर जा-जाकर लौट आता है। वह सौंदर्य की सनक, कुरूपता की सनक, भक्ति या फिर ध्यान की सनक में उलझा रहता है।

मन पूर्णतया स्थिर कैसे हो? इस स्थिरता में से होने वाला कर्म बिलकुल भिन्न होगा। इसके सौंदर्य को देखिये तो सही!

प्रश्न : यह मन का अंतिम छोर है।

कृष्णमूर्ति : नहीं, सर। मैं स्वयं से पूछ रहा हूं, यह मन पूर्णतया स्थिर कैसे हो? कठोरता के अर्थ में नहीं बल्कि नमनीयता, लोच की स्थिरता के अर्थ में। ऐसा मन जो पूर्णतया स्थिर हो, अडिग हो, गहन हो और जिसकी जड़ें अनंत तक पहुंची हुई हों। यह कैसे संभव हो? तब, किसी वृक्ष के साथ, परिवार के साथ, किसी कमेटी-समिति के साथ हमारा संबंध क्या रहता है?

मुझे इस बात का बोध है कि मेरा मन अस्थिर है और मैं यह भी समझता हूं कि इसका अर्थ क्या है। मैंने अब स्वयं जान लिया है, स्वयं समझ लिया है कि यह सारी हलचल अस्थिरता से पैदा हुई है। मैं यह जानता हूं और इसीलिए इसे नकार देता हूं, फिर पूछता हूं कि अस्थिरता क्या होती है? मैं अस्थिरता को उसकी तमाम हरकतों के साथ, उसके तमाम विध्वंस के साथ जानता हूं। परंतु

जब मैं इस सब को पूरी तरह एक तरफ कर देता हूं और पूछता हूं कि स्थिरता क्या है? मैं बाहर अर्थात् परिवार में तथा काम-धाम में स्थिरता ढूंढता हूं और भीतर से मैं संसार से कदम खींच लेने में, अनुभव में, ज्ञान में, अपनी क्षमता में, ईश्वर में स्थिरता तलाशता हूं। मैं देखता हूं कि मुझे नहीं मालूम कि स्थिरता क्या है। यह न जानना ही स्थिरता है।

जो व्यक्ति कहता है, "मैं जानता हूं" और इसीलिए "मैं स्थिर हूं" वही हमें इस दुर्व्यवस्था में ले आया है, यही बात उन लोगों पर भी लागू होती है जो कहते हैं, "हमें ईश्वर ने भेजा है।" ऐसे शिक्षकों व गुरुओं की भारी संख्या है जो कहते हैं–"मैं जानता हूं।"

इस सब को ठुकराते हुए स्वयं पर निर्भर रहिए। स्वयं में विश्वास रखिये। और, मन जब इस सब को निकाल बाहर कर दे, जब वह यह समझ ले कि क्या स्थिर नहीं है और यह भी समझ ले कि वह यह नहीं जान सकता कि वास्तविक स्थिरता क्या होती है, तब नमनीयता की, सामंजस्यता की धारा बहनी शुरू होती है। क्योंकि तब मन अनभिज्ञ हो जाता है। न जानने का सच ही केवल ऐसा कारक है जहां से हम आगे बढ़ सकते हैं। यह सत्य ही स्थिरता है। जो मन जानता नहीं है वही सीखने की अवस्था में रहता है। ज्यों ही मैं कह उठता हूं कि मैंने सीख लिया है, त्यों ही मेरे सीखने पर विराम लग जाता है और यही विराम विभाजन की स्थिरता बन जाता है।

तो, मैं नहीं जानता। सत्य यही है कि मैं नहीं जानता। बस यही बात आपको सीखने का गुणधर्म प्रदान करती है, और सीखने में ही स्थिरता होती है। "मैं सीख रहा हूं" में स्थिरता है, "मैंने सीख लिया है" में नहीं। देखिये कि यह मन पर क्या प्रभाव डालता है। यह मन पर लदे हुए भार को पूरी तरह हटा देता है, और यही है स्वतंत्रता–न जानने की स्वतंत्रता। इस बात की विलक्षणता को देखिये– न जानना, और इसीलिए आज़ाद। तो उस मस्तिष्क में क्या चलता है जो ज्ञान में रहते हुए कार्य-कलाप करता है? वह ज्ञान ही उसका कार्यकलाप बन जाता है, है न? एक स्मृति से दूसरी स्मृति पर फुदकते रहना। ऐसा मन ज्ञान में भरपूर सुरक्षा महसूस करता है। हां, शारीरिक-क्रिया संबंधी ज्ञान तो आवश्यक है, अन्यथा तो शरीर जीवित नहीं रह सकता। तो उस मस्तिष्क में क्या चलता है जो कहता है कि शारीरिक सुरक्षा के ज्ञान के अतिरिक्त मैं कुछ नहीं जानता। उस मस्तिष्क के शेष भाग का क्या होता है? वह पहले बंधनों के खूंटे से बंधा

था। अब यह किसी उधेड़बुन में नहीं है। यह क्रियाशील तो होगा परंतु किसी उधेड़बुन में नहीं रहेगा।

ऐसा मन सदैव अछूता, निर्मल रहता है। अब इसके आहत होने का सवाल ही नहीं उठता। जैसे कि एक नये मस्तिष्क का उदय हुआ हो या पुरातन मन ने ही अपने सारे बंधन बीन-बीनकर खोल डाले हों।

परपंरा और क्रांति से, ऋषि वैली, 28 जनवरी 1971

संबंधों में छवियां निर्मित ही न हों, क्या यह संभव है?

हमें यह पता लगाना होगा कि अवलोकन करना क्या है—किसी दूसरे के साथ अपने संबंधों का अवलोकन करना, वे संबंध चाहे घनिष्ठ हों या दूर-दराज के। अवलोकन का मतलब है पूरा ध्यान, पूरी तवज्जो। इसी वार्ता के दौरान प्रयोग करके देखिये—परंतु किसी ग्रुप थेरेपी की तरह नहीं, वह तो बड़ी भयानक है, और न ही किसी सामूहिक मनोरंजन की तरह, जो एकदम बेतुका होगा, बल्कि आप "जो है", उसका यथार्थतः अवलोकन करते चलिए, बिना किसी तोड़-मरोड़ के, ताकि कोई पूर्वाग्रह, कोई विशेष रुझान, तरह-तरह के झुकाव इसमें घुसपैठ न कर पाएं। विशुद्ध अवलोकन बिना किसी विकृति के, यही ध्यान है, अवधान है। यह अवधान सहज ही आता है। इसके लिए आपको कॉलेज जाने की आवश्यकता नहीं है और न ही किसी अभ्यास की या उन तमाम बेतुकी बातों की जो आजकल चल रही हैं। बशर्ते इसमें आपकी सचमुच ही गहरी रुचि हो। यदि आपकी इसमें रुचि ही नहीं है तो समझ लीजिए कि गड़बड़ कहीं गहरे में है। जब घर में आग लगी हो, जब चारों ओर विपदा व्याप्त हो तब उस सब में कोई रुचि न रखना, सामने मुंह बाये खड़ी समस्या से कोई सरोकार न रखना, इस सब के प्रति कटिबद्ध न हो जाना इस बात का द्योतक है कि आपका मन पूरी तरह मृत है। तो मुद्दा अपने संबंधों का अवलोकन करने और उन्हें रूपांतरित करने का है।

रूपांतरण संबंधों में ही संभव है—अवलोकन के ज़रिए, संबंध—जिनमें अलगाव है और उसके चलते द्वंद्व, ईर्ष्या, व्यग्रता, असुरक्षा और हिंसा जैसी वे तमाम बातें हैं। उनमें जो कुछ भी चल रहा है उसका अवलोकन करते चलिए। आप यदि अवलोकन करें तो पायेंगे कि किसी भी दूसरे के साथ आपके संबंध

ज्ञान पर आधारित हैं—ज्ञान, अर्थात् अतीत, वह ज्ञान जो व्यक्ति के बारे में एक छवि बन गया है। इस वक्ता को सुनते-सुनते आपके मन में इसकी एक छवि बन गई है। यह बात साफ़ है, अन्यथा आप यहां न बैठे होते। वक्ता के बारे में आपके मन में बनी छवि उसकी प्रतिष्ठा, प्रचार, पुस्तकों इत्यादि की जानकारी पर टिकी है। परंतु वास्तविकता यह है कि आप इस वक्ता को बिल्कुल भी नहीं जानते। आपके मन में तो बस उसकी एक छवि है। यही छवि अलगाव पैदा करती है। आपके मन में अपनी पत्नी, अपनी या अपने दोस्त की एक छवि है, यह छवि विगत घटनाओं और प्रसंगों की स्मृति के ताने-बाने से बनी होती है। इस प्रकार बनी यह छवि अलगावकारी होती है। यह तो एक तथ्य है अतः इसमें और गहरा उतरने, और विमर्श या विश्लेषण करने की आवश्यकता नहीं है। यह एक बिल्कुल स्पष्ट बात है। और, ऐसी तमाम छवियां—शाब्दिक, संरचनात्मक, रोमांटिक, बौद्धिक, भावनात्मक—ये सभी छवियां एक बुनियादी अलगाव पैदा करती हैं। आपके मन में आपकी अपनी एक छवि है—आपको ऐसा होना चाहिए, वैसा नहीं, साथ ही दूसरों की छवि भी आपके मन में रहती है। इस प्रकार आपका संबंध इन दो छवियों के बीच का संबंध है, तभी तो कोई वास्तविक संबंध बन ही नहीं पाता और इसीलिए द्वंद्व बना रहता है।

तो, क्या संबंधों की इस संरचना को पूर्णतया परिवर्तित किया जा सकता है, इसमें आधारभूत रूपांतरण किया जा सकता है? तभी हम एक बिल्कुल भिन्न समाज की रचना कर पायेंगे। और यह तभी हो पायेगा जब हम सब मिलजुल कर इसमें भाग लें, साथ-साथ सोचें, साथ-साथ सृजन करें। ऐसा करते हुए किसी भी प्रकार की कोई अधिसत्ता हमारे बीच नहीं होगी क्योंकि आप स्वयं अपने ही अहं को देख रहे होंगे, अपने ही द्वारा निर्मित अपनी छवि को देख रहे होंगे और साथ ही उन छवियों को भी देख रहे होंगे जो आपने दूसरों के बारे में बना रखी हैं—ये छवियां ही हैं जो अलगाव पैदा करती हैं।

प्रश्न यह उठता है कि क्या ऐसा नहीं हो सकता कि ये छवियां निर्मित ही न हों? आशा है कि हम एक दूसरे को समझ पा रहे हैं, है न? यह मन जिसे संस्कारित किया गया है, जिसने अनुभव के ज़रिए, जो कि अतीत है, ढेर सारा ज्ञान अर्जित कर लिया है, जिसमें छवियों की और निष्कर्षों की भरमार है और जो बुरी तरह संस्कारबद्ध है—क्या संभव है कि ऐसा मन तमाम छवियों से छुट्टी पा जाये? यदि यह छवि रहित नहीं होता है तो जीवन एक अनवरत कुरुक्षेत्र बन जाता है। यह प्रश्न तो स्पष्ट है न?

ज्ञान संबंधों में अलगाव पैदा करता है। अर्थात् अपने पति या पत्नी के बारे में आपके संबंधों में ज्ञान धीरे-धीरे प्रवेश करता जाता है। ज्ञान से अभिप्राय है वे सब बातें जो उस संबंध के बारे में आपने एकत्रित कर ली हैं, अपनी स्मृति में बसा ली हैं, अनुभूत कर ली हैं। इस तरह का ज्ञान आपके संबंधों के बीच एक अवरोध बन जाता है। है न? क्या हम साथ-साथ आगे बढ़ रहे हैं?

श्रोता : जी हां।

कृष्णमूर्ति : ठीक। देखिये, यह सब बहुत महत्त्वपूर्ण है क्योंकि किसी के साथ एक यात्रा पर निकल पड़ने के लिए हमारे पास स्नेह का वह गुणधर्म तो होना ही चाहिए जिसमें मिल-बांटना निहित है, उसमें किसी शाब्दिक वर्णन को सुनना भर नहीं होता। वर्णन कभी वर्णित नहीं बन सकता, कोई शब्द स्वयं वही चीज़ नहीं बन सकता। आप यदि यह सब केवल शाब्दिक रूप में ले रहे हैं तो समझिये कि हम साथ-साथ यात्रा नहीं कर रहे हैं। इससे विवेचन में वह स्पष्टता नहीं आ सकती जिसकी अत्यंत आवश्यकता है। तो, आप वक्ता का अनुसरण न करें। आप यदि वक्ता का अनुसरण करेंगे तो वह एक सिद्ध या मान्यता प्राप्त व्यक्ति बन बैठेगा। इस संसार में पहले ही ऐसे बहुत सारे इस तरह के लोग आसन जमाए बैठे हैं, उनमें एक और की वृद्धि मत कर दीजिए। किसी भी तरह के सत्ता-प्रामाण्य से मुक्त रहना बहुत ही आवश्यक है। सिद्ध, मान्यता प्राप्त व्यक्ति वह होता है जिसे यह सब बताने का अधिकार आप दे देते हैं कि आपको क्या करना है। तब आप किसी ऐसे ही व्यक्ति पर निर्भर करने लगते हैं, और तभी यह सत्ता-प्रामाण्य का बखेड़ा खड़ा हो जाता है। परंतु आप यदि यह सीख लें कि अवलोकन कैसे किया जाये, संबंधों में अवधानपूर्वक रहने के लिए तत्पर कैसे रहा जाए, तो आप देखेंगे कि आपको किसी और से कुछ सीखने की आवश्यकता नहीं रह जाती। जीवन के साथ चलते-चलते ही आपको यह सीखना है, क्योंकि यह आप किसी ग्रंथ से नहीं सीख सकते। तो, मेरा सुझाव है कि इस वक्ता को आप स्वयं को देखने के लिए एक दर्पण की तरह प्रयुक्त करें, और जब आप इस दर्पण में स्वयं को देखना सीख जायें तो इस दर्पण को तोड़ डालें ताकि आप इस वक्ता से भी मुक्त हो जायें, ताकि आप स्वयं ही यह अवलोकन कर सकें कि वास्तव में क्या हो रहा है।

जैसे मैंने कहा, हममें छवियों और निष्कर्षों की भरमार है, और इसीलिए यह मन अवलोकन करने में कभी भी स्वतंत्र नहीं है। शिक्षा के ज़रिए, संबंधों के चलते और प्रचार द्वारा हजारों तरीकों से निष्कर्षों का भंडार बन जाने के कारण

यह मन इन्हीं निष्कर्षों के सहारे कार्य करता है और इसीलिए इसके कार्य यंत्रवत् हो जाते हैं। परंतु संबंध यंत्रवत् नहीं होते, यद्यपि हम उन्हें दस्तूर के दायरे में ले आते हैं, एक यांत्रिक ढर्रे में ढाल लेते हैं।

'ज्ञान' शब्द के अर्थ को हमें गहराई से समझना होगा और साथ ही संबंधों में ज्ञान से मुक्त होने का अभिप्राय भी। ज्ञान आवश्यक है क्योंकि आप और यह वक्ता अंग्रेजी के ज्ञान के बिना अपनी बात एक दूसरे तक शाब्दिक रूप में शायद ही पहुंचा पाते। कार्य रूप में, तकनीकी रूप में व कुछ भी करने के लिए हमें ज्ञान तो चाहिए ही, जैसे साइकिल चलाने और ऐसे ही अन्य कामों के लिए। कुशलतापूर्वक, उद्देश्यपूर्वक तथा औचित्यपूर्वक कार्य करने के लिए ज्ञान का होना आवश्यक है, परंतु हम तो अपना महत्त्व और अपनी प्रतिष्ठा बनाने के लिए कार्य करते हैं। जब हमारे कार्य अपना महत्त्व व अपनी प्रतिष्ठा पाने के लिए होने लगते हैं, तब अलगाव पैदा हो जाता है और इसीलिए हमारे कार्यों के बीच तथा महत्त्व व प्रतिष्ठा के बीच द्वंद्व शुरू हो जाता है। यही द्वंद्व हमारे आपसी संबंधों का अंग बन जाता है। जब आप अपने किसी कार्य द्वारा अपना महत्त्व, अपनी प्रतिष्ठा पाना चाह रहे होते हैं तब आपके लिए उस कार्य से अधिक मूल्यवान आपकी पद-प्रतिष्ठा हो जाती है और इसीलिए आपके भीतर और बाहर द्वंद्व रहने लगता है। हमें इसका अवलोकन करना होगा। हमें यह अवलोकन करना होगा कि संबंधों में मन किस तरह कार्य करता है, किस तरह यह कार्यों की आड़ लेकर अपने लिए पद-प्रतिष्ठा पाने का जुगाड़ करता है—तभी तो संबंधों में द्वंद्व आ जाता है। हमें यह भी अवलोकन करना होगा कि द्वंद्व का प्रवेश तभी होता है जब आपके और दूसरे के बीच अलगाव आ जाता है, अपने पति, अपने प्रेमी या प्रेमिका आदि के बारे में एकत्रित आपका ज्ञान जब अलगावकारी भूमिका निबाहता है। अतः मन जब स्वतंत्र हो, बल्कि यह कहना बेहतर होगा कि मन जब सजग हो तभी यह ज्ञान की कारगुजारी को देख पाता है, ज्ञान की आवश्यकता को और संबंधों में ज्ञान से उत्पन्न खतरों एवं उसके विषैलेपन को देख पाता है। आशा है कि यह बात स्पष्ट हो गई होगी।

देखिये, यदि मेरा विवाह आपके साथ होता है और मैं आपके साथ रह रहा होता हूं और मैंने इस संबंध के बारे में ढेर सारा ज्ञान एकत्रित कर लिया है तो वह ज्ञान आपकी छवि बन जाता है। आपने मुझे विषय-सुख दिया है, यौन सुख दिया है, मुझे अपमानित किया है, तंग किया है, धमकाया है और यह कहते हुए मुझ पर हावी होने का प्रयास किया है कि महिलायें पुरुषों से अधिक महत्त्व

रखती हैं—ऐसा ही तो कुछ संसार में हो रहा है, उसे आप सभी जानते है—यह सब कितना बचकाना है, नितांत अपरिपक्व। मैंने आपके बारे में एक छवि बना ली है, यह चाहे एक वर्ष पुरानी हो या दस वर्ष पुरानी। यह छवि मुझे आपसे अलग करती है। आपने भी मेरे बारे में छवि बना रखी है। इस प्रकार हमारा संबंध इन छवियों के बीच ही बना हुआ है, इसीलिए हम दोनों के बीच कोई संबंध नहीं रहता है। यह बात समझ लेने के बाद क्या यह संभव है कि हम इस संसार में उस ज्ञान के तो साथ रहें जो नितांत आवश्यक है परंतु उस ज्ञान से, उस जानकारी से मुक्त हो जायें जो संबंधों में घुसपैठ करने लगती है, क्योंकि संबंधों में घुसपैठ करने वाले ज्ञान के चंगुल से जब हम मुक्त हो जाते हैं तभी अलगाव समाप्त हो पाता है और उसके साथ-ही-साथ संबंधों में रहने वाले द्वंद्व का भी अवसान हो पाता है। हम यदि वास्तव में देखें तो संसार में सर्वत्र द्वंद्व, दुर्दशा, दुख और संभ्रम उत्तरोत्तर बढ़ता ही जा रहा है। प्रज्ञा के बजाय मन जब संबंध में घुसपैठ करने वाले ज्ञान से ही सरोकार रखने लगता है तब वह व्यग्रता की अवस्था में पहुंच जाता है। जबकि प्रज्ञा का आविर्भाव केवल तब हो पाता है जब उस ज्ञान को समझ लिया जाये, और फिर मन ज्ञात से मुक्त हो जाये।

तो मेरा प्रश्न है : क्या निष्कर्षों के सहारे, छवियों के सहारे कार्य करने वाला यह मन स्वतंत्र हो सकता है—किसी आने वाले कल में नहीं, किसी भावी निर्धारित अवधि में नहीं बल्कि अभी, इसी वक्त क्या यह इस द्वंद्व से पूर्णरूपेण मुक्त हो सकता है? यह तभी संभव है जब आप यह सीख लें कि अवलोकन कैसे किया जाये—स्वयं का भी व दूसरे का भी। स्वयं का अवलोकन करना किसी दूसरे का अवलोकन करने से कहीं अधिक महत्त्वपूर्ण है क्योंकि जो आप हैं वही तो दूसरा है, आप ही संसार हैं, अतः संसार भी आप ही हैं। ये दोनों अलग-अलग नहीं हैं। आपके द्वारा रचित समाज आप का ही तो प्रतिरूप होता है। यह समाज, इसका भौंडापन, इसकी निर्दयता, इसका असंयम, इसका प्रदूषण—ये तमाम चीज़ें आपके ही दैनिक क्रियाकलापों के फलस्वरूप ही चल रही हैं। इस प्रकार यह समाज भी आप ही हैं, यह संसार भी आप ही हैं, अतः आप ही संसार हैं। यह कोई शाब्दिक वक्तव्य नहीं है बल्कि एक वास्तविक तथ्य है। परंतु इस अवलोकन के लिए मन का स्वतंत्र होना अनिवार्य है, मन अभिमतों और निष्कर्षों की विकारग्रस्तता से मुक्त होना चाहिए। तभी मन देख पाने के लिए, सीख पाने के लिए, जान पाने के लिए एकदम कोरा व नया हो पायेगा।

देखिये, सीखने और ज्ञान का भंडार बढ़ाने में अंतर है। विद्यालयों में,

विश्वविद्यालयों आदि में अधिकतर हम लोग ज्ञान का भंडार भर लेने में बहुत कुशल हो जाते हैं। कुछ तथ्यों को एकत्रित कर लेने और उनका अन्य तथ्यों के साथ डांड़ा-मेड़ी कर लेने को हम सीखना मान बैठते हैं। हमारे मन-मस्तिष्क अतीत के ज्ञान से ओतप्रोत रहते हैं। ज्ञान अतीत ही है और हम हमेशा इसी ज्ञान को बढ़ाते रहने में लगे रहते हैं। यह ज्ञान तब तो आवश्यक होता है जब आप किसी इंजीनियर या वैज्ञानिक के रूप में कार्यरत हों, जब आप कार चला रहे हों या कोई भाषा बोल रहे हों। परंतु मुझे लगता है कि सीखना तो एक बिल्कुल भिन्न बात है। सीखना तो एक अनवरत गति है। सीखने में एक सतत गति रहती है ताकि वह एक संचयन बन कर ही न रह जाये, संचय तो "मैं" का ही एक रूप होता है, उस "मैं" का रूप जो आपको दूसरों से अलग करता है और फिर द्वंद्व पैदा करता है। जहां कहीं भी "मैं" का वास होता है वहां द्वंद्व भी विद्यमान रहता ही है, क्योंकि विभाजन का बीजकोष तो यही "मैं" ही होता है।

परंतु, प्रेम को सीखा नहीं जा सकता। ज्ञान कभी प्रज्ञा या प्रेम को प्राप्त नहीं कर सकता। तभी तो संबंध की समूची संरचना को समझ लेना बहुत महत्त्वपूर्ण है, क्योंकि यह संबंध ही हमारे जीवन का आधार है। इसी में से सारे कृत्य पैदा होते हैं। हमारे कृत्य यदि ज्ञान की निरंतरता मात्र रहते हैं तो ये यंत्रवत् हो जाते हैं। हमारे संबंध तब यंत्रवत् हो जाते हैं। जब हम रोज़मर्रा के ढर्रे पर तथा ज्ञान पर निर्भर रहने लगते हैं। जब हम ज्ञान से मुक्त हो जाते हैं तब संबंध पूर्णतया परिवर्तित हो जाते हैं।

क्या अपने संबंधों में हम अवधानयुक्त रहते हैं? क्या आप अपने संबंधों के प्रति बिना मुखरित हुए और बिना किसी निष्कर्ष पर पहुंचे पूरी गहनता से सजग रहते हैं? या आप अपने संबंधों के रू-ब-रू होने से घबराते हैं, इन्हें देखने से डरते हैं कि यदि आपने इन्हें ध्यानपूर्वक देखा तो यह देखना तमाम तरह की बातों को उजागर कर देगा और इसीलिए आप इन्हें देखने से बचना बेहतर समझते हैं? किसी खास समस्या पर किसी खास तरह से ध्यान केंद्रित करना अवधान नहीं होता। अवधान तो मन की वह अवस्था होती है जिसमें एक ऐसी जीवन शैली अपनाने के प्रति पूरी कटिबद्धता रहती है जहां किसी भी प्रकार का कोई भी द्वंद्व शेष न रह जाये, क्योंकि मानवीय संबंधों में जब द्वंद्व की इति हो जायेगी तभी एक भिन्न प्रकार की संस्कृति हम इस धरती पर ला पायेंगे।

सैन फ्रांसिस्को, 10 मार्च 1973

आपसी रिश्तों में स्मृति क्या करती है?

मेरे मन में यदि कोई छवि नहीं है तो मेरा आपके साथ क्या संबंध रहता है, अपनी पत्नी, अपने पति, अपनी पुत्री, व पुत्र के साथ मेरा क्या संबंध रहता है? मैंने अपने मन में यदि आपकी कोई छवि बनाई ही नहीं है तो मेरा आपके साथ क्या संबंध रहता है? आप इसका यूं ही उत्तर नहीं दे सकते बल्कि आपको इसका पता लगाना होगा। मान लीजिए मैं आपके साथ रहा हूं। और तमाम तरह की परेशानियों, व्यग्रताओं और कष्टों के रहते मैंने अपने मन में आपकी एक छवि बना ली है। परंतु मेरे मन में आपके बारे में यदि कोई छवि बनी ही न हो तब मेरा आपसे क्या संबंध रहता है? आप यदि सचमुच ईमानदार हैं तो आप इसका उत्तर दे नहीं पायेंगे। आप इसका उत्तर केवल तभी दे पायेंगे जब आपके मन में कोई छवि ही न हो। और, यह जीवन की बहुत बड़ी चुनौतियों में से एक है। कोई भी छवि न रखना–न पर्वतों के बारे में, न किसी और के बारे में, न ही उस व्यक्ति के बारे में जिसके साथ आप रहते हैं। किसी के लिए भी कोई भी छवि मत पालिए–न देश के बारे में और न ही किसी और के बारे में। छवि का अर्थ है आपकी राय, अवधारणा, निष्कर्ष, प्रतीक और वह विचार जो इन तमाम छवियों को रचता है। तो छवि रखने वाले आप तथा उस व्यक्ति के बीच क्या संबंध है जो कोई छवि नहीं रखता? उत्तर मुझे मत दीजिए। यही आपको खोज निकालना है। वह संबंध है प्रेम। इसके अलावा अन्य कुछ भी प्रेम नहीं है।

साइकिल चलाने के लिए हमें स्मृति चाहिए। मुझे स्मृति चाहिए ताकि मैं अंग्रेज़ी बोल सकूं और अपनी बात आप लोगों तक पहुंचा सकूं–बशर्ते आपको मेरी बातों में रुचि हो। किसी फैक्ट्री में या व्यापार आदि में कार्य करने के लिए मुझे स्मृति चाहिए। परंतु यही स्मृति संबंधों में एक छवि का रूप ले लेती है।

मैंने आपके बारे में और आपने मेरे बारे में कोई छवि बना ली है, इस तरह हमारा संबंध उन दो छवियों के ही बीच का संबंध बन कर रह जाता है, हमारे लिए जो अहम है वह है छवि जो मैंने आपके लिए बना ली है और वह छवि जो आपने मेरे लिए बना ली है, और इन्हीं छवियों को पालते हुए जीते हैं। ऐसे संबंध को ही हम प्रेम कह देते हैं, ऐसे ही संबंध के प्रति हम आसक्त हो जाने जैसी तमाम हरकतें करते रहते हैं और इन्हीं छवियों से हम चिपके रहते हैं। परंतु मेरा मानना है कि यह सब मन इसलिए करता है क्योंकि ऐसा करने में, छवि बना लेने में वह सुरक्षित महसूस करता है। उसके पास यदि कोई छवि न हो तो वह खाली-खाली रहता है। चूंकि खालीपन से हम घबराते हैं अतः हमें लगता है कि हमें कुछ बनना चाहिए।

तो क्या मन वर्तमान "जो है" का अवलोकन कर सकता है—वह भी बिना स्मृति के, बिना छवि के, बिना निष्कर्ष के, बिना अभिमत के, बिना निर्णय के और बिना अतीत का मूल्यांकन किये। इसमें गहराई तक उतरिये, बहुत गहरे तक। मैं अपने भाई, अपने पुत्र, अपनी पत्नी, अपने प्रेमी या अपनी प्रेमिका से प्रेम करता हूं, परंतु उसकी मृत्यु हो जाती है। यह तथ्य है कि वह अब मृत है। "जो है" यही है। क्या अतीत रूपी विचार की किंचित भी गति के बिना मन "जो है" का अवलोकन कर सकता है? आप समझ रहे हैं न?

आइये थोड़ा आगे बढ़ें। मेरे बेटे की मृत्यु हो गयी है, यह एक तथ्य है। फिर क्या होता है? अपने पुत्र की जो छवि मैंने वर्षों से बना रखी है वह मेरे मन को खालीपन का, अकेलेपन का, दुख का और स्वयं पर तरस खाने का एक एहसास देती है जो यह आशा जगाती है कि मैं अपने बेटे से अगले जन्म में मिल पाऊंगा। इसीलिए मैं आत्मा के माध्यम वाले किसी व्यक्ति के पास चला जाता हूं, आत्मा-आहूवान बैठकों में चला जाता हूं—ये सब धंधे चल रहे हैं। अर्थात् मन छवि के बिना अवलोकन नहीं करता, "जो है" के साथ पूरी तरह नहीं जीता। आप समझ रहे हैं न? जब मैं यह नहीं कहता, "ओह, काश मेरा पुत्र जीवित होता, वह कितना अच्छा इंसान बन गया होता", तब मेरे मन में विचार की कोई तरंग नहीं उठती। तब मेरा मन केवल इस तथ्य के साथ रहता है कि मेरा पुत्र मर गया है। क्या आपने कभी ऐसा किया है? हां या नहीं?

प्रश्न : मेरा मन शांत हो जाता है।

कृष्णमूर्ति : नहीं, सर, मैं शांति की बात नहीं कर रहा। देखिये, यह हर इंसान के साथ होता है। आप के भीतर तब क्या चल रहा होता है जब आप

किसी तथ्य को बिना किसी भी छवि के देखते हैं? जब तक इसे आप स्वयं न देख लें तब तक मैं कुछ बता नहीं सकता।

प्रश्न : आप देख पाते हैं कि वास्तविकता क्या है।

कृष्णमूर्ति : जी हां, यही मैं कह रहा हूं। जो कुछ वास्तव में घटित हुआ है, उसके साथ जीना, उसके साथ होना—बिना भटके, बिना पलायन के—भले ही विचार कुछ ऐसा-वैसा करने के लिए आपको बहकाता-उकसाता रहे।

प्रश्न : यह अब खामोश है।

कृष्णमूर्ति : आपको खुद ही पता चल जाएगा। जिन्हें आप प्रेम करते हैं या ऐसा सोचते हैं कि आप उन्हें प्रेम करते हैं, आशा करता हूं कि उनमें से कोई भी न सिधारे और आप शोकग्रस्त न हों, परंतु आप ऐसी स्थिति में यदि कभी हों—क्योंकि संसार में सभी को अपरिहार्य रूप से मरना तो है ही, न केवल उन लोगों को जो वियतनाम में हैं या कम्बोडिया में, बल्कि आपके चारों ओर प्रतिदिन कोई न कोई काल का ग्रास हो ही रहा है—ऐसी स्थिति में ही आप जान पायेंगे कि ''जो है'' के साथ पूर्णतया जीने का अर्थ क्या होता है, कोई भी छवि बनाये बिना जीने का अर्थ क्या होता है। मैं आपका अपमान करता हूं, आपके बारे में बुरी-बुरी बातें कहता हूं, तो क्या विचार के लेशमात्र भी दखल के बिना आप मुझे सुन सकते हैं—उस विचार के हस्तक्षेप के बिना जो आहत होने वाली छवि का रचयिता होता है? क्या आप ऐसी बात बस चुपचाप सुनते रह सकते हैं? आज़मा कर देखिये। प्रयोग कीजिए और तब आप पायेंगे कि कितना अद्भुत परिवर्तन आता है—एक ऐसा परिवर्तन जिसमें हर प्रकार की छवि को नकार दिया जाता है और जिसके फलस्वरूप मन कभी अतीत से बोझिल नहीं होता, तब ऐसा महसूस होता है जैसे आप को एक युवा-मन मिल गया हो।

ज़ानेन, 1 अगस्त 1973

संबंधों में प्रज्ञाशील कर्म

जिस संस्कृति में यह मन पला-बढ़ा है, ढाला गया है, शिक्षित किया गया है, उसने उलझाव को एक जीवन-शैली के रूप में स्वीकार कर लिया है। वह बताती है, "हां मैं विभ्रम में हूं और इसे यूं ही रहने दो, इस बारे में ज़्यादा हो-हल्ला न मचाओ, यूं ही चलने दो।" और, एक दिन सचमुच में मुझे एहसास होता है कि मैं खासी उलझन में फंसा हूं—कहीं ऐसा लगता है, कहीं नहीं लगता। इस संस्कृति में मेरा पालन-पोषण इसी तरह हुआ है, मन इसी तरह शिक्षित हुआ है, इसे उलझन और गड़बड़ी में रहना ही सिखाया गया है। परंतु इसके कारण मुझे भारी दुख व दुर्दशा भी झेलनी पड़ती है। तब मन कहता है, "इससे बाहर निकलने का कोई न कोई तो रास्ता होगा!" और फिर वह स्वयं को देखना शुरू करता है। उसे तब पता चलता है कि वह स्वयं को तभी देख सकता है जब विचार-प्रवाह पर विराम लग जाये, क्योंकि विचार ने ही तो इस सारे झंझट को, इस संस्कृति को रचा है। इस तरह वह जान जाता है कि वह स्पष्टतः अवलोकन तभी कर सकता है जब विचार गतिमय न हो। क्या यह संभव है? अतः वह इस बात का परीक्षण करता है। वह इस बात को यूं ही नहीं मान लेता बल्कि कहता है, "मैं इस बात का परीक्षण करूंगा, देखूंगा कि यह संभव है या नहीं।" इसलिए वह चीज़ों को देखने लगता है-पर्वतों को, पहाड़ियों को, नदियों को, वृक्षों को और लोगों को। वह बाहर की ओर अपेक्षाकृत सरलता से देख पाता है—विचार के हस्तक्षेप के बिना ही। परंतु इसे कहीं अधिक कठिनाई तब होती है जब वह भीतर देखता है। भीतरी दृष्टि जो भी देखती है उसके बारे में सदैव कुछ करना चाहती है। और उसे यह एहसास हो जाता है कि यह विचार की ही हरकत है। अतः वह प्रत्येक चीज़ को बड़े ध्यान से देखता है, उसका अवलोकन करता है

और समझ लेता है कि जब तक अवलोकनकर्ता विद्यमान है तब तक पसंद-नापसंद की प्रक्रिया और द्वंद्व अवश्य ही बने रहेंगे। तो, क्या अवलोकनकर्ता के बिना अवलोकन संभव है? चूंकि अवलोकनकर्ता अतीत है, अनुभव इत्यादि है, तो क्या इस अवलोकनकर्ता के बिना अवलोकन कर पाना संभव है? यह जानने के लिए अत्यधिक अवधान की आवश्यकता है। ऐसा अवधान स्वयं ही व्यवस्था अर्थात् अनुशासन ले आता है। अतः ऊपर से कोई व्यवस्था लादे जाने का कोई प्रश्न ही नहीं उठता। यह प्रयोग, बिना अवलोकनकर्ता के अवलोकन करने का यह परीक्षण, अपने साथ सहज ही व्यवस्था और पूर्ण अवधान ले आता है। तब मन अवलोकनकर्ता के बिना ही अवलोकन करने लगता है और "जो है" के प्रति पूरी तरह निश्चल व स्थिर हो जाता है। फिर क्या होता है?

देखिये मन क्या करता है। चूंकि यह "जो है" का निदान कर पाने में असमर्थ रहता है, अतः यह उससे पलायन करने में, उसका दमन, उसका विश्लेषण करने में, उसका कारण जानने जैसी बातों में अपनी ऊर्जा खपा देता है। यदि यह अपनी ऊर्जा व्यर्थ न गंवाए और "जो है" के साथ पूरी तरह बना रहे तो इसकी सारी की सारी ऊर्जा बची रहेगी। ऊर्जा की एक चिंगारी भी बेकार नहीं जाएगी। न यह पलायन करे, न नामकरण, न कुछ जीतने के लिये जूझे, न दमन करे, न किसी ढर्रे के अनुसार ढले—ऐसा कुछ भी न करें, ये सब ऊर्जा गंवाने के तरीके हैं; जब यह ऊर्जा व्यर्थ नहीं जाती तब मन इस ऊर्जा से ओतप्रोत रहता है और "जो है" को यथार्थतः देख रहा होता है। तब क्या "जो है" वह रहता है? तब क्या विभ्रम का वजूद रहता है?

इस सब को देखना न केवल सत्य को देखना है बल्कि यही इसका विवेक है। इसी विवेक से उस प्रज्ञा का उदय होगा जो दैनिक जीवन का परिचालन करेगी, जो विभ्रम पैदा नहीं होने देगी, और, लापरवाही में यह कुछ कर भी बैठे तो उसे तत्काल सुधार लेगी। आप समझे न? इस प्रकार यह प्रज्ञा हर समय सक्रिय रहेगी। ऐसी प्रज्ञा मेरी या आपकी प्रज्ञा नहीं रहती।

क्या इसमें हम साथ-साथ चले हैं, थोड़ा बहुत भी?

प्रश्न : इस प्रकार के कर्म में कोई कर्ता नहीं होता।

कृष्णमूर्ति : तो फिर संबंधों में इस प्रज्ञा का कर्म क्या रहता है? आप समझे? जीवन तो संबंध मात्र है—स्त्री-पुरुष के बीच, प्रकृति और व्यक्ति के बीच, मनुष्य-मनुष्य के बीच। इसीलिए तो मैं पूछता हूं कि उस प्रज्ञा की भूमिका क्या है जो विवेक से उपजती है, जो सत्य के दर्शन से पैदा होती है? उस प्रज्ञा की

मानवीय संबंधों में क्या भूमिका रहती है? चूंकि मुझे इस संसार में जीना है, मेरी पत्नी है, बच्चे हैं, परिवार है, हाकिम है, फैक्ट्री या दुकान है, ऐसा ही बहुत कुछ है, तो किसी अन्य के साथ मेरे संबंधों में इस प्रज्ञा की भूमिका क्या रहती है? आइए, यह सवाल उठाइए!

प्रश्न : आप पहले से ही कैसे बता सकते हैं कि क्या होगा?

कृष्णमूर्ति : आप उस प्रज्ञा की भूमिका को पहले से ही कैसे बता सकते हैं? मैं भी पहले से नहीं जानता कि प्रज्ञा की भूमिका क्या रहेगी, हम यही खोजबीन तो कर रहे हैं। संबंधों में इस प्रज्ञा की भूमिका क्या रहती है? मैं आपके साथ संबंधमय हूं, मैं आपके साथ संबंधमय इसलिए हूं, क्योंकि आप वहां बैठे हैं और मैं यहां, आप मुझे सुन रहे हैं, हम सब इस चर्चा में हिस्सा ले रहे हैं, हम इस बात का साथ-साथ अवलोकन कर रहे हैं, इसे मिलकर "पका" रहे हैं, इसीलिए हम संबंधमय हैं—इस अर्थ में संबंधमय नहीं हैं कि हम घनिष्ठ हैं, बल्कि मानव होने के नाते हम संबंधमय हैं, क्योंकि यह हमारी सभी की समस्या है, यह हमारी मानवीय समस्या है। इसलिए मैं पूछ रहा हूं : हम संबंधमय हैं तो इस संबंधमयता में यह प्रज्ञा क्या भूमिका निबाहती है?

प्रश्न : यह अवश्य ही प्रेम है। इस प्रज्ञा से प्रेम पैदा होता है।

कृष्णमूर्ति : मैं नहीं जानता। यह एक धारणा है। देखिये, सर, मेरा मन किसी सिद्धांत, धारणा, निष्कर्ष या अनुमान को नहीं मानता। यह मन—अर्थात् आपका नहीं बल्कि मेरा मन—यह मन तो केवल तथ्य से तथ्य तक, "जो है" से "जो है" तक ही जाता है। उससे इतर नहीं।

प्रश्न : संवाद के लिए हमें शब्दों का प्रयोग तो करना ही पड़ेगा और जब भी हम शब्दों का प्रयोग करते हैं तभी हमारा वास्ता धारणाओं से पड़ता है। परंतु जिस प्रकार के संवाद की बात आप कर रहे हैं, वैसा हम लोगों के लिए तो लगभग असंभव है।

कृष्णमूर्ति : देखिये, संप्रेषण शाब्दिक भी होता है और अशाब्दिक भी। यदि मैं यह जानता हूं कि आपको कैसे सुना जाये, आप जो शब्द प्रयुक्त कर रहे हैं उन्हें तथा उनके उस अर्थ को कैसे सुना जाये जो हम दोनों के लिये समान है—यदि सचमुच ही मुझे आपको शाब्दिक रूप से सुनना आता है तो मुझे यह भी समझ में आएगा कि आपको अशाब्दिक रूप से कैसे सुना जाये, क्योंकि मैं तब उसे भी समझ पाऊंगा।

मैं एक बिल्कुल सीधा-सादा प्रश्न पूछ रहा हूं जो गहन गवेषणा की ओर

ले जाता है। वह प्रश्न है : उस अंतर्दृष्टि की भूमिका क्या रहती है जिसके चलते दूसरों के साथ मेरे संबंधों में इस प्रज्ञा का प्रस्फुटन हुआ है? जब तक मैं इस प्रश्न को सुलझा नहीं लेता तब तक मेरे संबंध दुखदायी बने रहेंगे—न केवल आपके लिए, बल्कि मेरे लिए भी। अतः इसका पता लगाने के लिए मुझे अपना सारा अस्तित्व झोंक देना होगा। यह कोई साधारण सी और सतही गवेषणा नहीं है, क्योंकि मेरा पूरा जीवन इस पर टिका हुआ है। मैं दुख में और विभ्रम में जीना नहीं चाहता, सभ्यता व संस्कृति द्वारा लादे गये इस भयावह गड़बड़झाले में जीना नहीं चाहता। इसलिए मेरी प्रज्ञा कहती है—"तलाश करो"। चूंकि आप अकेले नहीं जी सकते अतः अकेले रहने जैसी कोई अवस्था होती ही नहीं। यहां तो बस अलगाव है जिसे इस संस्कृति ने बढ़ावा दिया है—व्यापार जगत में, धार्मिक जगत में, आर्थिक जगत में, कला जगत में—प्रत्येक क्षेत्र में इस संस्कृति ने मुझे अलगाव की ओर प्रेरित किया है: "मैं एक कलाकार हूं", "मैं एक लेखक हूं", "मैं किसी भी अन्य व्यक्ति से बेहतर हूं", "मैं एक वैज्ञानिक हूं", "मैं ईश्वर के सबसे करीब हूं"।

इस तरह मैं भली-भांति जानता हूं कि अलगाव क्या है, परंतु अलगाव में जीते हुए दूसरों के साथ संबंध रखने का कोई अर्थ नहीं होता। अतः मेरी प्रज्ञा बताती है, "यह सब बेतुकापन है, तुम इस तरह नहीं जी सकते।" इसलिए मैं पता लगा रहा हूं कि संबंधों में कैसे जिया जाये तथा संबंधों में जीते हुए इस प्रज्ञा की भूमिका क्या रहती है।

मैं समझना चाहता हूं। इस प्रश्न को कृपया आप स्वयं से पूछिये और स्वयं ही इसका परीक्षण कीजिए। जानिये कि यह प्रज्ञा होती क्या है। प्रज्ञा की उत्पत्ति "जो है" के यथार्थ में अंतर्दृष्टि रखने से होती है, और, इसका अवलोकन ही बुद्धिमत्ता है तथा इसका बोध है सत्य। सत्य की ही संतान है बुद्धिमत्ता और बुद्धिमत्ता की संतान है प्रज्ञा। यह तो मेरी समझ में आता है। अब मैं पूछता हूं : संबंधों में इस प्रज्ञा की भूमिका क्या रहती है? क्या यह वहां कोई छवि रचती है? एक ही छत के नीचे मेरे साथ रहने वाले किसी व्यक्ति के बारे में मेरा मन क्या कोई छवि रच रहा है? भले ही आपने मेरी नुक्ताचीनी की हो, मुझे धकियाया हो, धमकाया हो, आप मुझ पर हावी हुए हों, आपने मुझे यौन सुख दिया हो, ऐसा ही मेरे साथ कुछ न कुछ किया हो—मन क्या तदनुरूप छवियां बना रहा है?

प्रश्न : नहीं।

कृष्णमूर्ति : ना कभी मत कहिए, सर, खोजिए। इसके लिए अत्यधिक अवधान की आवश्यकता है, आप यूं ही हां या ना नहीं कह सकते। यह जानने के लिए कि क्या आप छवि बनाते हैं और क्यों बनाते हैं, आपको पूरे अवधान की आवश्यकता है। तनिक ठहरिये, सर, मैं आपको हां या ना कहने से रोक रहा हूं, बस इतनी ही बात है। आइये गवेषणा करें। आइये इस समस्या को साथ मिलकर देखें-समझें। जब आप हां या ना कह देते हैं तब आप वहीं थम कर रह जाते हैं। परंतु जब मैं कहता हूं, "आइये, खोजते हैं। आइये पता लगाते हैं" तो इस बात में क्या निहित रहता है? यही कि मैंने आपके बारे में कोई छवि नहीं बनाई है। मैने कहा है "कृपया ठहरिये और देखिये कि हम क्या कर रहे हैं।"

क्या मन छवियां गढ़ रहा है? यदि ऐसा है तो यह प्रज्ञा की गतिविधि नहीं है, क्योंकि वह जानती है कि छवियां लोगों को किस तरह विभाजित कर देती हैं—राष्ट्रीयताओं ने लोगों को बांट दिया है, बाइबिल, गीता, कुरान ने लोगों को बांटा ही तो है। तो, छवि, प्रतीक और निष्कर्ष लोगों को बांट देते हैं। और, जहां बंटवारा होगा वहां द्वंद्व अवश्यमेव होगा। द्वंद्व से उत्पन्न कोई भी क्रिया अविवेक की क्रिया ही होगी। अतः प्रज्ञापूर्ण क्रिया वह होगी जो कलह-क्लेश तथा द्वंद्व से रहित हो। मैं यदि आपके साथ संबंधमय हूं और फिर भी आपके बारे में कोई छवि गढ़ लेता हूं तो यह मूर्खतापूर्ण कृत्य ही होगा। अतः मैं इसे गौर से देखता हूं। जब आप मुझे मूर्ख कहते हैं, या जब मैं अपने शारीरिक सुख के लिए, पैसे के लिए, समर्थन व सहारे के लिए, संग-साथ के लिए या आपका प्रोत्साहन पाने के लिए आप पर निर्भर करता हूं तब क्या मैं आपके बारे में कोई छवि बना रहा होता हूं? मूढ़ मन ही निर्भरता को अपनाता है।

अतः अब मुझे दिख रहा है, समझ में आने लगा है कि जब प्रज्ञा कार्य करती है तब संबंध का रूप क्या होता है। आप समझ रहे हैं न? यह बात आश्चर्यजनक रूप से सीधी है—सचमुच सीधी।

प्रश्न : यह सीधी तो है परंतु सरल नहीं है।

कृष्णमूर्ति : जो बात सीधी है वह एकदम सरल होती है, सर्वाधिक व्यावहारिक। आपकी अन्य तमाम चीज़ों जैसी जटिल नहीं—उन्होंने ही तो हमें अव्यावहारिकता की ओर, इस पूरी अव्यवस्था की ओर धकेल दिया है, यह सब उन नितांत व्यर्थ जटिलताओं का ही तो परिणाम है। देखिये, यह सत्य देखना बिल्कुल सीधी बात है कि छवियां लोगों को बांट देती हैं। क्या यह बात सीधी

नहीं है? और, इस बात के सीधेपन को देखना प्रज्ञा की भूमिका है, और यह प्रज्ञा ही मेरे और आपके बीच के संबंध में कार्य करेगी। तो मैं बड़े ध्यान से देख रहा हूं कि यह प्रज्ञा सक्रिय कैसे होती है। आप समझे न? मैं अपनी पत्नी, अपनी माता, अपनी बहन, अपनी प्रेयसी या किसी से भी संबंधमय हूं और इस संबंध को बड़े ध्यान से देख रहा हूं। इतने ध्यान से यही देख रहा हूं कि यह प्रज्ञा कैसे कार्यरत रहती है। और, यह दिखाई भी पड़ जाता है कि आप ज्यों ही कोई छवि बनाते हैं, त्यों ही अपनी उसी पुरानी अवस्था में पहुंच जाते हैं, उसी सड़ी-गली सभ्यता में पहुंच जाते हैं। इस तरह मन देखता है, सीखता है और तब प्रज्ञा एक ऐसे जीवन का प्रवेश द्वार खोल देती है जो बिल्कुल सीधा और सरल है।

ज़ानेन, 2 अगस्त 1973

निर्भरता और आसक्ति का प्रेम के साथ क्या रिश्ता है?

सभी संबंध उन छवियों पर आधारित हो रहे हैं जो हम एक दूसरे के बारे में बनाये चले जा रहे हैं जिसे हम प्रेम कह देते हैं, उसमें निर्भरता रहती है, आसक्ति का वह भाव रहता है जो अकेलेपन से, स्वयं के आधे-अधूरेपन से, एकाकी न रह पाने की हमारी मजबूरी से पैदा होता है, तभी तो हम किसी का सहारा थाम लेते हैं और उस पर निर्भर रहने लगते हैं। हम दूधवाले पर, रेलकर्मियों पर, पुलिसकर्मी पर भी निर्भर करते हैं परंतु मैं इस प्रकार की निर्भरता की नहीं बल्कि मनोवैज्ञानिक निर्भरता की बात कर रहा हूं, जो अपने साथ समस्यायें ही लेकर आती है–संबंधों में छवि की समस्या, वे छवियां जो दूसरों के लिए मन ने रच ली हैं–उन छवियों के प्रति पहले अनुरक्त होने, फिर उनसे विरक्त हो जाने तथा फिर कोई अन्य छवि रच लेने की समस्या। यही वह सब है जिसे हम प्रेम का नाम दे देते हैं। पादरियों-पुजारियों ने एक और प्रेम का अविष्कार कर डाला है और वह है ईश्वर प्रेम, क्योंकि अपने संबंधों में प्रेम का स्थान जान लेने की अपेक्षा अपने मन व हाथों से रचित व निर्मित ईश्वर से, किसी काल्पनिक छवि, किसी धारणा या किसी प्रतीक से प्रेम करना कहीं अधिक सरल होता है।

आप यह समझ रहे हैं न? तो, प्रेम क्या है? यह हमारे सचेतन मन का भाग है, यह प्रेम कही जाने वाली चीज़ जिसमें "मैं" है, "आप" हैं–वह "मैं" जो आपके प्रति आसक्त रहता है, आप पर काबिज़ रहता है, हावी रहता है, ऐसे ही आप मुझे हथियाये रखते हैं, मुझ पर हावी रहते हैं, मुझे अपनी मुट्ठी में रखते हैं। आप मेरी शारीरिक आवश्यकताओं तथा यौन-क्षुधा को शांत करते हैं और मैं आपकी आर्थिक मांग को पूरा करता हूं। यह सिलसिला इसी तरह चलता रहता

है—और इसी को हम प्रेम कह देते हैं। परंतु क्या यह प्रेम है? रोमांटिक प्रेम, शारीरिक प्रेम, देश प्रेम जिसके लिए आप दूसरों की हत्या कर देने को, उनके हाथ पैर तोड़ देने को और स्वयं को बरबाद कर लेने को तत्पर रहते हैं, क्या यही सब कुछ प्रेम है? यह बात तो साफ़ है कि प्रेम न तो भावुकता है, न भावनात्मकता और न ही "मैं तुमसे प्रेम करता हूं और तुम मुझसे" जैसी बातों की बेतुकी स्वीकारोक्ति ही प्रेम है। प्रेम के लुभावनेपन के बारे में बात करना, सुंदर व्यक्तियों के बारे में बात करना, क्या यही प्रेम है?

देखिए, यह एक सीधी-सादी बात है। सारे संबंध उन छवियों पर टिके हुए हैं जो आपने दूसरो के लिए और दूसरों ने आपके लिए बना रखी हैं। ठीक? आप इस पर तर्क-वितर्क नहीं कर सकते क्योंकि वास्तविकता यही है। ये छवियां ही परस्पर संबंध बनाये हुए हैं। जो छवि आपने अपनी पत्नी के लिए और उसने आपके लिए बना रखी हैं वह अनेक वर्षों की स्मृति, अनुभव और ज्ञान का परिणाम है। यह स्मृति आपके सचेतन मन का अंश बन गई है। परंतु यदि न तो आपने उसकी कोई छवि बना रखी हो और न उसने आपकी, तब वह संबंध कैसा होगा? आप समझे न? क्या मैं पूछ सकता हूं कि क्या आप इस बात से अवगत हैं कि आपने उसकी एक छवि बना रखी है और उस छवि के प्रति आप बुरी तरह आसक्त हैं? क्या आप इस बात से अवगत हैं कि आपने उसकी एक छवि बना रखी है और आप उसी छवि से चिपके हुए हैं? क्या आप इस बात के प्रति सजग हैं, सचेत हैं? यदि आप सचेत हैं तो आप देख सकते हैं कि आपका उसके साथ संबंध और उसका आपके साथ संबंध इन छवियों पर ही टिका हुआ है। क्या ये छवियां ध्वस्त हो सकती हैं? फिर संबंध क्या होगा? यदि वे छवियां ध्वस्त हो जायें जो आपके सचेतन मन में समाई हुई हैं और जो चेतना की अंतर्वस्तु हैं जिससे आपकी समस्त चेतना निर्मित है, अब यदि नाना रूपी ये तमाम छवियां ध्वस्त हो जायें, तब आपके व आपकी पत्नी के बीच क्या संबंध रहेगा? तब क्या कोई ऐसा अवलोकनकर्ता रह जायेगा जो अवलोकित चीज़ से भिन्न कुछ अवलोकन कर रहा हो? या फिर यह संबंध में प्रेम का छलकना होगा? आप समझ रहे हैं न? प्रेम, इस प्रकार संबंधों में एक ऐसा प्रवाह है, एक ऐसी गति है जहां अवलोकनकर्ता का कोई वजूद नहीं होता।

इस प्रकार मन—हम यहां 'मन' शब्द में मस्तिष्क को तथा शारीरिक पुंज को भी मिलाकर प्रयुक्त कर रहे हैं—तो यह मन विखंडन के उस क्षेत्र में ही जीता आया है जिस क्षेत्र ने इसके सचेतन मन को रचा है, और, इस सचेतन मन में

भरी बातों के बिना अवलोकनकर्ता अस्तित्व में नहीं आता। और जब अवलोकनकर्ता ही न हो तब संबंध समय की उस परिधि में नहीं रहता जिसका अस्तित्व तभी होता है जब आपने उसके बारे में और उसने आपके बारे में छवियां बना रखी हों। क्या सामान्य दैनिक जीवन में इन छवियों का अंत हो सकता है? यदि छवि ध्वस्त नहीं हो पाती, तो प्रेम नहीं रह पायेगा, क्योंकि तब आपका दैनिक जीवन परस्पर विरोधी खंडों में बंटा रहेगा।

आपने यह सब सुना तो लिया है परंतु इस सबसे कोई निष्कर्ष मत निकाल लीजिए। इसके सत्य को देखिये, परंतु, इस सत्य को आप महज़ शब्दों में नहीं समझ पाएंगे। आप शब्दों का अर्थ तो सुन सकते हैं परंतु आपको इनका सारतत्व पहचानना होगा। इसमें अंतर्दृष्टि अपरिहार्य है, "जो है" के सत्य को सचमुच देख लेना होगा। ऐसा होने पर वह सत्य चेतना की सीमा में बंधा नहीं रहता।

ब्रॉकवुड पार्क, 8 सितंबर 1973

संबंधों में स्थायित्व की तलाश

क्या सुरक्षा नाम की कोई चीज़ होती भी है? यह मन वस्तुओं में, भौतिक चीज़ों में, संपत्ति में, नाम में, किसी विशिष्ट गतिविधि इत्यादि में सुरक्षा तलाशता रहता है। इसने धारणाओं में, आदर्शों में, सूत्र-सिद्धांतों में, प्रणालियों में सुरक्षा की तलाश की है। परंतु आप यदि इन सबको बहुत निकट से देखें, वस्तुतः देखें, बिना भावुकता के तटस्थ होकर देखें तो आप पायेंगे कि यह सारा तामझाम सब के लिए असुरक्षा ही पैदा कर रहा है। परंतु फिर भी हमारे मन-मस्तिष्क को कुछ भी करने के लिए सुरक्षा की दरकार रहती है। तो मैं स्वयं से व आपसे पूछ रहा हूं कि सुरक्षा नाम की क्या कोई चीज़ होती भी है? यही वह प्रश्न है जिसकी गवेषणा करने हम जा रहे हैं, हम इसी की खोज करने जा रहे हैं। परंतु मैंने यदि इसे खोज लिया और आपको बता दिया तो यह हमारा साथ-साथ देखना-समझना नहीं रहेगा। इसलिए हम इसे साथ-साथ खोजेंगे।

शारीरिक सुरक्षा के सत्य को तो आप देख ही रहे हैं परंतु यह मन तो नाना रूपों में सुरक्षा की चाहत लिए उनके पीछे दौड़ता रहता है—किसी स्थायी चीज़ की तलाश में : स्थायी संबंध, स्थायी आवास, स्थायी धारणा। परंतु क्या स्थायी, शाश्वत जैसा कुछ होता भी है? हो सकता है कि इसकी चाहत इसलिए हो क्योंकि अपने चारों ओर मैं हर चीज़ को लुप्त होते, नष्ट होते देखता हूं, देखता हूं कि हर शै परिवर्तनशील है। परंतु फिर भी मन सुरक्षा का, स्थिरता का राग अलापता रहता है। किसी विचार में, धारणा में या किसी भी शै में स्थायित्व तो होता ही नहीं। कारण कई हो सकते हैं, या शायद मुझे वजह समझ में न आए, पर चीज़ों में स्थायित्व नहीं होता। फिर मैं उसे अपने संबंधों में, अपनी पत्नी में, अपने बच्चों इत्यादि में तलाशने लगता हूं। इन संबंधों में क्या स्थायी सुरक्षा

होती है? स्वयं से पूछिये। जब आप संबंधों में स्थायित्व चाहते हैं तब आसक्ति की सारी समस्यायें खड़ी हो जाती हैं। इसे अपने ही वास्ते ध्यानपूर्वक देखिये तो सही। जब आप आसक्त होते हैं तब भय की, खो जाने की, संदेह, घृणा, ईर्ष्या तथा व्यग्रता की सारी समस्यायें स्थायी संबंध पाने की चाहत की समस्या में प्रवेश कर जाती हैं। आप समझ गये होंगे कि किसी भी संकल्पना में स्थायित्व नहीं होता, यद्यपि कैथोलिकों ने, प्रोटेस्टैंटों ने, कम्यूनिस्टों ने इस मन पर यह मतारोपण किया है और मन ने ऐसे मत-सिद्धांतों को स्थायी मान भी लिया है। परंतु आप देख सकते हैं कि ये गा़यब होते जा रहे हैं, लोप होते जा रहे हैं, हर तरफ इन पर प्रश्न उठाये जा रहे हैं। हम यह भी देख रहे हैं कि किसी भौतिक वस्तु में भी स्थायित्व नहीं होता। तभी तो यह मन कह उठता है, "मुझे व्यक्तिगत संबंध चाहिए"। और फिर उस संबंध के उलझाव हमें दीखने लगते हैं—वह संबंध जो आपकी अपनी व दूसरे की छवि पर टिका होता है, उस संबंध में दोनों ही एक दूसरे की छवि ही बनाये रखते हैं—ये सब छवियां अस्थायी होती हैं परंतु फिर भी उस संबंध में हम स्थायित्व तलाशते रहते हैं।

अतः प्रश्न उठता है : क्या कुछ ऐसा है जो स्थायी हो? आप यदि सचमुच गंभीर हैं तो पाएंगे कि यह प्रश्न आसान नहीं है, और यह पता लगाना बहुत कठिन है कि उस मन की अवस्था क्या होती है जिसने यह सत्य जान लिया है कि यहां कुछ भी स्थायी नहीं है। ऐसा मन क्या हिल जाएगा, पगला जायेगा? क्या वह नशे में डूब जायेगा या आत्महत्या कर लेगा? क्या वह पुनः ऐसी किसी अन्य विचारधारा के, किसी और कामना के जाल में फंस जायेगा जो किसी स्थायी चीज़ की कल्पना कर डालेगी? आप समझे?

अपने दैनिक जीवन का, दिन प्रतिदिन के जीवन का—विश्लेषण के ज़रिए नहीं—बल्कि इसे बस ध्यानपूर्वक देखने पर, इसका अवलोकन करने पर यह स्पष्ट हो जाता है कि मन इन तमाम चीज़ों में सुरक्षा तलाश रहा है। विचार कहता है, "यहां कोई सुरक्षा नहीं है, यहां कुछ भी स्थायी नहीं है।" और फिर वह किसी और अधिक स्थायी चीज़ की तलाश में जुट जाता है। चूंकि यहां इसे कुछ भी स्थायी नहीं मिल पा रहा है, अतः यह दूसरे क्षेत्र में, दूसरी चेतना में स्थायित्व तलाशता है। परंतु वह तो स्वयं ही अस्थायी होता है, फिर भी उसने कभी स्वयं से यह नहीं पूछा कि कहीं वह खुद ही तो अस्थायी नहीं है? आप मेरी बात समझ रहे हैं?

देखिये, इसके लिए अत्यंत सावधानी की आवश्यकता है, इसकी गहराई में पैठिये। तो जब मन कहता है कि यहां कुछ भी स्थायी नहीं है तो विचार भी

इसमें शामिल है। इस बात पर ध्यान दीजिएगा। मन को जब यह बोध हो जाये कि यहां कुछ भी स्थायी नहीं है, तब क्या मन विवेकपूर्ण, स्वस्थ और अक्षत रह पायेगा यानी समग्रता के साथ कर्म कर पायेगा? या यह विक्षिप्त हो जायेगा? आप समझे न? आपका सामना यदि इस बात से हो जाये कि यहां कुछ भी स्थायी नहीं है—विचार संरचना भी नहीं—तो क्या आप इस बात को बर्दाश्त कर पाएंगे? क्या आप इस बात की अहमियत समझ पा रहे हैं कि यहां 'कुछ भी' स्थायी नहीं है—आप भी नहीं, वह सारा तामझाम भी नहीं जो विचार ने खड़ा कर रखा है—जिसे वह 'मैं' कहता है? वह 'मैं' भी अस्थायी ही है। मैं नहीं जानता कि आप इस पूरे प्रसंग को देख-समझ रहे हैं या नहीं। आइये, कुछ पलों के लिये हम इसे यूं ही छोड़ दें और इसे अब दूसरी तरह से देखें।

हमें समय के प्रश्न को भी समझना है। समय का अर्थ है चलायमानता—यहां से वहां जाना—भौतिक रूप से। यहां से वहां तक एक दूरी को तय करने के लिए आपको समय चाहिए—घड़ी वाला समय, सूरज वाला समय, दिनों तथा वर्षों वाला समय। दूरी वाले और चलायमानता वाले इस समय का विचार से क्या संबंध है? देखिये यह कोई दुरूह बात नहीं है, इसे बस ध्यानपूर्वक सुनिये और उसी से यह आपको स्पष्ट हो जायेगी। पूरा पश्चिम जगत सिद्धांततः और मूलतः माप-परिमाप पर आधारित है—तकनीकी क्षेत्र में भी और आध्यात्मिक क्षेत्र में भी—वहां पदानुक्रमता है : सर्वोच्च बिशप, सर्वोच्च आर्क बिशप, और फिर पोप—यह सारी संरचना सामाजिक, नैतिक और तकनीकी मापदंड पर आधारित है। और संत भी एक सर्वोच्च मापदंड ही है—चर्च तथा धर्म द्वारा स्वीकृत मापदंड। इस प्रकार सभ्यता का समूचा नैतिक तथा बौद्धिक ढांचा इसी पर आधारित रहता है—समय, माप और विचार। विचार है नापतोल, विचार है समय, चूंकि वह अतीत है। जो कुछ मैंने विगत कल में किया है वही आज को संशोधित करने लगता है और यही संशोधन निरंतर चलता हुआ भविष्य में एक भिन्न स्वरूप ले लेता है। अतीत से वर्तमान में होती हुई भविष्य में जाने वाली गति ही समय है जो कि नापतोल के दायरे में है।

यहां से वहां जाने के लिए समय तो चाहिए ही। किसी भाषा या तकनीक को सीखने के लिए भी समय की आवश्यकता होगी। परंतु, मन को अपने रूपांतरण के लिए भी क्या समय चाहिए? आप समझ रहे हैं? मन जब भी स्वयं को रूपांतरित करने के लिए समय को बीच में लाता है तब वह मापन की, समय की और विचार की परिधि में ही खड़ा होता है। यह दायरा विचार की ही रचना है। स्वयं

को बदलने के लिए, एक नूतन मन के प्रादुर्भाव के लिए भी यदि वह उसी दायरे में कार्यरत रहता है तो फिर कोई परिवर्तन नहीं हो सकता। आगे बढ़ें? मुझे आशा है कि आप यह सब समझ रहे होंगे।

इस बात को मैं कुछ इस तरह कहूंगा : मैं लोभी हूं और जानता हूं कि लोभ तुलनात्मक होता है। लोभ का यह भाव मेरे अंदर तब उठता है जब मुझे दूसरे के पास अपने से कुछ अधिक दिखाई देता है, यही मापन है। फिर मैं स्वयं से पूछता हूं : इस भाव के इस मापन के रूपांतरण के लिए क्या समय चाहिए? समय जब तक आवश्यक है तब तक मैं मापन की परिधि में ही हूं। इस तरह मैं लोभ में बिल्कुल भी परिवर्तन नहीं ला पाता। तो क्या ऐसा भी कोई परिवर्तन है जो कारण पर आधारित न हो—जो कि समय है—बल्कि तत्क्षण हो जाये। देखिये, ये सब प्रश्न 'आप' पूछ रहे हैं, केवल मैं नहीं।

मैं हिंसक हूं। दुर्भाग्यवश किन्हीं कारणों से मनुष्य हिंसक है, यह हम सभी जानते हैं। हिंसा को बदल डालने के लिए, इसका ऐसा रूपांतरण कर देने के लिए कि मन कभी हिंसक बने ही नहीं, क्या समय चाहिए? यदि आप ऐसा मानते हैं कि समय आवश्यक है तो यह हिंसा फिर कोई दूसरा रूप धारण कर लेगी क्योंकि यह खड़ी तो उसी दायरे में है। क्या आप यह सब समझ गये हैं, यदि हां तो दूसरों को भी बताइयेगा।

तो मैं पूछ रहा हूं कि क्या स्थायित्व की इच्छा ही स्थायित्व की प्राप्ति के प्रयास का कारण नहीं है जो समय के दायरे में ही होगा? क्या ये कारण, ये हेतु मुझे स्थायित्व का इच्छुक नहीं बना देते? इस तरह कारण समय का ढांचा खड़ा कर देता है। तो मैं पूछ रहा हूं : क्या स्थायित्व जैसी कोई शै होती है?

आइये, देखते हैं। हमने समय को देखा, स्थायित्व को देखा और अब हम अपने उस दैनिक जीवन को देखने जा रहे हैं जो कि समय पर टिका रहता है। संबंधों में स्थायित्व की इच्छा बनी रहती है क्योंकि वे ही अधिक से अधिक वास्तविक नज़र आ रहे हैं और वह इसलिए कि हमने अन्य सभी चीज़ों को एक ओर सरका दिया है—सिद्धांतों के, राजभक्ति के, चर्च इत्यादि के बौद्धिक स्थायित्व को हम रद्द कर चुके हैं। हमने इन्हें दरकिनार कर दिया है। और इसीलिए हम कहने लगते हैं कि संबंध तो ज़रूर स्थायी होता होगा। यही तो एक चीज़ हमारे पास है परंतु हम पाते हैं कि इसमें भी कोई स्थायित्व नहीं है। क्या मन, आपका मन इस निपट सत्य का सामना कर सकता है कि स्थायित्व जैसा कुछ है ही नहीं? इस बारे में कोई सिद्धांत न बना डालिये, बल्कि इसे देखिये।

अब आइये उस भारी समस्या को देखें जिसे सुलझाने में मनुष्य असफल रहा है : मृत्यु का प्रश्न। ये सब आपस में जुड़ी बातें हैं।

पुरातन हिंदू बहुत चतुर लोग थे। उन्होंने सोचा, ''यह तो असंभव है, भला कोई हर चीज़ को यूं अचानक कैसे छोड़ सकता है।'' अतः उन्होंने स्व की धारणा रची, और जिस तरह से आप इसे थामे हुए हैं यह चलेगी ही। यह स्व वास्तव में समय का, माप का, विचार का ही परिणाम है। जन्म-जन्मांतरों से गुजरते हुए इस स्व का उत्थान तब तक होते रहना चाहिए जब तक यह सर्वोच्च सत्ता अर्थात् ब्रह्म में, ईश्वर में लीन न हो जाये। हिंदुओं ने तो ऐसी अवधारणा रची परंतु ईसाइयों ने इसे थोड़े अलग ढंग से पेश किया जो इतने गणितीय आधार पर नहीं है, न इतनी चतुराई से गढ़ा गया है और न ही उसमें इतनी सूक्ष्म जटिलतायें निहित हैं। मैं उस सब के विस्तार में नहीं जा रहा हूं। जो अर्थ इसमें छिपा है वह यह है कि आगामी जन्म का बहुत महत्त्व है, और इसीलिए हमारा यह जन्म बहुत महत्त्वपूर्ण बन जाता है। यह जन्म अत्यधिक महत्त्वपूर्ण इसलिए बन जाता है क्योंकि आप के इस जन्म के समुचित सद्व्यवहार के आधार पर ही अगले जन्म में इसका फल आपको मिलने वाला है। यही है विश्वास। वे सभी इसमें विश्वास तो रखते हैं परंतु फिर भी वर्तमान में समुचित सद्व्यवहार की परवाह किसी को नहीं।

और, इस तरह यह खेल जारी रहता है।

तो क्या मन इस पूरे अनोखे प्रपंच को देख पाता है? मैं इसके पूरे विस्तार में नहीं जा रहा हूं। यह एक बहुत विशाल परिधि है, जिसमें मन ने सुरक्षा तलाश ली है।

मन ने समय की रचना कर डाली है—विचार रूप में, मापन के रूप में। और, इस मापन में, इस समय में वह विचरता रहता है। इसी में इसने 'मैं' और 'अन्य' के रूप में स्थायित्व तलाश कर लेने का प्रयत्न किया है। मेरा प्रश्न है : इस विषय के इतने विशाल, अत्यंत जटिल और अत्यधिक सूक्ष्म स्वरूप के मद्दे नज़र क्या मन इस सत्य को देख सकता है कि यहां स्थायी तो कुछ भी नहीं है? इसका सीधा-सीधा अभिप्राय हुआ मृत्यु। आप समझे न?

आप क्या इस बात का सत्य देख सकते हैं? किसी दूसरे के सत्य को स्वीकार मत कीजिये, वह सत्य नहीं होता, वह तो मात्र प्रचार होता है, असत्य होता है। इस स्पष्ट विवरण के बाद क्या आप स्वयं इस बात का सत्य देख पा रहे हैं? शाब्दिक सत्य नहीं और न ही बौद्धिक अवधारणा, यह कहना कि ''हां मैंने इसे

समझ लिया है।" यह सत्य नहीं होता। 'सत्य' का अर्थ है गति, कर्म। सत्य गतिशील होता है और आप देखते हैं कि यहां कुछ भी स्थायी नहीं है। फिर आप आसक्त नहीं रह जाते, फिर आप किसी अवधारणा, किसी मत-सिद्धांत, किसी उद्धारक से चिपके नहीं रहते। तब क्या रहता है? जब आप उस सत्य को देख लेते हैं तब आती है स्वतंत्रता, वह स्वतंत्रता जिसका अर्थ है पूर्ण प्रज्ञा—धूर्त विचारों वाली बौद्धिकता नहीं बल्कि वह परम प्रज्ञा जिसने सत्य को देख लिया है और इसीलिए वह उन बातों से मुक्त हो गई है जो विचार ने रच डाली थीं।

इस प्रज्ञा का गुणधर्म ही तब अपना कार्य करता है—उस प्रज्ञा का जो अपने मूलतत्व में परम व उत्कृष्ट है। ठीक? इस प्रकार सुरक्षा 'उसमें' है इसमें कहीं नहीं। मुझे नहीं मालूम कि आप यह समझ भी पा रहे हैं या नहीं। तब आप इस संसार में जी सकते हैं—चीज़ों के साथ भी और उनके बिना भी । 'यही' है अमरता। ऐसी प्रज्ञा जो न आपकी है, न मेरी, जो न किसी चर्च की बपौती है, न किसी समुदाय की, वही प्रज्ञा सर्वोत्कृष्ट स्वरूप वाली होती है और इसीलिए उसमें सर्वथा व संपूर्ण सुरक्षा रहती है। उस प्रज्ञा को मन नहीं रच सकता। उसका अवतरण तब होता है जब आप प्रत्यक्ष की सच्चाई को देख पाते हैं, जब आप असत् को असत् की तरह देख लेते हैं। यह मन फिर विचारों के मकड़जाल में नहीं उलझता और वह प्रज्ञा ही फिर हमारे दैनिक जीवन को चलाती है। और, अब शाश्वत विद्यमान है। ठीक?

ज़ानेन, 25 जुलाई 1974

आहत कौन होता है, ठेस किसे लगती है?

कृष्णमूर्ति : हम यह पता लगाने का प्रयत्न कर रहे हैं कि संबंधों में सम्यक् क्रिया क्या होती है। हमने ठेस लगने का उदाहरण लिया। यदि यह ठेस वर्तमान में जीते हुए थोड़ा रूप बदलकर भविष्य तक चली जाती है तो ठेस की यह गति सम्यक् क्रिया नहीं होने देती। यह बात तो साफ़ है। यह ठेस लगती किसे है? मैंने बताया था कि यह ठेस तब लगती है जब हमने अपनी कोई छवि बना रखी हो। यह छवि ही 'अहं' है, 'अहं' उस छवि से कुछ भिन्न नहीं है। पहले हमने अहं को उस छवि से पृथक कर रखा था और इसीलिए अहं कहता रहा था, "मैं इस ठेस से छुटकारा पाने का प्रयास करूंगा। मैं इससे संघर्ष करूंगा, इसका दमन कर दूंगा, मैं मनोविश्लेषक के पास जाऊंगा। इस ठेस से पिंड छुड़ाने के लिये मैं कुछ भी करूंगा।" परंतु जब हम इस बात से पर्दा हटा देते हैं कि यह अहं ही तो छवि है, तब क्या होता है? आप मेरा प्रश्न समझ रहे हैं न? पहले आपने इससे छुटकारा पाने का प्रयास किया, परंतु वह प्रयास भी तो अहं द्वारा ही किया जा रहा था जो यह कह रहा था, "मुझे छुटकारा पाना है"। अब आप क्या करेंगे? मेरा प्रश्न आप समझ रहे हैं न?

मैं आपको बता नहीं रहा हूं। मैं आपको कुछ भी नहीं बता रहा। यह बात मैं शुरू से ही कहता आया हूं कि आइये विचार-विमर्श करें। अपने सभी परिसंवादों में मैंने कहा है, "इस वक्ता के शब्दों को स्वीकार न करें। मैं कोई मान्यता या अधिकार प्राप्त व्यक्ति नहीं हूं, मैं आपका गुरु नहीं हूं, आप मेरे अनुयायी नहीं हैं।" मैं कहता हूं कि आइये, इस समस्या की गवेषणा साथ-साथ करें : संबंधों में सम्यक् क्रिया क्या होती है? यदि किसी ठेस का अस्तित्व बना हुआ है तो संबंधों में सम्यक् क्रिया नहीं हो सकती। ठेस लगती किसे है? आप गवेषणा करें,

मेरे कहे को स्वीकार न करें। किसे लगती है ठेस? मैंने कहा कि छवि को। छवि क्या अहं से भिन्न होती है? मैंने यह भी कहा कि छवि विचार द्वारा निर्मित होती है, और अहं भी विचार की ही रचना है। क्या मैं बहुत तेज़ जा रहा हूं?

प्रश्न : मैं ऐसा क्यों सोचता हूं कि मैं छवि हूं?

कृष्णमूर्ति : क्या आप छवि नहीं हैं? आपका कोई नाम, कोई स्वरूप, एक पूरी मनोवैज्ञानिक संरचना, उसमें भरी तमाम बातें क्या आप यही सब नहीं हैं? जब आप कहते हैं "मैं अच्छा नहीं हूं, मुझे बेहतर बनना चाहिए, मुझे और लंबा होना चाहिए, मेरा केश विन्यास अच्छा नहीं है।" मन में हर समय चलता यह चक्र क्या अपने बारे में आपके ही द्वारा बनाई गई छवि नहीं है? और जो इसे देख रहा है क्या आप उससे भिन्न हैं?

अब ज़रा देखिये! आप मेरी तरफ देख रहे हैं, देख रहे हैं न?—क्योंकि विडंबना यह है कि मैं एक मंच पर बैठा हूं, अतः आप मुझे देख रहे हैं। क्या आपने मेरे बारे में कोई छवि बना रखी है?

प्रश्न : जी हां।

कृष्णमूर्ति : तब तो आप उस छवि को देख रहे हैं जो आपने मेरे बारे में बना ली है, है न? इस प्रकार आप ही मुझे मुखौटा पहना रहे हैं और फिर आप ही उस मुखौटे को देखते हैं।

प्रश्न : इसी से तो अच्छा-खासा द्वंद्व खड़ा हो जाता है।

कृष्णमूर्ति : जी हां, सर, तो यह मुखौटा हटा दीजिए, तभी आप मुझे देख पायेंगे—बशर्ते आप ऐसा कर सकें। तो यदि वह छवि 'अहं' है तो क्या होता है?

प्रश्न : उस मुखौटे को हटाने के लिए...

कृष्णमूर्ति : परंतु वह तो एक छवि है। उसे हटा दीजिए, इसे बहुत गंभीरता से मत लीजिए। आप मेरा प्रश्न समझ रहे हैं न? इसका उत्तर दीजिये : आप अगर छवि मात्र हैं तो क्या होता है? क्या वहां कोई ठेस है? क्या मेरे और उस छवि के बीच कोई द्वंद्व है? क्या होता है? इससे पहले एक भ्रांति थी कि 'मैं' उस छवि से भिन्न हूं, परंतु एकाएक वह भ्रांति तिरोहित हो जाती है और केवल तथ्य शेष रह जाता है। जो रह जाता है, वह क्या है?

प्रश्न : वास्तविक आप।

कृष्णमूर्ति : वह वास्तविक आप क्या है?

प्रश्न : मैं कहूंगा वास्तविक भ्रांति।

कृष्णमूर्ति : वह वास्तविक आप क्या है? आपने अचानक एक नया शब्द

दे दिया है—वास्तविक आप। यह पुरातन हिंदुओं द्वारा खेली गई एक चाल है जो हमारे दिमाग़ में बराबर घुसाई जाती रही है, लेकिन हम उसे आज तक ढोते चले आ रहे हैं—यह नहीं कि आप एक हिंदू हैं या बौद्ध हैं, बल्कि यह एहसास कि इसके पीछे कुछ है। इसीलिए मैं पूछ रहा हूं कि शेष क्या रहता है, जब आप को बोध हो जाये, या जब आपमें अंतर्दृष्टि आ जाये, जब आप सचमुच समझ जायें—समझ लेने का अर्थ है भ्रम का, भ्रांति का नामोनिशान मिट जाना—जब वह सब नहीं रहता, तब क्या शेष रहता है? जवाब देने में जल्दबाजी बिल्कुल मत कीजिये वरना आप कुछ चूक जायेंगे

प्रश्न : एक समूचापन, एक इकाई।

कृष्णमूर्ति : समूचापन। इससे आपका अभिप्राय क्या है? क्या आपके कहने का अर्थ है विवेक, समझ—यही कहना चाह रहे हैं? ठीक? अर्थात् कोई विखंडन नहीं रहता, ठीक? संभल कर चलें। देखिये आप क्या कह रहे हैं, इस पर ध्यान दीजिए, इसे तर्क देकर लंबा मत खींचिये, बल्कि सावधानीपूर्वक इस पर नज़र रखिये। "मैं" और छवि अलग-अलग होते हुए भी अलग नहीं हैं। कोई विखंडन नहीं है। और चूंकि कोई विखंडन नहीं है, विवेक है, सूझ-बूझ है। आप कह रहे हैं कि विवेकशीलता में कोई विखंडन नहीं रहता। तो आप विवेकपूर्ण हैं, व्यक्ति के रूप में आपमें कोई विक्षिप्तता नहीं है। तो मैं पूछ रहा हूं—अभी 'समूचे' शब्द को हम नहीं ले रहे—तो मैं पूछ रहा हूं कि वहां क्या शेष रहता है? मैंने कहा था कि नाम, स्वरूप और छवि में भरी तमाम मनोवैज्ञानिक चीज़ें—यही सब तो अहं है, छवि है। ठीक? यह है क्या? यह नाम, यह स्वरूप, भीतर भरी हुई बातें ये क्या शब्द मात्र नहीं हैं? क्या ये स्मृति मात्र नहीं हैं? क्या ये सब वे बातें नहीं हैं जो आपकी याददाश्त में पड़ी हैं, बीते हुए कल के अनुभव? क्या यह सब कुछ अतीत ही नहीं है?

प्रश्न : मैं समझता हूं कि यह सब वही है, क्योंकि यही तथ्य है।

कृष्णमूर्ति : तो अपने जिस्म के सिवा और आप क्या हैं? केवल शब्दों का, स्मृतियों का ढेर?

प्रश्न : यही लगता **है**।

कृष्णमूर्ति : '**लगता** है' नहीं, सवाल है कि क्या ऐसा है? यदि यह ऐसा ही है, यदि यही **सत्य** है तो कैसे शब्द दूसरे शब्दों को प्रभावित कर सकते हैं? आप समझे? अतः आप पूर्णतया स्वतंत्र हैं—शरीर के बंधन को छोड़कर। बस आप इसे देख नहीं पा रहे हैं।

प्रश्न : भौतिक चीज़ें मुझे आहत कर सकती हैं, परंतु नाम नहीं करेंगे।

कृष्णमूर्ति : शब्द नहीं करेंगे।

प्रश्न : यदि कोई 'मैं' नहीं है तो।

कृष्णमूर्ति : सही बात है। यदि "मैं" बिल्कुल नहीं है तो आपको कोई भी ठेस नहीं पहुंचा सकता। इसका अर्थ यह नहीं है कि आप बेहया हो जायेंगे, उदासीन हो जायेंगे, बल्कि आप अधिक करुणामय हो जायेंगे, बेहद स्नेहपूर्ण हो जायेंगे। ठीक?

अतः तब सम्यक् क्रिया क्या रहती है? आपके व मेरे बीच यदि कोई छवि खड़ी है तो हमारे संबंधों में गड़बड़ी आ जायेगी। आपने व्यवस्था का ज़िक्र किया है, आप व्यवस्था चाहते हैं। हमारे संबंधों में व्यवस्था आ कैसे सकती है जब हम दोनों के बीच अविराम युद्ध चल रहा हो, छवियां आपस में लड़ रही हों? व्यवस्था तो आ ही तब सकती है जब कोई छवि न रहे। जब कोई छवि नहीं रह जाती तब ही हमारे संबंधों में सम्यक् क्रिया हो पाती है। आपको यह पूछना नहीं पड़ता कि सम्यक् क्रिया क्या है, सही कर्म स्वतः ही होता है। आप समझे न?

प्रश्न : वह क्या है जो सम्यक् क्रिया कर रहा है?

कृष्णमूर्ति : नहीं, सम्यक् क्रिया बस होती है, न कि "वह कौन है जो सम्यक् क्रिया कर रहा है?"

प्रश्न : वह है क्या जो सम्यक् क्रिया कर रहा है?

प्रश्न : क्या हम जीवद्रव्य की गठरी मात्र रह जायेंगे?

कृष्णमूर्ति : मैं समझा नहीं।

प्रश्न : वह क्या है जो क्रिया को कर रहा है, सम्यक् क्रिया को?

कृष्णमूर्ति : मैं समझा। आप क्या सोचते हैं? कंधे मत उचकाइये। आप समझिये, यह बहुत महत्त्वपूर्ण प्रश्न है। और, हम इसमें काफ़ी गहराई तक जा चुके हैं—बशर्ते आप भी गये हों, आप भी शरीक रहे हों। मैंने कहा हम नाम, स्वरूप और मनोवैज्ञानिक अंतर्वस्तु हैं—बस यही कुछ हैं हम—स्मृतियां, मस्तिष्क। मैं अपना नाम याद रखता हूं, अपने इस नाम का अपने स्वरूप के साथ तादात्म्य कर लेता हूं और फिर ये नाम और स्वरूप ही मेरी मनोवैज्ञानिक पूंजी बन जाते हैं, उसका असबाब बन जाते हैं। यही कुछ तो मैं हूं—वह छवि। यह कुल मिलाकर है क्या—हाड़-मांस के इस ढांचे के अलावा, इसके स्वभाव व गतिविधि के अतिरिक्त—जिसकी अपनी ही प्रज्ञा होती है, अगर कोई ध्यान से देखे तो? यानी

हमने इसकी जैविक प्रज्ञा को नष्ट कर डाला है। हमने इसे मदिरापान से, स्वाद से जोड़कर नष्ट कर दिया है, "मुझे यह पसंद है, इसका स्वाद बेहतर है इसीलिए मैं इसका आदी हो गया हूं।" इस तरह धीरे-धीरे हम इसकी जैविक और नैसर्गिक प्रज्ञा को नष्ट करते चले जाते हैं।

तो मैं कह रहा हूं कि मनोवैज्ञानिक तौर पर हमने गहनतर प्रज्ञा को नष्ट कर दिया है। आइये, इससे थोड़ा आगे बढ़े। मैं गवेषणा कर रहा हूं। जो मैं कह रहा हूं उसे स्वीकार मत कीजिये। हम गवेषणा कर रहे हैं, वह भी साथ-साथ। मैं कह रहा हूं कि यह सारा मनोवैज्ञानिक असबाब ही "मैं" है, छवि है। स्मृतियां, विगत अनुभव, ज्ञान, शब्द, अतीत—क्या यह सब मनौवैज्ञानिक असबाब नहीं है? तो जब यह भान हो जाये कि यह सब विचार द्वारा ही रचित है, और विचार अतीत का प्रत्युत्तर है... अब ज़रा यहीं रुकते हैं। विचार क्या है?

प्रश्न : जैसा आपने कहा, यह अतीत की उपज है।

कृष्णमूर्ति : विचार क्या है?

प्रश्न : समय में गति।

प्रश्न : वास्तविक मस्तिष्क स्वयं को संतुलित करने का प्रयास करता है।

कृष्णमूर्ति : तनिक ठहरिये। जब मैं पूछता हूं कि आपका नाम क्या है, तो आप तत्क्षण उत्तर दे देते हैं, है न? क्यों?

प्रश्न : स्मृति प्रत्युत्तर देती है।

कृष्णमूर्ति : धीरे चलिये। मैं आपसे पूछता हूं कि आपका नाम क्या है, और आप त्वरित उत्तर दे देते हैं, है न? क्यों?

प्रश्न : क्योंकि आप इससे सुपरिचित हैं।

कृष्णमूर्ति : आप कह रही हैं कि आप इससे सुपरिचित होते हैं। आप उसे लाखों बार दोहरा चुके होते हैं। अतः आप अविलंब उत्तर दे देते हैं। थोड़ा रुकें, धीरे चलें। मैं पूछता हूं कि यहां से लंदन कितनी दूर है। तब क्या होता है?

प्रश्न : इसमें देर लगती है।

कृष्णमूर्ति : देर लगने से आपका अभिप्राय क्या है?

प्रश्न : इसमें कुछ समय लगता है।

कृष्णमूर्ति : वह ठीक है। आपके मन में तब क्या चल रहा होता है?

प्रश्न : आप अपनी स्मृति में खोज रहे होते हैं।

कृष्णमूर्ति : धीमे चलिये, आपके मन-मस्तिष्क में क्या चल रहा होता है?

प्रश्न : सोचना।

कृष्णमूर्ति : सोचना, इसका अर्थ क्या है?

प्रश्न : आप सही सूचना की तलाश कर रहे होते हैं।

कृष्णमूर्ति : जी हां, विचार सूचना की तलाश कर रहा होता है। ठीक? वह किसी पुस्तक से अथवा स्मृति से सूचना लेने का प्रयास करता है कि लंदन कितने मील है, या प्रतीक्षा में रहता है कि कोई और उसे यह बता दे। ठीक? आप समझ रहे हैं न? तो मैं जब आपसे पूछ रहा हूं कि यहां से लंदन कितनी दूरी पर है तो विचार तुरंत सक्रिय हो उठता है, वह कहता है, ''मैंने सुना तो है, परंतु मैं भूल रहा हूं, एक मिनट ज़रा सोचने दीजिये। मुझे मालूम तो नहीं है परंतु पता लगाता हूं, किसी से पूछ लेता हूं, किसी पुस्तक में देख लेता हूं।'' तो विचार है गति, अपनी ही स्मृति में ढूंढ़ना या इधर-उधर जाकर पता लगाना। विचार इस प्रकार क्रियाशील है। ठीक?

अब मैं कुछ और पूछता हूं। मैं आपसे कोई प्रश्न पूछता हूं, जिसके उत्तर में आप कह देते हैं ''मैं वाकई नहीं जानता''। इसका अभिप्राय क्या है? आप तलाश नहीं रहे हैं, विचार एक भी कदम आगे नहीं चलता, बल्कि कह देता है, ''मैं नही जानता। मैं इसका जवाब नहीं दे सकता।'' अंतर देखिये। कुछ सुपरिचित है तो उत्तर तत्काल आता है, और जब विचार खोजता है, देख रहा होता है, पूछ रहा होता है, अपेक्षा कर रहा होता है, तब कुछ समय लगता है परंतु जब आप कोई ऐसा प्रश्न पूछते हैं जिसका उत्तर वह सचमुच नहीं जानता, जिसका उत्तर वह कोई पुस्तक देखकर भी नहीं दे सकता तो वह कह देता है, ''मैं नहीं जानता।'' विचार वहां थम जाता है। अंतर देखिये। तत्काल उत्तर, क्योंकि आप सुपरिचित हैं, और जब विचार खोज रहा होता है तब कुछ समय लगता है। ऐसा प्रश्न जिसका उत्तर दिया ही नहीं जा सकता तो विचार कह देता है, ''मैं नहीं जानता'', विचार तब अटक जाता है।

तो सोच क्या है? मैं आपको यह बता चुका हूं। चलिए, कुछ बोलिये।

प्रश्न : विचार स्मृति का प्रत्युत्तर है।

कृष्णमूर्ति : स्मृति क्या है?

प्रश्न : प्रतीक।

कृष्णमूर्ति : जी हां, प्रतीक, तस्वीरें, जानकारी—ठीक? मैंने कहा है कि विचार स्मृति का प्रत्युत्तर है। स्मृति क्या है?

प्रश्न : ज्ञान।

कृष्णमूर्ति : ज्ञान अर्थात् मस्तिष्क में संग्रहित अनुभव। मस्तिष्क अनुभवों

को, जानकारियों को संभाल कर रखता है जैसे कि लंदन यहां से कितनी दूर है, फिर जवाब देता है। ठीक? तो, आपको अब पता चल गया कि विचार स्मृति का प्रत्युत्तर है, स्मृति की हरकत है। मैं कार चलाना सीखता हूं तो इसमें उस संचित जानकारी का ही इस्तेमाल होता है, और मैं कार चला लेता हूं। विचार ने ही छवि रच डाली है, और चूंकि विचार एक खंड है, एक अंश है, इस ने 'अहं' को, 'स्व' को रच लिया है—यह मानते हुए कि ये दोनों भिन्न हैं। विचार ने ही छवि को रचा है, परंतु वह कहता है, ''छवि तो अस्थायी होती है, सदा बदलती रहती है, परंतु एक 'अहं' तो है जो स्थायी बना रहता है।'' विचार ने ही इन दोनों को रच रखा है, ठीक? तो विचार यदि यह देख ले कि उसी ने इन दोनों को रचा है, परंतु दोनों हैं एक ही, तब क्या होता है?

प्रश्न : विचार थम जाता है।

कृष्णमूर्ति : विचार रुक जाता है, है न? वह कह देता है ''मैं कुछ नहीं कर सकता।'' नहीं? तब वहां क्या होता है? कृपया अपने जीवन के इस अत्यंत महत्त्वपूर्ण मुद्दे को समझिये। इसके सार-तत्व को, इसके सत्य को समझिये, इसके तथ्य को देखिये। विचार ने ही छवि को रचा है, विचार ने ही 'अहं' को रचा है और अब वही कह रहा है कि उसने दोनों के बीच द्वंद्व पैदा कर दिया है। फिर वह यकायक कह उठता है, ''हे भगवान, अब मुझे समझ में आ रहा है कि मैंने यह क्या कर डाला।'' तब क्या होता है?

प्रश्न : आप उसके बारे में सोचते नहीं।

कृष्णमूर्ति : तब कोई छवि नहीं रहती। जब विचार थम जाता है, तब वहां क्या बचता है? वहां कोई भ्रम नहीं रहता, कोई छवि नहीं रहती, कोई 'अहं' नहीं रहता, इसीलिए कोई ठेस भी नहीं रहती। तब, इसी अवस्था से प्रस्फुटित होती है सम्यक् क्रिया—यही है जो प्रज्ञापरक होती है। और, प्रज्ञा बताती है, ''यही है सम्यक् क्रिया।'' इसे समझिये। प्रज्ञा ऐसा 'बताती' नहीं है, बल्कि प्रज्ञा ही सम्यक् क्रिया होती है।

प्रश्न : क्या प्रज्ञा के लिए आपको विचार की आवश्यकता नहीं होती?

कृष्णमूर्ति : बात इससे एकदम उलट है। मैंने अभी आपको दिखाया। कृपया ध्यानपूर्वक सुनिये—अपने ही मतों को, निष्कर्षों को, या जो समझा है उसे सुनने की बात नहीं है, बस केवल सुनिये, पता लगाइये। अभी कहा गया कि विचार स्मृति का प्रत्युत्तर होता है। ठीक? विचार ने ही यह सारा मनोवैज्ञानिक ढांचा खड़ा किया है, यह अहं, यह छवि—छवि जो कहती है, ''मैं अच्छा हूं'', ''मैं बुरा

हूं", "मैं उत्कृष्ट हूं" आदि-आदि। इस प्रकार विचार ही इन दोनों का रचयिता है, और कहता है, "मैं कहीं अधिक समय तक जीने वाला हूं, मैं मृत्यु के बाद भी टिका रहने वाला हूं। अब आप आते हैं और कहते हैं कि "इसे ध्यानपूर्वक देखिये। विचार ने ही दोनों को रचा है, अतः दोनों एक ही हैं। 'मैं' और छवि के बीच कोई विभाजन नहीं है। अवलोकनकर्ता व अवलोकित के बीच, विचार और विचारक के बीच, अनुभवकर्ता तथा अनुभव के बीच कोई विभाजन नहीं है।" क्षमा कीजियेगा, यह सब मैं आपके दिमाग़ में ठूंसे जा रहा हूं।

फिर, विचार को यकायक यह भान होता है कि यह तो वाकई सच है। यह सच है—इस बात का विचार को बस आभास नहीं था कि यह सच है। सत्य को देख पाना ही प्रज्ञा है, और तब प्रज्ञा बताती है, "मैं जो कुछ करती हूं वह सम्यक् क्रिया ही होती है।" क्योंकि वहां तब न कोई छवि है, न कोई 'मैं', न कोई मनोवैज्ञानिक असबाब—वहां केवल प्रज्ञा ही क्रियाशील है। आप समझ गये हैं न?

प्रश्न : विचार यदि थम गया है, या निष्क्रिय हो गया है तो यह बात तो साफ़ है कि आप विचार को प्रयुक्त नहीं करते सिवाय...

कृष्णमूर्ति : सिवाय कार चलाने के या भाषा को प्रयुक्त करने के या कोई तकनीकी या इसी प्रकार का अन्य कोई काम करने के। वहां फिर मनोवैज्ञानिक स्तर पर कुछ नहीं बचता। आप समझ रहे हैं न, स्वयं अपने लिये खोज पाना कितनी अहम बात है। इस तरह आप एक ऐसा जीवन जी सकते हैं जो द्वंद्व रहित हो, एक ऐसा जीवन जिसमें अपार करुणा हो, और ऐसी ही अन्य भरपूर खूबियां हों।

प्रश्न : मुझे लगता है कि इस सारी खोज में हम विचार का ही तो इस्तेमाल कर रहे हैं।

कृष्णमूर्ति : नहीं, हम बात के सार को, उसके अर्थ को दूसरों तक पहुंचाने के लिये शब्दों का प्रयोग कर रहे हैं जो विचार ने रचे हैं। देखिये, मैं किसी चीज़ का वर्णन आपको सुनाता हूं, यह वर्णन विचार की गति है। ठीक? यह वर्णन विचार का चलना तो है परंतु यह वर्णन ही वर्णित वस्तु नहीं हो जाती। वर्णित वस्तु विचार नहीं है। वृक्ष विचार नहीं है, मैंने तो इसका केवल वर्णन किया है। आप समझे?

तो, जो अब बचा है वह है छवि से और 'मैं' से पूर्ण मुक्ति। यही वह अवस्था है जिसकी तलाश सभी संतों को, गंभीर जनों को, और सभी महान शिक्षकों

को रही है—एक ऐसी अवस्था में रहना जिसमें केवल प्रज्ञा काम करे, और वह प्रज्ञा है सत्य के दर्शन की प्रज्ञा। आप सब क्या यह समझ रहे हैं? आपकी अंतर्दृष्टि क्या इसे पकड़ पायी है? आप इसके शाब्दिक वर्णन पर ही अटक कर तो नहीं रह गये हैं?

प्रश्न : क्या इसीलिये हम इसे 'पवित्रता' कहते हैं?

कृष्णमूर्ति : यही पवित्र है। यह प्रज्ञा पवित्र-पावन है, न कि वे चीज़ें जो हमने अपने हाथों से या अपने मन से रच डाली हैं—ये मूर्तियां, ये मंदिर, ये गिरजाघर। ये पवित्र नहीं हैं, ये सब तो विचार ने रचे हैं। एक वास्तुविद ने किसी भवन की रूप रेखा बनाई, फिर उसे कागज़ पर उतारा और फिर उसका निर्माण कर दिया—यह सब पूरी तरह विचार ही तो है। बात वास्तव में यही है। यह भवन वास्तुविद द्वारा रचित है—यह एक वास्तविकता है। यह तथ्य है, ऐसा ही है, सब सामने है। परंतु 'मैं' या छवि इसमें नहीं है।

प्रश्न : वास्तविकता और 'मैं' में क्या अंतर है?

कृष्णमूर्ति : अपने जिस्म को देखिये, क्या आप शरीर हैं?

प्रश्न : जी हां।

कृष्णमूर्ति : क्या सचमुच? इससे आपका अभिप्राय क्या है?

प्रश्न : दो हाथ, दो पैर...

कृष्णमूर्ति : जी हां, और नाम है जीन-माइकल, इसका स्वरूप है, सिर का, आंखों का, नाक का आकार, ऊंचाई और चौड़ाई, ठीक? यह एक वास्तविकता है।

अवयवों का यह पुंज एक वास्तविकता है, परंतु वह मनोवैज्ञानिक बात जो विचारजनित है, वह वास्तविकता नहीं है। ठहरिये, धीमे चलिये। यह शरीर, अवयवों का यह पुंज, यह जैविक ढांचा—यह सब विचार की रचना नहीं है। वृक्ष विचार की रचना नहीं है। ठीक? अब देखिये, विचार ने जो मनोवैज्ञानिक संरचना रची है, यह भी वास्तविकता है, परंतु वह भ्रम है, मरीचिका है।

प्रश्न : क्या यह भ्रम इस वजह से है कि आपको यह भान नहीं हो रहा है कि यह सब विचारजनित है?

कृष्णमूर्ति : बिल्कुल। भ्रम क्या विचारजनित नहीं होते? तमाम भ्रांतियां जैसे मैं एक आदर्श राज्य में, आदर्श सरकार में विश्वास रखता हूं, और इसमें भी कि कम्यूनिस्टों में सर्वश्रेष्ठ संगठन-क्षमता होती है, इत्यादि। मैं आस्था-विश्वास रखता हूं, वह एक भ्रांति है, परंतु जो कुछ इन तमाम विश्वासों के परिणाम हैं वह तो

एक वास्तविकता है। आप समझे? यदि मैं उनसे असहमत होऊंगा तो वे मुझे पागलखाने में डाल देंगे। वह पागलखाना और मेरा उसमें होना तो वास्तविकता है, परंतु यह सारा तमाशा एक भ्रांति का ही परिणाम है।

हम खोज रहे हैं। तो, विचार ने जो कुछ रचा है, वह वास्तविकता है। विचार कहता है, "मैं नेपोलियन हूं" यह एक भ्रांति है, परंतु मैं सोचता हूं कि यह एक तथ्य है। आप समझे? परंतु वह वृक्ष भ्रांति नहीं है, वह एक तथ्य है, वह विचारजनित नहीं है। इस प्रकार, प्रज्ञा विचारजनित नहीं होती।

प्रश्न : यही मैं कह रहा था। आपका विचार यदि थम जाता है तो यह कैसे हो सकता है?

कृष्णमूर्ति : इसीलिये जब कोई संबंध छवि पर आधारित नहीं रहता तब वहां प्रज्ञा कार्यरत होती है। ठीक? तब संबंधों में विद्यमान वह प्रज्ञा सटीक कर्म करती है। आप समझे? आप अब थोड़ा-सा इसे समझ पाये हैं। शेर की दुम को पकड़े रहिये, उसे छोड़िएगा नहीं, क्योंकि आप देखेंगे कि यदि आप इसे पकड़े रख पाते हैं तो आप एक भिन्न आयाम में प्रवेश कर जायेंगे, परंतु यदि आप इसे जाने देते हैं, तो देखेंगे कि आप परस्पर संघर्ष, द्वंद्व और कलह-क्लेश के पाशविक जीवन में वापस लौट आये हैं।

छात्रों व शिक्षकों के साथ परिसंवाद, ब्रॉकवुड पार्क, 30 मई, 1976

रिलेशन आधा-अधूरा क्यों रहता है?

चेतना की समस्या बहुत जटिल है। चेतना की अंतर्वस्तु में उसकी संरचना तथा पूरी प्रकृति शामिल है। हम अपनी चेतना के प्रति तब जागते हैं जब हमें किसी प्रकार की समस्या, विवाद, विरोध, क्रोध या ईर्ष्या इत्यादि का सामना करना पड़ता है, केवल तभी हम स्वयं के प्रति पूरी तरह से सचेत हो उठते हैं। अन्यथा तो 'मैं' की कोई चेतना नहीं रहती।

मुझे लगता है कि दुख के प्रश्न पर मिलकर चर्चा करना बहुत अहम है, और 'प्रेम' के विषय पर भी—इस शब्द का बहुत दुरुपयोग हुआ है, साथ ही देखें कि इस शब्द के सही मायने क्या हैं। इन सवालों की गहराई में जाने के लिये हमें अपने संबंधों से ही शुरुआत करनी होगी। इसके बिना तो प्रेम एक कल्पना मात्र बन कर रह जाता है जिसका कोई विशेष अर्थ नहीं होता, वह तो बस पुस्तकों तक सीमित रह जाता है, गिरजाघरों या मंदिरों में उस पर चर्चा भर हो जाती है और फिर उसे पूरी तरह ताक पर रख दिया जाता है।

अगर बहुत सीधे-सरल ढंग से कहें, तो चर्चा की शुरुआत इसी बिंदू से करना ठीक होगा कि समाज की समूची संरचना संबंधों का ही ताना-बाना है। यह बहुत ही जटिल समस्या है, परंतु इस विषय में खोजबीन करने के लिये हमें अपने एकदम करीब से शुरुआत करनी होगी—यानी मानवीय संबंधों से। इस बात का अन्वेषण करते हुए कि सम्यक् संबंध क्या है अगर ऐसा कुछ है, तब वहां से इस प्रश्न की ओर बढ़ना होगा कि प्रेम की प्रकृति क्या है, क्या मानवीय दुख-दर्द के रहते प्रेम का अस्तित्व रह सकता है, और क्या दुख का अंत हो सकता है—विशेषकर मनोवैज्ञानिक दुख का। हम इसी जटिल समस्या पर विस्तार से चर्चा करने जा रहे हैं।

जैसा कहा गया, यह जानने के लिये कि एक दूसरे के साथ हमारा संबंध क्या है, हमें बिल्कुल निकट से शुरुआत करनी होगी। इसी पर हमारा समूचा सामाजिक, नैतिक व करम-धरम का ढांचा आधारित रहता है। यही है समाज—वह समाज जिसकी रचना हमने ही की है, वह समाज जो आज नितांत अनैतिक है, भ्रष्ट है, विध्वंसक है। हम यदि इस सामाजिक संरचना को बदलना चाहते हैं, तो बाहरी फेरबदल काफ़ी नहीं, बदलाव की शुरुआत हमें भीतर से करनी होगी। आपने यदि कम्यूनिस्टों तथा अन्य सुधारकों द्वारा किये गये विभिन्न प्रयासों को ध्यान से देखा है तो यह बात आपको स्पष्ट हो जायेगी। वे सोचते हैं कि सामाजिक तथा परिवेशीय संरचना में परिवर्तन ले आने और उनका रूप-स्वरूप बदल देने मात्र से मनुष्य में आमूल परिवर्तन आ जायेगा। परंतु, यदि हम भारत में प्राचीन काल में किये गये और चीन में आधुनिक काल में किये गये विभिन्न प्रयोगों-परीक्षणों की जांच-परख करें तो पायेंगे कि परिवेश में परिवर्तन आ जाने के बावजूद मनुष्य मूलभूत रूप से नहीं बदलता। मुझे लगता है कि यह बात बहुत महत्त्वपूर्ण है कि हम समाज के साथ अपने रिश्ते को समझें और यह भी जाने कि मानव-मन में व मानव-चेतना में बुनियादी तबदीली करके क्या एक नयी सामाजिक व्यवस्था लायी जा सकती है। यह हमारे सामने खड़ी समस्याओं में से एक है क्योंकि वर्तमान सामाजिक व्यवस्था अनिवार्य रूप से बदली जानी चाहिये। इसका आमूल रूपांतरण होना निहायत ज़रूरी है। आतंकवादी, आदर्शवादी और क्रांतिकारी—उनमें से कुछ लोग तो यही सोचते हैं कि वातावरण बदल देने से, बम फेंक देने से और बाहरी स्तर पर विप्लव कर देने मात्र से मानव चेतना के स्वभाव व संरचना में किसी न किसी तरह का परिवर्तन आयेगा ही। मेरे विचार से समाज का आधारभूत रूपांतरण केवल तभी यहो सकता है जब मानव चेतना में आमूल रूपांतरण हो जाये। मैं समझता हूं कि यह बात हमने शुरू से ही स्पष्ट कर दी है।

तो, हमें पता लगाना होगा कि समाज के साथ, एक-दूसरे के साथ हमारे आपसी संबंध कैसे हैं, संपूर्ण मानवता के साथ हमारा संबंध कैसा है, और इसी तरह हमारा वैश्विक संबंध कैसा है। दैनिक जीवन में एक दूसरे के साथ हमारा संबंध वास्तव में कैसा है और किस चीज़ पर आधारित है? जैसा मैंने कहा शब्द वस्तु नहीं होता, वर्णन ही वर्णित वस्तु नहीं बन जाता। इस समय तो हम शाब्दिक वर्णन कर रहे हैं, परंतु हम यदि इसी वर्णन में अटके व उलझे रह जाते हैं और वर्णित तक अर्थात् तथ्य तक नहीं पहुंचते तो हम केवल सतह पर ही हाथ-पैर मारते रह जायेंगे और इसकी समूची सार्थकता से वंचित रह जायेंगे। अतः हमें

सजग रहना होगा, सचेत रहना होगा—या जो भी शब्द आप प्रयुक्त करना चाहें—कि हम शब्दों में ही उलझे न रह जायें, वर्णनों और निष्कर्षों में ही उलझे न रह जायें, बल्कि ध्यानपूर्वक यह देखें, अवलोकन करें कि अपने दैनिक जीवन में हमारा संबंध सचमुच क्या है, और क्या वह संबंध "जो है" से भिन्न किसी अन्य रूप में भी रूपांतरित किया जा सकता है? "जो है" का रूपांतरण करने के लिये आवश्यक है कि हम गंभीरता से "जो है" का अवलोकन करें—न कि "जो होना चाहिये" की ही कल्पना करते रहें।

हमारा संबंध किस पर आधारित रहता है? क्या ज्ञान पर, अनुभव पर? या नाना प्रकार के बौद्धिक, भावुक तथा भावनात्मक निष्कर्षों पर? अगर आप मेरा सुझाव मानें तो जैसे-जैसे मैं बोल रहा हूं, साथ-साथ आप भी दूसरों के साथ अपने संबंधों का अवलोकन करते चलिये—अपने असली रिश्तों का, न कि जैसा आप चाहते हैं कि वे हों—आदर्श संबंध की बात नहीं हो रही, रोज़मर्रा के, दिन प्रतिदिन के वास्तविक संबंध क्योंकि वही तो हैं जिनमें हम जीते हैं, अतः हम यदि इन्हें समझ लें तो हम कहीं दूर तक जा सकते हैं। परंतु, इस सब में गहरे उतरे बिना केवल कोई कल्पना करने या किसी खयाली रिश्ते को बनाये रखने का कोई अर्थ नहीं है। क्योंकि हमारा वास्ता तथ्य से है न कि उन कोरी कल्पनाओं से जो हमें कहीं नहीं पहुंचातीं। तो, हमारा संबंध वास्तव में क्या है?

रिलेशन का अर्थ है रेस्पोंड यानी सही-सही जवाब देना। यह अर्थ हमने नहीं गढ़ा है, बल्कि इस शब्द का मूल अर्थ ही यही है—दूसरे को पूरा उत्तर या प्रत्युत्तर देना, जैसा कि 'उत्तरदायित्व' शब्द में निहित है। क्या हम कभी किसी को पूरी तरह उत्तर देते हैं, या यह हमेशा ही आधा-अधूरा, एक आंशिक उत्तर ही रहता है? यदि आपका उत्तर आधा-अधूरा या आंशिक ही रहता है तो ऐसा क्यों होता है। आप मेरा प्रश्न समझ रहे है न? आशा है कि हम एक दूसरे तक अपनी बात पहुंचा पा रहे हैं क्योंकि यह बहुत ही महत्त्वपूर्ण है। अन्य विषयों की तरह जिनकी चर्चा हम कर चुके हैं, मानव-संबंध उन सबसे अधिक मौलिक, बुनियादी और सारभूत विषयों में से एक है जिसकी खोज-खबर आवश्यक है क्योंकि उसी से हम अपने रो जान पायेंगे कि प्रेम क्या है—प्रेम सचमुच क्या है—न कि जैसा हमने इसे बना डाला है। अतः हममें से प्रत्येक के लिये यह जानना सर्वाधिक महत्त्वपूर्ण है कि हमारे संबंध सचमुच क्या हैं और क्या उनका रूपांतरण किया जा सकता है, और यदि किया जा सकता है तो क्या वह रूपांतरण बुनियादी हो सकता है।

हमारे संबंध क्या स्मृति पर आधारित नहीं रहते—उन स्मृतियों पर जिनका संचय हमने अपने मन में विभिन्न भावनात्मक, असंगत और कामुक प्रतिकर्मों के रूप में कर रखा है? अर्थात् इच्छा और उसके साथ विचार, और विचार छवि रचता है। इच्छा अर्थात् संवेदना और संग-संग विचार जो कि मेरी व आपकी छवि रच रहा है। इस प्रकार दो छवियां रहती हैं : एक स्वयं मेरी और दूसरी वह जो मैंने आपके बारे में बना ली है। ठीक? देखिये, ज़रा मेरे साथ-साथ चलते रहिये। यह आप ही का जीवन है अतः बेहतर होगा कि इस पर कुछ गौर करें क्योंकि हम लोग तो एक दूसरे को नष्ट करने पर तुले हुए हैं, इस पृथ्वी को, वायु को नष्ट करने पर तुले हुए हैं, हम जिसे भी छू लेते हैं उसे बरबाद कर डालते हैं। और शायद इसके लिए अपनी जवाबदेही का हमें कतई एहसास नहीं होता। इसलिए यह पता लगाने के लिए कि हमारा संबंध वास्तव में क्या है, कृपया इस सब को अपनी पूरी तवज्जो दीजिये अर्थात् प्रेम से इस पर गौर कीजिये।

हमने कहा है कि हमारा संबंध है संवेदना, मनोवेग और उससे जुड़े हुए विचार यानी कि इच्छा, साथ ही वह छवि जिसे विचार ने उस इच्छा के अनुरूप ही आकार दे दिया है। इसीलिए मेरे मन में अपनी एक छवि रहती है, बल्कि अनेक छवियां—कहीं व्यापारिक छवि है, कहीं बौद्धिक तो कहीं भावनात्मक और इन्हें बनाने में समाज का हाथ रहा है, शिक्षा का हाथ रहा है। मेरी अपनी एक छवि है, और 'आप' के साथ अपने संबंध की भी मैंने छवि बना ली है । ठीक? यह एक निर्विवाद तथ्य है। मेरे लिए आप यही छवि, यही तस्वीर, यही स्वरूप हैं और मैं आपके साथ इसी तस्वीर के माध्यम से संबंधमय रहता हूं। इसी तस्वीर के प्रति मैं आसक्त रहता हूं। अपनी पत्नी, अपनी प्रेयसी, अपने प्रेमी, अपने मित्र या अन्य किसी भी रूप में उस छवि के प्रति मैं आसक्त रहता हूं जो मैंने आपके लिये बना ली है और जिससे मैं चिपका रहता हूं। यही छवि हमारे नित्य के व्यवहार में बारंबार उभर आती है। और, आपने भी अपनी एक छवि बनाई हुई है, बल्कि बेशुमार छवियां बनाई हुई हैं और उन्हीं में आप मेरी छवि भी जोड़ लेते हैं। इस तरह रिश्ता आपकी और मेरी छवियों के बीच ही है।

इसमें थोड़ा और गहरे पैठिये। स्वयं को देखिये। हो सकता है कि आपके विवाह को पांच या दस वर्ष हो गये हों, या आपकी कोई प्रेयसी या प्रेमी हो, और जाने-अनजाने—अधिकतर अनजाने ही—इनकी छवियां बनती चली गई हों। ये छवियां मीनमेख, अपमान, आधिपत्य, हावी होने के भाव और आसक्ति के माध्यम से जड़ें जमाती चली गई हैं, आप समझे? ये तमाम घटनायें मुझमें आपकी

छवियां रचती चली गई हैं। और, मेरे बारे में आप भी यही करते रहे हैं। इसी को हम संबंध का, प्रेम का नाम दे देते हैं। "मैं तुम्हें प्रेम करता हूं" का अर्थ है कि जो छवि मैंने आपके लिए बना रखी है मैं उसे प्रेम करता हूं। यह बात सुनने में बड़ी अटपटी लग सकती है, परंतु अटपटी है नहीं, बल्कि यर्थाथतः तथ्य है।

तो, मस्तिष्क ऐसी छवियां बनाता ही क्यों है? आप मेरा प्रश्न समझ रहे हैं न? मैंने आपकी एक छवि बना ली है और आपने मेरी। यह एक वास्तविकता है, परंतु मेरा प्रश्न है कि मस्तिष्क ऐसा करता क्यों है? मस्तिष्क अर्थात् विचार, अब विचार छवि के माध्यम से मेरे और आपके बीच विभाजन करता क्यों है? क्यों?

जैसा हमने कहा, मस्तिष्क को सुरक्षा चाहिए। बचपन में बच्चों को सुरक्षा की आवश्यकता होती है, अतः उन्हें सुरक्षा दी जानी चाहिये। हम उन्हें सुरक्षा नहीं देते—परंतु यह एक भिन्न विषय है। हम उन्हें बरबाद करते हैं—यह भी एक अलग विषय है। तो, मस्तिष्क को पूर्ण सुरक्षा चाहिये। हो सकता है कि किसी भ्रांति में, ईश्वर में, किसी कपोल कल्पना में या इसी तरह की किसी चीज़ में यह सुरक्षा पा जाये और पगला जाये। या, यह उन छवियों में सुरक्षा पा ले जो इसने जानकारी के आधार पर रच डाली है। आप समझ रहे हैं न? तो मस्तिष्क ने ये छवियां विचार के माध्यम से बना ली हैं ताकि वह पूर्णतया सुरक्षित रह सके। मैं अपनी पत्नी को 'जानता' हूं—आप समझे—मैं उसे 'जानता' हूं। एक निश्चयात्मक दावा है यह। अर्थात् जो छवि मैंने उसके बारे में बना ली है वह मुझे एहसास देती है कि वह पूरी तरह मेरे अधिकार क्षेत्र में है, वह मेरी है। और, उधर उसके मन में मेरे लिये, या किसी और के मन में किसी और के लिये भी ऐसा ही कुछ भाव हो सकता है। तो, पूरी तरह सुरक्षित हो जाने की इच्छा ने ही इन छवियों को जन्म दिया है। यह अनेक कारकों में से एक है।

और, छवि पाल लेना बहुत सुविधाजनक है, क्योंकि फिर आपको उस व्यक्ति को देखने की आवश्यकता नहीं रह जाती, आपको फिर उसके बारे में सोच-विचार करने का कष्ट उठाने की आवश्यकता नहीं। आप उस छवि के प्रति ही पूरी तरह उत्तरदायी हो जाते हैं, उस व्यक्ति के प्रति नहीं। स्वयं को देखिए तो! और फिर एक दूसरे की छवि पाले हुए आप अपना दैनिक जीवन बिल्कुल सतही स्तर पर जीते हैं—इसी सतही स्तर का एक उदाहरण है यौनाचार। कार्यालय जाना और वापस आना—हम ऐसा ही नितांत सतही जीवन जीते रहते हैं। यह भी एक कारण है जिसने छवियों को इतना महत्त्वपूर्ण बना दिया है।

अब जबकि हम छवि और छवि रचना की इस प्रक्रिया को जान गये हैं, इसके प्रति सचेत हो गये हैं, तो मैं पूछता हूं कि क्या छवि का बनना थम सकता है? यह प्रश्न बहुत महत्त्वपूर्ण है। कृपया स्वयं को देखिये और साथ ही अपने संबंधों को देखिये। आपने एक छवि बनाई हुई है और मैंने एक छवि बनाई हुई है, और हमारा संबंध इन्हीं छवियों पर आधारित रहता है।

अगला प्रश्न है : मस्तिष्क को ऐसा करने का कोई बहाना क्यों मिल जाता है? और दूसरा प्रश्न है : क्या यह संभव है कि कोई छवि बने ही न? यदि इसे रोका जा सके तो हमारा संबंध अत्यंत अर्थपूर्ण हो जायेगा। क्या हम एक दूसरे को समझ रहे हैं? मेरा प्रश्न है : क्या यह संभव है कि कोई छवि बनाई ही न जाये? यह तो स्पष्ट ही है कि विचार ही यह छवि रचता है। और, विचार है समय–अतीत की अनेक घटनाओं की स्मृति–यही है समय, और इस समय के माध्यम से ही छवि रची जाती है, दिन-प्रतिदिन। विचार इन छवियों को इच्छा और मन की तरंगों के चलते बनाता है। अब सवाल यह उठता है कि क्या यह सारी गति, परपंरा का यह आवेग थम सकता है?

हम रूढ़ियों के दास हैं। भले ही हम खुद को आधुनिक समझ बैठें, मान लें कि बहुत स्वतंत्र हो गये हैं, परंतु गहरे में देखें तो हैं हम रूढ़िवादी ही। इसमें कोई संशय नहीं है क्योकि छवि-रचना के खेल को आपने स्वीकार किया है और परस्पर संबंधों को इन्हीं के आधार पर स्थापित करते हैं। यह बात उतनी ही पुरातन है जितनी पुरानी ये पहाड़ियां हैं। यह हमारी एक रीति बन गई है। हम इसे अपनाते हैं, इसी में जीते हैं, और इसी से एक दूसरे को यातनाएं देते हैं। तो क्या इस रीति को रोका जा सकता है। अर्थात्, क्या ऐसा हो सकता है कि जब हमारे संबंधों में कुछ घटित हो, तब वह मन में बिल्कुल भी दर्ज न हो। क्या आप समझे? नहीं।

अपने दिन प्रतिदिन के जीवन में आप कोई बात क्रोध में या चिड़चिड़ेपन में कह देते हैं तो मेरा मस्तिष्क इस बात को आपकी उस छवि के साथ जोड़ लेता है जो मैंने आपके बारे में पहले ही से बना रखी है। उस अपमान को, उस चिड़चिड़े बर्ताव को, किसी बात पर आपके द्वारा क्रोध में कही गई उस बात से जिसने मुझे ठेस पहुंचाई है, मेरी छवि को ठेस पहुंचाई है, क्या यह प्रवाह रुक सकता है? आप मेरा प्रश्न समझ रहे हैं न? इसे तभी रोका जा सकता है जब आप इसके दर्ज करने की सारी प्रक्रिया को समझ लें। मस्तिष्क प्रत्येक बात दर्ज करता है। इन पलों में भी वह सब दर्ज कर रहा है जो मैं कह रहा हूं। इसी

तरह जब-जब कुछ घटित होता है तब-तब वह भी दर्ज होता रहता है। तो, मेरा प्रश्न है कि क्या यह दर्ज होना रुक सकता है? आपके साथ अपने संबंध के चलते मैं यदि आपका अपमान कर देता हूं, तब तत्काल जो प्रतिक्रिया आप में होगी वह है दर्ज होना। क्या यह रुक सकती है? क्योंकि दर्ज होने की प्रक्रिया को रोके बिना तो हमारा प्रेम केवल भावनात्मक, भावुक, कामुक और सतही ही रहता है। केवल वही मन प्रेम कर सकता है जिसे ठेस नहीं लगती। है न? आप इसका अर्थ समझ रहे हैं न? जब आप मुझे ठेस पहुंचाते हैं तो इसका अर्थ हुआ कि मेरी उस छवि को ठेस पहुंचाते हैं जो मैंने अपने बारे में बना रखी है। क्या ऐसा हो सकता है कि वह अपमान लेशमात्र भी दर्ज न हो ताकि मेरे मन को ठेस लगे ही न? तभी मैं ऐसी चीज़ के पूरे अभिप्राय और विलक्षणता को जान पाऊंगा जिस्के होने का मुझे एहसास तो था, परंतु जिसकी वास्तविकता को जाना मैंने अब है। तो मैं यह खोजबीन करने जा रहा हूं कि क्या यह संभव है कि वह ठेस दर्ज हो ही न?

यह तभी संभव है जब कोई छवि न हो। क्या यह बात साफ़ है? आप मुझे कुछ कह दें और उसकी कोई छाप चेतना में न रह जाए, ऐसा तभी संभव है जब मैंने आपके बारे में और आपने मेरे बारे में कोई छवि न बना रखी हो। इसका अर्थ यह नहीं है मैं कुछ अलग-थलग हूं या मुझमें कोई स्नेह नहीं रह गया है, बस ठेस और अपमान का, यानी विचार की ऐसी तमाम हरकतों का दर्ज होना थम गया है। इसका अर्थ है अपमान के पलों में पूर्णतया अवधान में रहना—और वह भी अपनी सारी संवेदनाओं के साथ। आपने देखा, जो आहत होता है वह है हमारा मस्तिष्क। नाना प्रकार के आघातों और घटनाओं के चलते इस मस्तिष्क को भारी क्षति का एहसास होता है। वह सुरक्षा की चाहना करता है, अतः वह सामान्य तथा असामान्य चीज़ों में सुरक्षा ढूंढता है, जैसे देश-प्रेम एक असामान्यता है, एक कबीलाई प्रवृत्ति है, परंतु उसने इसी में सुरक्षा तलाश ली है। वह इसी प्रकार की सुरक्षा तलाशता रहता है। सुरक्षा की इच्छा करना सुरक्षा को मिटा देना है। मैं अपने परिवार के साथ सुरक्षित हूं। फिर भी, अपने परिवार के साथ मेरी लड़ाई लगातार चलती रहती है, मेरे और आपके बीच, मेरे और मेरे बच्चों के बीच द्वंद्व, वेदना, हताशा और रोष निरंतर जारी रहते हैं। दिन-ब-दिन चल रही इन तमाम बातों को आप जानते ही हैं। ये तमाम बातें मस्तिष्क को भारी आघात पहुंचाती हैं। तो हम कह रहे हैं, जब तक यह छवि रचयिता बैठा हुआ है, ठेस लगती ही रहेगी और वह दर्ज भी होती रहेगी। यह

छवि रचयिता जब नहीं रहेगा, केवल तभी दर्ज न होना संभव हो पायेगा, अर्थात् जब कोई 'मैं' नहीं रहेगा–यह 'मैं' वही छवि है जिसे ठेस लगती है। आप समझे? कोई 'मैं' नहीं रह जाता। 'मैं' वह छवि है जो मैंने अपने बारे में बना ली है–एक असाधारण रूप से समर्थ और सफल व्यक्ति की–यह वह असबाब है जो विचार ने अपने चारों ओर 'मैं' के रूप में रच डाला है–गहन सचेतन व अचेतन तल पर।

यह छवि रचना हमारे संबंधों में प्रतिदिन होने वाली एक असाधारण गतिविधि है और इसी के कारण हममें कोई वास्तविक संबंध नहीं रह गया है। संबंध तभी स्थापित हो सकता है जब कोई छवि न बने। बात आपकी समझ में आ रही है? कुछ तो पकड़ में आया? सिर्फ शाब्दिक नहीं, बल्कि वस्तुतः, भीतर तक, रगों में! ऐसा होने पर ही यह हमारे संबंधों में सत्य का आलोक लाता है।

तो, आपके व मेरे बीच यदि कोई छवि नहीं है, तब हमारा संबंध क्या होगा? जब आपके मन में मेरे बारे में कोई छवि बनी हुई न हो तब आपका मेरे साथ क्या संबंध रहता है? और, जब आपने कोई छवि नहीं बनाई है, परंतु मैंने बना ली है, तब हमारे बीच क्या रहता है? चूंकि मैंने अपने बारे में छवि बना रखी है, अतः मैं आपके विरुद्ध रणभेरी बजा देता हूं, परंतु, चूंकि आपने कोई छवि नहीं बना रखी है, अतः आप मेरे विरुद्ध कोई समर नहीं छेड़ते। हमारे आपसी संबंधों में क्या आप मुझमें ऐसी अवस्था पैदा कर सकते हैं जिसमें यह छवि रचना थम जाये? यह मेरे प्रति आपका दायित्व बनता है। आपने यदि कोई छवि नहीं बनाई हुई है, परंतु मैंने आपके बारे में बना रखी है तो अपने संबंधों में यह देखना आपका दायित्व बनता है कि मैं आपके लिये कोई छवि न बनाऊं। यह आपका दायित्व है। तब आप ध्यानपूर्वक देखते हैं, आप सचेत रहते हैं, पूरी तरह जीवंत रहते हैं, जबकि मैं आजीवन अध-जगा सा रहता हूं। तो यह देखना आपका दायित्व है कि मैं कोई छवि न बनाऊं।

कभी यदि ऐसा हो जाये कि दोनों लोग बिना छवि बनाये जियें तो यह आश्चर्यजनक बात होगी, विश्व के किसी भी आश्चर्य से बड़ा आश्चर्य होगा यह। यदि ऐसा हो जाये तो दोनों के बीच बिल्कुल भिन्न प्रकार का संसर्ग रहेगा, जिसका अर्थ है कभी कोई झगड़ा, कभी कोई मालिकाना हक़ नहीं, कभी दूसरे पर हावी होना नहीं और न ही शब्दों, धमकियों या व्यंग्योक्तियों द्वारा एक दूसरे की कतर-ब्यौंत करना–तब हमारा संबंध नितांत विलक्षण प्रकार का होगा। मैं जानता हूं कि ऐसा हो सकता है। ऐसा हुआ है, ऐसा हमने किया है। यह केवल शब्द विन्यास नहीं है।

हमारा कहना है कि जब कोई छवि नहीं रहती तब आता है प्रेम। तो, हमें यह पता लगाना है कि यह प्रेम वास्तव मैं है क्या। और, वह क्या है जिसे जीवन में अभी हम प्रेम कह रहे हैं? जब आप कहते हैं कि आप अमुक को प्रेम करते हैं तो इसका अर्थ क्या होता है? क्या वह कामुक प्रेम है? क्या वह एक शारीरिक मामला है, उसकी स्मृति है, उसकी चाहत है, उसकी तलाश है? इस सब ने हमारे जीवन में बहुत अधिक महत्त्व ले लिया है, प्रत्येक पत्रिका, प्रत्येक फिल्म और अन्य तमाम जगहों पर इसकी भरमार है। क्या यह कामुक प्रेम है? यदि हममें ईर्ष्या है तो क्या वह प्रेम है? तब क्या प्रेम रहता है जब मैं कार्यालय या फैक्ट्री जाता हूं, या सचिव बन जाता हूं, या जो कुछ भी करता हूं, और आप भी कुछ और करते हैं क्योंकि आप स्वयं को संतुष्ट करना चाहते हैं। पत्नी स्वयं की संतुष्टि-उपलब्धि चाहती है और पति स्वयं की? और बच्चे अपनी-अपनी, तो आखिर हम हैं कहां? और, इसी को प्रेम कह दिया जाता है, 'उत्तरदायित्व' कह दिया जाता है। इसलिए यह जानने के लिए कि प्रेम क्या होता है, वहां कोई विखंडन बिल्कुल नहीं चाहिए, मेरे कार्य-व्यापार में कोई विखंडन नहीं होना चाहिए, मेरे कार्य और मेरे परिवार, मेरी पत्नी, मेरी प्रेयसी के बीच कोई विभाजन नहीं होना चाहिए। कुछ भी टुकड़ों-टुकड़ों में अलग-अलग न हो। मैं कार्यालय जाता हूं, वहां मैं बहुत महत्त्वाकांक्षी, लोभी और ईर्ष्यालु रहता हूं, सफलता की सनक पर सवार, दूसरों को धकेलते हुए बस आगे बढ़ने को उतावला तथा प्रतिस्पर्धा में जुटा हुआ, और फिर घर लौटकर कहता हूं, "ओह प्रिये, मैं तुम्हें प्रेम करता हूं।" यह सब कितना भद्दा है, परंतु यही हमारा दस्तूर बन चुका है।

इसीलिए हम पूछ रहे हैं : क्या एक ऐसा जीवन जीना संभव है जो पूरी तरह सामंजस्यपूर्ण हो, समग्र हो, ताकि जब मैं कार्यालय जाऊं तो भी वही अखंड व्यक्ति बना रहूं, न कि परिवार में कुछ और दफ्तर में कुछ? क्या यह संभव है? ऐसा मत कहिये कि यह तो एक कोरी कल्पना है, युटोपिया है। आपको इसे संभव करना होगा, इसमें जी-जान से लगना होगा, गंभीरतापूर्वक इसके प्रति समर्पित होना होगा, अन्यथा तो हम लोग खुद को बरबाद कर रहे हैं।

प्रेम का प्रादुर्भाव तब होता है जब हममें तथा हम जो कुछ कर रहे हैं उसमें पूरा सामंजस्य हो जाये, तब भीतर और बाहर के बीच कोई द्वंद्व नहीं रहता। यह जानने के लिये कि इस प्रकार कैसे जिया जाये—ऐसा जीवन कैसे जिया जाये जिसमें विषमता न हो, विखंडन न हो और जो केवल सुविधाजनक व सुखद न होकर पूर्णतया व सर्वथा सामंजस्यपूर्ण हो—हमें दुख के प्रश्न पर विचार करना

होगा। ये सभी परस्पर जुड़े हुए हैं। संबंध, प्रेम और दुख परस्पर संबंधित हैं।

मानव इस तथाकथित 'दुख' की अवस्था में ही जीता आया है। पुरातन काल से ही वह इस बोझ को ढोता आया है और अभी भी ढोए चले जा रहा है। हम भले ही बहुत परिष्कृत हो गये हों, आधुनिकतम तकनीक से संपंन हो गये हों, परंतु विषाद, पीड़ा, अकेलापन, अलगाव का एहसास तथा दुख के भारी बोझ का एहसास हमारे भीतर भरा पड़ा है। यह दुख हमारे इस छोटे से जीवन का ही नहीं है बल्कि पूरी मानवजाति का है। मानवजाति का दुख, अर्थात् मानव भारत में भी दुखी है, एशिया में भी, अरब में भी, यहूदियों की बिरादरी में भी और रूस में भी। मानव दुखमय है। दुख वैश्विक है। और, हमारे ये तुच्छ निजी वजूद भी मुसीबतों में फंसे हैं। तो मेरा प्रश्न है : क्या इस दुख का अंत संभव है। दुख का यदि अंत नहीं होता तो न करुणा आ सकती है, न प्रेम हो सकता है और न ही कोई संबंध हो सकता है। हमारे समाज में यही तो हो रहा है—यहां न कोई संबंध है, न प्रेम है, न करुणा है और दुख का कहीं ओर-छोर नहीं है। तभी तो हम अपने जीवन को नरक बनाये बैठे हैं। क्या आप यह बात समझ रहे हैं?

तो मैं पूछ रहा हूं : क्या दुख का अवसान संभव है? यह एक ऐसा प्रश्न है जो हर उस व्यक्ति के मन में उठता है जो थोड़ा-बहुत भी गंभीर है और जिसने स्वयं अपने तथा दूसरों के दुख को देख लिया है। वही यह प्रश्न उठाता है, ''क्या यह कभी खत्म भी हो सकता है? या मनुष्य के दुख का कोई अंत ही नहीं है?'' हम यही छानबीन कर रहे हैं—किसी निष्कर्ष के रूप में नहीं, किसी सिद्धांत रूप में भी नहीं बल्कि यथार्थ रूप में यह पता लगाने जा रहे हैं कि चूंकि मनुष्य रूप में आप संसार का प्रतिनिधित्व करते हैं और चूंकि आप ही संसार हैं तो क्या आप इस दुख को मिटा सकते हैं? हम यही जानने का प्रयास करेंगे।

यह एक गंभीर विषय है, जीवन की किसी भी अन्य स्थिति की तरह, और जटिल भी। यह जानने के लिये कि प्रेम क्या है, हमें प्रत्येक परंपरा को, हर तरह की भावुकता तथा भावनात्मकता को ध्वस्त कर देना होगा, अपने चारों ओर खड़े कर लिये गये बाड़ों को ध्वस्त कर देना होगा—इन सब को दूर फेंक देना होगा। उस शै तक पहुंचने के लिए जो संपूर्ण हो, समूची व समग्र हो और सामंजस्यपूर्ण हो, हमें श्रम करना होगा, देखना-निरखना होगा। और हम दुख के साथ यही करने जा रहे हैं।

एक होती है शारीरिक पीड़ा और वह पीड़ा हमारे मन-मस्तिष्क में दर्ज हो

जाती है। हममें यह भय भी पैदा कर देती है कि कल कहीं यह पुनः न हो जाये क्योंकि यह अपने साथ दुख भी लाती है। साथ ही, हममें अकेलापन है, गहरा अलगाव है, जीवन की हर शै से अलग-थलग पड़ जाने का एहसास है, खुद में सिमट कर रह जाने का भाव है, हर शै से दिल उठ जाने का एहसास है। और, यह बड़ा भारी दुख है। मुझे नहीं मालूम कि आप इससे कितने परिचित हैं। अधिकतर लोग तो हैं। फिर, मृत्यु का दुख है। आपने अपना कोई खो दिया है, वह आपको पीछे छोड़ गया है। अकेलापन और उस व्यक्ति का अचानक चले जाना जिसे आप समझते हैं कि आप प्रेम करते थे, जिसकी आप देख-भाल करते थे, जिसके संग-साथ रहते थे और आपने जिसके साथ यूं ही सदा-सर्वदा बने रहने की प्रत्याशा जोड़ ली थी। यह सब भी दुख है। और, संसार के उन तमाम लोगों का दुख भी विद्यमान है जो तथाकथित धर्म-युद्धों में, राष्ट्रों के युद्धों में, सुरक्षा के युद्धों में मारे गये हैं, आपके देश विशेष तथा आपकी सुरक्षा-विशेष के लिये लाखों-करोड़ों लोगों के मारे जाने का दुख। यह सब बड़ा भारी अनकहा दुख है। और, इस सब के लिए हम ही जिम्मेदार हैं न कि वियतनाम में, अमेरिका और बेरूत में अरब लोग। पूरी मानव जाति इसके लिये ज़िम्मेदार है, क्योंकि हम सब की एक ही मूलभूत मांग है—सुरक्षा। यही सुरक्षा की मांग राष्ट्रवाद का और धार्मिक विश्वासों का रूप धारण कर लेती है और हममें गहराई तक समा जाती है। आप इसे कस कर थामे रहते हैं, यही आपकी सुरक्षा बन जाती है और इसी के लिये आप हत्या करने और दूसरों को बरबाद कर देने पर उतारू हो जाते हैं। हज़ारों वर्षों से यही सब हमें दुख देता आया है, हम तो इसका केवल वर्णन कर रहे हैं। इसके लिये भावुक मत हो उठिये क्योंकि यह वही है जिसका हमें सामना करना है और जिसे समझना है।

अब मानव का यह दुख हमारे सामने है। क्या इसका अंत किया जा सकता है? यदि इसका अंत नहीं किया गया तो हम अनंत काल तक इसी दुर्दशा की बेड़ियों में जकड़े रहेंगे। यह दुख सचेतन भी हो सकता है और अचेतन भी। अतः हमें अचेतन मन को देखना है—उसकी गहनता में, उसकी गुह्यता में—और साथ ही सचेतन मन को भी। तो, इसका अर्थ हुआ कि हमें इस प्रश्न पर वापस आना होगा कि चेतना क्या है?

फ्रायड व अन्य लोगों के आधार पर पश्चिमी संसार ने चेतना को अवचेतन और सचेतन मन के रूप में विभाजित कर दिया है। जातीयता, सांप्रदायिकता, वंशानुगतता, परंपरा, स्मृति और हेतु—यह सब होता है अचेतन मन। और, सचेतन

मन होता है अत्यंत परिष्कृत, शिक्षित और तकनीकी मन। इस प्रकार सचेतन मन व अवचेतन मन का विभाजन कर दिया गया है। आपकी परंपरा, मान्यता ने ऐसा किया है, हो सकता है कि सचमुच में ऐसा न हो। इसे विभाजित किया किसने?—विचार ने, है न? जब तक विचार की गति के गहन अर्थ को हम समझ नहीं लेते, तब तक विचार की कोई भी गति विभाजनकारी ही रहेगी। हमारी चेतना की गहरी परतों में दुख का वास रहता है। क्या यह हज़ारों वर्षों के मानव के कष्ट व पीड़ा का दुख है—संचयित दुख, जो अतीत से मानव पर यूं ही लदा आया है, हमारे मन की गहराइयों तक में समाया हुआ है? हमने कहा है कि यह चेतना की अंतर्वस्तु का हिस्सा है। अंश ही समग्र है। चेतना अतीत है। तभी तो हमारी चेतना में मानव के अतीत का भी दुख विद्यमान है और उसके वर्तमान का भी। क्या इसका अवसान संभव है? क्या आप इसके अवसान की महत्ता और आवश्यकता को देख-समझ सकते हैं? इस दुख को स्वीकार कर लेते हुए यह मत कहिये, "यह तो लाखों वर्षों से यूं ही चला आ रहा है, इसके बारे में क्या कहना, कुछ लोग बहुत दुखी हैं, कुछ नहीं हैं।" इस बात का क्या महत्त्व हुआ? इस बात का बड़ा भारी महत्त्व है, क्योंकि जब कोई एक व्यक्ति स्वयं को पूर्णरूप से, मूलभूत रूप से रूपांतरित कर लेता है, तब वह मानव-मात्र की समूची चेतना को प्रभावित करता है। यह बात आपको आगे स्पष्ट हो जायेगी।

आपकी चेतना क्या अतीत की तमाम बातों से प्रभावित नहीं है—हिटलर से, स्तालिन से, तमाम तानाशाहों से, तमाम अत्याचारियों से? यह सब अतीत ही है। चेतना की अंतर्वस्तु ही मानव-चेतना है। पश्चिम में रहते हुए आप ईसाईमत से प्रभावित हैं। पादरियों द्वारा गढ़ ली गई यह ईसाईयत आपकी चेतना का अंश बन गयी है।

इस तरह, दुख इस चेतना का हिस्सा है, वह दुख चाहे प्रकट हो अथवा अप्रकट। अब हमारा प्रश्न है कि अकेलेपन का, हताशा व अलगाव का, नाना रूपों से लगी ठेस से उत्पन्न उदासीनता का, और स्वयं के द्वारा अपने चारों ओर निर्मित प्रतिरोधों का इतना भारी बोझ क्या हटाया जा सकता है?—वह भी शनैः शनैः नहीं, वर्षों में नहीं, बल्कि अभी? ऐसा कह देने के हम आदी हैं कि "धीरे-धीरे मैं यह कर लूंगा, इसमें समय तो लगेगा परंतु मैं कर लूंगा", क्योंकि यही हमें सिखाया गया है, यही पढ़ाया गया है, इसी की आदत हममें डाल दी गयी है। अंत और आरंभ के बीच बड़ा अंतराल रहता है। और, इस अंतराल में अन्य बहुत सी घटनाएं व दुर्घटनायें घटित होती जाती हैं, इसलिये यह कार्य स्थगित

होता रहता है, अतः हमें कल पर टाल देने वाली इस परिपाटी को तोड़ना होगा।

हम पूछ रहे हैं कि क्या इस दुख को, जो मानवीय संस्कारों का हिस्सा है, हमारी चेतना का हिस्सा है, मिटाया जा सकता है—कहीं सुदूर, सुखद भविष्य में नहीं बल्कि अभी? यह 'अभी' ही सर्वाधिक महत्त्वपूर्ण है। तो जानने का प्रयास कीजिए कि यह 'अभी' है क्या, ताकि दुख को मिटाया जा सके। 'अभी' अतीत और वर्तमान का मिलन बिंदु है, परंतु अतीत यदि वर्तमान से मिलकर स्वयं को थोड़ा बहुत बदलकर भविष्य में प्रविष्ट हो जाता है तब वह 'अभी' नहीं रह जाता। अर्थात् अतीत—मेरी स्मृतियां, मेरी व्यग्रताएं, मेरी आशाएं, मेरी यादगारें, मनोसुख व पीड़ाएं—यह मेरा सारा अतीत वर्तमान के साथ मिलकर चलने लगता है। यह वर्तमान के लिये चुनौती बनकर आता है और यह स्वयं में थोड़ा बहुत फेर-बदल करके भविष्य की ओर बढ़ जाता है। इस प्रकार समय वह गति है जो अतीत से चलकर, वर्तमान से होती हुई भविष्य में चली जाती है। यही है जिसके हम आदी हो गये है और यही हमारी रीतियों का हिस्सा बन गया है। कम्यूनिस्ट इसे इस तरह कहते हैं—स्थापना, प्रतिस्थापना और संयोजन अर्थात् धीरे-धीरे, हौले-हौले। इस तरह अतीत वर्तमान से मिलते हुए, थोड़ा बहुत संशोधित होते हुए आगे भविष्य की ओर बढ़ जाता है। मेरा कहना है कि 'अभी' वह पल है जहां अतीत वर्तमान से मिलता है और उसकी गति पर वहीं विराम लगा देता है। यह विराम तभी लग सकता है जब आप स्मृति के पूरे ताने-बाने को अनुभव के रूप में तथा ज्ञान के रूप में पहचान लें और इस ज्ञान, अनुभव व स्मृति के प्रत्युत्तर को जान लें जो कि विचार है; और जब विचार अतीत को वर्तमान के निकट ले आए उसका वहीं अंत करने के लिए ना कि उसे भविष्य की ओर ले जाने के लिए। इसे समझिये, क्योंकि आपके जीवन के लिये यह बहुत ही महत्त्वपूर्ण है, ताकि आप समय की गति पर विराम लगा सकें।

जब आप किसी की मृत्यु पर, या अपना रोजगार छूट जाने पर या अन्य किन्हीं कारणों से जो मनुष्य ने रचे हैं स्वयं को अकेला, अलग-थलग और भारी विषादमय मनःस्थिति में पाएं, तो इस सब का सामना करें। वह अकेलापन हमारे अहं केंद्रित दैनिक जीवन का संयोजन है, निचोड़ है। इस अकेलेपन के रू-ब-रू होना है, इसे भविष्य के हाथों में नहीं सौंप देना है। अर्थात् अपनी पूरी संवेदनाओं से, अपने पूरे अवधान से इसे ध्यानपूर्वक देखना है, इसका पूरी तरह निरीक्षण करना है क्योंकि तभी आप देख पायेंगे कि अतीत का वर्तमान से मिलना ही उसका अंत हो जाना है ताकि अकेलेपन की कोई संभावना ही न बचे, उसका

वहीं अवसान हो जाये। इस तरह उस दुख का अंत कर दीजिये जिससे आप सभी भलीभांति परिचित हैं। अधिकतर लोगों ने इससे पलायन करने के अनेक साधन जुटा लिये हैं–चर्च, ग्रंथवाचन जैसे दर्जनों साधन रच डाले हैं। यह बात साफ़ है कि दुख से पलायन दुख को और बल देता है। तो, पलायनों के प्रति सजग रहने से अर्थात् उसे फलने-फूलने का अवसर देते हुए, दुखों से रू-ब-रू रहते हुए, पलायनों के प्रति जागरूक रहते हुए–और विचार को कोई तोड़-मरोड़ का मौका दिए बगैर–तभी दुख का अंत संभव है।

दुख का अंत हो जाने पर ही करुणा का आविर्भाव होता है। यह दुख शब्द करुणा से जुड़ा हुआ है। करुणा का अर्थ है सबके प्रति प्रेम–सर्वस्व के प्रति प्रेम, उत्कटता। सर्वस्व के प्रति। अर्थात् कोई हत्या नहीं। परंतु, ईसाई हत्या करने के अभ्यस्त हैं, जितने लोग इन्होंने मारे हैं उतने शायद ही किसी ने मारे हों, तो, कोई भी हत्या नहीं–जिसका अभिप्राय है केवल उन चीज़ों का संहार जो हमारे गुज़ारे के लिये विवशता हो, जैसे शाक-सब्जी, इनका संहार तो करना ही पड़ेगा, परंतु पशु-पक्षियों का नहीं। जब आप में करुणा का भाव इतना भर जाता है तब आप किसी को मारते नहीं हैं–न शब्दों से, न भाव-भंगिमा से और न ही किसी धारणा से।

तो हमारा कहना यह है कि संबंधों को समझ लेने से ही प्रेम का प्रादुर्भाव होता है। और, प्रेम की समझ से ही हम समाज की संरचना को बदल सकते हैं, दुख का अंत कर सकते हैं। तभी आ पाती है करुणा। करुणा जीवन की सबसे अधिक अद्भुत चीज़ है क्योंकि कोई "मैं" कभी करुणामय नहीं हो सकती। करुणा केवल एक ऐसी अवस्था है जो न आपकी है न मेरी।

ज़ानेन, 20 जुलाई 1976

द्वंद्व का मूल

हमारे संबंधों का आधार क्या है?

हम एक बहुत महत्त्वपूर्ण विषय पर चर्चा कर रहे हैं, कम से कम मुझे तो ऐसे ही लगता है। प्रश्न यह है : परस्पर संबंध में प्रेम क्या है—वह प्रेम जो नर-नारी के बीच है, प्रेम जो मां व शिशु के बीच है, प्रेम जो कोई अपने देश से करता है, या किसी भी प्रकार का प्रेम क्या है? जब तक संपूर्ण बोध न हो जाये या जब तक व्यक्ति स्वयं को पूरी तरह जान न ले, समझ न ले तब तक क्या प्रेम संभव है? एक प्रश्न और है : उन लोगों के बीच संबंध क्या है जो स्वयं से परिचित हैं या जिन्होंने स्वयं को समझ लिया है।

नर-नारी, पति-पत्नी, मां और शिशु या ऐसे ही अन्य मानवीय संबंध क्या हैं? क्योंकि, यदि हमारे संबंध ठीक नहीं हैं—यहां 'ठीक' शब्द का प्रयोग मैं वास्तविक, सम्यक् व सचमुच के अर्थ में कर रहा हूं—तो हम ऐसा समाज रच लेते हैं जो विघटनकारी और डरावना होता है या तानाशाही से त्रस्त रहता है। हम ही इसे रचते हैं और हम ही इसे अंगीकार करते हैं।

संबंध को समझना बहुत महत्त्वपूर्ण है। इस शब्द का अर्थ है जुड़ना, सचमुच जुड़ना, संपर्क में होना, तदनुभूति व सहानुभूति रखना, एक ऐसी संवेदनशीलता रखना जो एक दूसरे को पूर्णतः समझे, अंशतः नहीं। चूंकि अधिकांश जन ऐसा संबंध बिल्कुल नहीं रखते, अतः उनके संबंध द्वंद्व पर आधारित हो जाते हैं। यह द्वंद्व पैदा कैसे होता है? देखिये, यह महत्त्वपूर्ण बात है, आइये इसमें साथ-साथ पैठ करें क्योंकि हमारा जीवन इससे जुड़ा है। इस जीवन को व्यर्थ मत जाने दीजिये क्योंकि हमें यही एकमात्र जीवन मिला है। हमारा भावी जीवन जो भी हो, परंतु जैसा वह अब है उसे यदि हम बदलते नहीं हैं तो थोड़े बदले रूप में वह यूं ही जारी रहेगा—मैं आगे विस्तार में नहीं जा रहा हूं।

संबंध के इस प्रश्न को समझ लेना बहुत महत्त्वपूर्ण है क्योंकि यह स्वबोध का ही एक हिस्सा है। संबंध, जो कि बाहरी है, उसे समझ लेने से आप भीतर की ओर जा सकते हैं। हम क्या किसी भी चीज़ से किंचित भी संबंधित हैं—प्रकृति से, एक-दूसरे से? हमारे निजी, अंतरंग व यौन संबंध, मां एवं शिशु इत्यादि के संबंध—इन सब का आधार क्या है? इस बात को खुद से समझिये। आपका पति है, प्रेमी है, प्रेयसी है, आप एक मां हैं या आपका एक शिशु है—ये सब आपके जीवन के अंग है। अतः इसे अवश्य समझिये, जीवन में कभी तो गंभीर होइये।

इस संबंध का आधार क्या है? क्या ये दो वजूद हैं, दो मनुष्य हैं जो सिर्फ अपने लिए ही चिंतातुर हैं, अपनी ही महत्त्वाकांक्षाओं में, अपनी ही चिंताओं में, अपनी ही व्यग्रताओं में, अनिश्चितताओं में, भ्रांतियों में डूबे रहते हैं—क्या ऐसे ही दो जनों का मिलन है यह—एक लड़का व एक लड़की, इत्यादि? फिर यौनाचार की समस्या खड़ी हो जाती है। और, चूंकि इस संबंध में प्रत्येक व्यक्ति आतंरिक रूप से पृथक है, अतः टकराव रहता है। ज़ाहिर है न? अब आगे बढ़ें?

तो, जब हममें से प्रत्येक व्यक्ति अपनी ही दुनिया में इतना डूबा हो जैसे कि हम हैं तब द्वंद्व अवश्यंभावी होता है। इस बात की गवेषणा करने के लिए हमें पूरी तरह ईमानदार होना होगा, अन्यथा इस गवेषणा का कोई अर्थ नहीं रह जायेगा। अब समस्या यह है : व्यक्ति-व्यक्ति के बीच बिना किसी प्रयास के और बिना ये हमेशा के कलह के संबंध संभव है, और, जब कोई द्वंद्व न रहे, तब वह रिश्ता क्या होगा? यह द्वंद्व होता ही क्यों है? यह द्वंद्व शायद इसलिए होता है क्योंकि प्रत्येक व्यक्ति स्वयं में ही केंद्रित रहता है, इसी स्वयं से वह बाहर पहुंचता है, इसी स्व से वह अपनी भूमिकायें निभाता है, इसी स्व द्वारा बोलता है, "मैं तुम्हें प्रेम करता हूं,"—इस सब का केंद्र वह स्वयं ही रहता है, उसका "मैं" ही रहता है। यह बात साफ़ है, है न? जो बिल्कुल साफ़ और स्पष्ट है, हम उसी का वर्णन कर रहे हैं।

अब प्रश्न उठता है : क्या इस केंद्र को समझा जा सकता है और क्या इसका विसर्जन हो सकता है? अन्यथा तो जीवन—जो कि संबंध ही है—निश्चित रूप से दुर्घटनाओं और द्वंद्वों का एक सिलसिला बन कर रह जायेगा। इसीलिए मेरा प्रश्न है : क्या इस केंद्र को समझा जा सकता है, इस पर नज़र रखी जा सकती है, क्या इसकी प्रकृति तथा इसकी संरचना को देखा-परखा जा सकता है? और क्या इसका अंत किया जा सकता है, केवल कहने भर को नहीं बल्कि

क्या सचमुच इसका अंत संभव है? यही है हमारा प्रश्न। अतः हमें बिल्कुल स्वतंत्र दृष्टि से अहं की प्रकृति तथा उसकी संरचना का अवलोकन करना होगा।

इस प्रकार के अनेक प्रश्न पूछे जाते हैं: "मैं क्या हूं, मैं कौन हूं?" और, आधुनिकतम मनोवैज्ञानिक अपनी अवधारणा विशेष के साथ अपने-अपने ढंग से जो कुछ भी बताते हैं, उसे सुनकर आप कह उठते हैं, "हां, मुझे यह बात स्वीकार्य है।" मेरा कहना है कि किसी बात को यूं ही स्वीकार मत कर लीजिये क्योंकि फिर आप उस मनोवैज्ञानिक की कही हुई बात की प्रतिलिपि बन कर रह जाते हैं। स्वयं का अवलोकन करने में किसी भी प्रकार की मान्यता प्राप्त सत्ता का स्थान नहीं होता। फ्रायड, युंग और इनकी पूरी जमात को उठाकर एक तरफ रख दीजिये और फिर स्वयं शुरुआत कीजिये, क्योंकि तब जो गवेषणा आप करेंगे वह मौलिक होगी, सुनी-सुनायी नहीं।

ज़ानेन, 31 जुलाई 1977

हमारे नातों की बागडोर क्या विचार के हाथ में रहती है?

किसी माहिर भवन निर्माता ने बहुत सारी जानकारी हासिल कर ली है, अनेक मकानों, गिरजों और भवनों आदि का निर्माण कराया है। ऐसा करके उसने ज्ञान जुटाया है, बहुत पढ़ा है, इस पर कार्य किया है, नाना प्रकार के मकान-भवन आदि बनवाते हुए उसने काफी अनुभव अर्जित कर लिया है। इस ज्ञान के आधार पर वह भवन निर्माण कराता है। निश्चय ही, इस प्रकार का ज्ञान आवश्यक है। परंतु मनोवैज्ञानिक ज्ञान अर्थात् ऐसी जानकारी कि मैं यह चाहता हूं, मुझे यह अनुभूति हुई है, मैं यह विश्वास करता हूं, मेरी यह राय है इत्यादि–इस प्रकार के तमाम अनुभवों की मनोवैज्ञानिक स्मृति के चलते और हमारे मस्तिष्क में संचित मानव जाति के अनुभवों से विचार उत्पन्न होता है–यह विचार सदा-सर्वदा सीमित होता है, और इसीलिए ऐसे विचार से उत्पन्न कोई कर्म भी निश्चित रूप से सीमित ही होगा, इसीलिए वह सामंजस्यात्मक न होकर परस्पर विरोधी, विभाजनकारी और द्वंद्वकारी होगा।

इस प्रकार, मनोवैज्ञानिक दृष्टि से, संभवतः विचार स्वयं ही अव्यवस्था की जड़ है। क्या आप इस बात की विलक्षणता को, इसके खेल को समझे, और इसके तर्क को भी? तो प्रश्न उठता है : संबंधों में विचार का क्या कोई स्थान है? एक दूसरे से हमारा संबंध कितना भी घनिष्ठ हो या सतही हो, चाहे वह शारीरिक हो, बौद्धिक हो या भावनात्मक हो क्या, वह विचार पर आधारित है? हमारा प्रश्न यह है और हम साथ मिलकर एक चित्त होकर खोजबीन कर रहे हैं। हमारा संबंध यदि विचार पर आधारित है अर्थात् स्मृति पर आधारित है तो वह सीमित ही रहेगा। यह बात बिल्कुल साफ़ है। अतः सीमित घेरे के रहते विरोधाभास अवश्य

होगा—आप और मैं, मैं और आप, मेरी राय, मेरी महत्त्वाकांक्षा, आपके द्वारा मेरी यौनेच्छा की पूर्ति न किया जाना बल्कि विरोध किया जाना इत्यादि। देखिये, यह एक गंभीर विषय है क्योंकि हम प्रेम की प्रकृति की छानबीन करने जा रहे हैं। इस बुनियादी मसले को अर्थात् इच्छा, विचार और साथ ही व्यवस्था को समझना आवश्यक है। प्रेम का सारतत्व है व्यवस्था। अब हम इस बारे में और गहराई से चर्चा करेंगे।

सीमित रहने के कारण यदि विचार अव्यवस्था पैदा करता है, जैसे कि इच्छा किया करती है, तो हमारे संबंधों में विचार का क्या स्थान रहता है—टहलने में, बतियाने में, कार चलाने में, मकान बनाने में, धन कमाने में, सर छुपाने में, वस्त्र बनवाने में नहीं बल्कि हमारे संबंधों में, स्त्री-पुरुष के संबंधों में विचार का क्या स्थान रहता है? खोजबीन कीजिये, साथ-साथ आगे बढ़िये, मेरे जवाब का इंतज़ार मत कीजिये। हमारे संबंधों में विचार यदि प्रबल व प्रमुख कारक रहता है तो विचार के सीमित होने के कारण हमारे संबंध भी बहुत सीमित ही रहेंगे और इसी कारण प्रतिकूल, विरोधी तथा विध्वंसक भी। तो आपके संबंध क्या विचार पर, स्मृति पर आधारित रहते हैं? जी हां, निश्चय ही, बशर्ते आप ईमानदारी से उत्तर दें। तो मेरा प्रश्न है कि प्रेम क्या केवल स्मरण है जैसे यौनाचार की स्मृति। प्रेम क्या केवल विषय-सुख का स्मरण मात्र है? इस सब पर पूरा ध्यान दीजिये, यह आप ही का जीवन है। इस देश में प्रेम शब्द को जिस प्रकार प्रयुक्त किया जाता है, वह बिल्कुल अर्थहीन है।

चूंकि हम एकचित्त होकर खोज रहे हैं, सवाल उठा रहे हैं चूंकि इस खोजबीन से हमारे जीवन में व्यवस्था आ जाने की संभावना है; तब शायद हम खूब प्रसन्नचित्त होकर जी सकें। प्रसन्नता मनो-सुख नहीं है, बल्कि व्यवस्था है। व्यवस्था के साथ आती है स्वतंत्रता और स्वतंत्रता के साथ आता है उत्तरदायित्व। तो हमारा प्रश्न है : प्रेम क्या एक स्मृति है, इच्छा है, विषय-सुख है, आसक्ति है? और, यदि वह एक स्मृति है—जिसमें आसक्ति, मोह शामिल है, तो उसमें व्यग्रता भी रहेगी, द्वंद्व भी रहेगा, ईर्ष्या, क्रोध व घृणा भी रहेंगे। और इस सब को हम प्रेम कह देते हैं, है न?

आप और मैं मिलकर यह जानना चाह रहे हैं : प्रेम क्या केवल इच्छा की पूर्ति है? इच्छा के बारे में हम अच्छी तरह बता चुके हैं। प्रेम क्या सुख की ललक है?—जो कि आप सभी चाहते हैं। और, यदि यह स्मरण पर आधारित है तो इसमें प्रतिकूलता रहेगी, यह सीमित रहेगा और यही बात हमारे संबंधों के लिये

विनाशकारी बन जाती है, तभी तो हम ऐसे समाज की रचना कर डालते हैं जो पूरी तरह विध्वंसकारी होता है। देखिये, मेरा कहना है कि प्रेम इच्छा नहीं है, प्रेम विषय-सुख की लालसा नहीं है और प्रेम स्मृति भी नहीं है, यह तो पूरी तरह एक नितांत भिन्न चीज़ है। प्रेम का एहसास—जो कि करुणा के पक्ष-पहलुओं में से एक है—वह केवल तभी अवतरित होता है जब आप इच्छा की पूरी चाल को, विचार की पूरी चाल को अच्छी तरह समझ लेते हैं। तब उस समझ की, उस एहसास की गहराई में से प्रेम नामक एक नितांत विलक्षण चीज़ का प्रादुर्भाव होता है। हो सकता है कि यह वह प्रेम न हो जिसे हम प्रायः प्रेम कह देते हैं। यह तो एक बिल्कुल भिन्न आयाम है।

ओहाय, 21 अप्रैल 1979

रिश्तों में सुकून क्यों नहीं है?

संबंधों को चूंकि समझा नहीं जाता है इसीलिए समस्या पैदा होती है। हमारे रिश्ते चाहे घनिष्ठ हों या सामान्य, परंतु उन्हें जब समझा नहीं जाता समस्या तभी खड़ी होती है। हमने अभी तक संबंध को समझा क्यों नहीं है, इसकी गहनता को देखा क्यों नहीं है? लगता तो यही है कि हम इस समस्या को सुलझा नहीं पाये हैं। यह आप सभी जानते हैं, है न? क्यों? क्या इसलिये कि आप तो प्रेम करते हैं परंतु आप को प्रेम मिलता नहीं है? क्या यही है समस्या? या आप प्रेम नहीं करते और दूसरे करते हैं? अथवा, अपने संबंधों में आप स्वामित्व भाव से भरे रहते हैं, हावी रहते हैं, आप दूसरों पर निर्भर रहते हैं, उनसे कुछ न कुछ चाहते रहते हैं—यौनसुख, सुख-भोग, अथवा कोई अन्य सुख-सुविधा? एक दिन किसी ने मुझसे कहा, "यदि मैं उसे (पत्नी को) छोड़ दूं तो मेरे कपड़े कौन धोयेगा?" आप समझे? मुझे नहीं मालूम, आप इसे किस हद तक समझ पाए हैं।

तो संबंध होता क्या है जिसे लेकर हमने इतनी विकराल समस्यायें खड़ी कर ली हैं? संबंध का अर्थ है किसी दूसरे का संग-साथ, यानी किसी एक के साथ या पूरी मानव जाति के साथ संबद्ध होना। ओह, आप को यह सब दिख नहीं रहा है! इन संबंधों में शांति क्यों नहीं है, एक दूसरे को समझने की वह गहराई क्यों नहीं है जो प्रेम को जन्म देती है? क्यों नहीं है वह? किसी स्त्री-पुरुष के बीच मैथुनिक संबंध को प्रेम कह दिया जाता है, है न?—खुदा के लिए पाखंड से बचें, सच्चाई का सामना करें—इसे ही तो प्रेम कह दिया जाता है। परंतु क्या यह प्रेम है? अथवा यह ऐंद्रिक संतुष्टि की केवल एक मांग है, अकेलेपन से उपजी एक ऐसी मांग जो कहती है, "मैं अकेला नहीं रह सकता, अपने भीतर के इस बेइंतहा अकेलेपन में मैं जी नहीं सकता इसलिये मुझे कोई तो चाहिये ही जिस

पर मैं मनोवैज्ञानिक रूप से निर्भर रह सकूं।" आपको डाकिये की आवश्यकता पड़ती है, मज़दूर की आवश्यकता पड़ती है और इसी प्रकार के अन्य लोगों की आवश्यकता पड़ती ही है, परंतु स्त्री-पुरुष के बीच संबंधों में मनोवैज्ञानिक रूप से यह प्रबल विभाजन क्यों है? क्या आप इस विशाल विभाजन से अवगत हैं जो आपके व उस दूसरे के बीच स्थित है जिससे आप कहते हैं कि आपको प्रेम है? क्या इस पर और विस्तार से चर्चा की ज़रूरत है? क्या यह आवश्यक है? लग तो यही रहा है।

क्या आपने ध्यान दिया है कि दो व्यक्तियों के विचार, उनकी भावनाएं कभी एक सी नहीं होतीं? एक महत्त्वाकांक्षी है तो दूसरा नहीं, एक आक्रामक है दूसरा सौम्य है, एक स्वामित्व भाव से भरा है, दूसरा नहीं, एक औरों पर हावी रहने वाला है तो दूसरा विनीत है। इसका अर्थ क्या हुआ? प्रत्येक व्यक्ति अपने ही कार्यकलापों में आत्म-केंद्रित रहता है। ठीक? स्वयं का अवलोकन कीजिए। आप भी आत्म-केंद्रित हैं और दूसरा व्यक्ति भी स्वयं में खोया है, इसीलिए दोनों के बीच विभाजन बना रहता है। जहां विभाजन होगा वहां लड़ाई-झगड़ा होगा ही, विरोध-प्रतिरोध होगा ही, अपने-अपने देश के प्रति देशभक्ति की भावना रखने वालों के बीच तमाम तरह के झगड़े रहेंगे ही। विभाजन है तो गड़बड़झाला भी होगा। और, इस विभाजन को हम कह देते हैं 'प्रेम'। आप इस सच्चाई का सामना नहीं कर रहे।

समय से परे की किसी चीज़ की खोजबीन करने के लिये संबंध की पूरी समझ होनी आवश्यक है जो कि तभी आती है जब आपमें प्रेम हो। यह बात तो साफ़ है कि प्रेम सुख-भोग नहीं होता। उसे सुख-भोग कहना उसका अवमूल्यन है। प्रेम इच्छा नहीं होता, प्रेम आपकी ऐंद्रिक मांग की आपूर्ति के लिए नहीं है। आप यह बात समझ रहे हैं न?

यदि आप में प्रेम नहीं है तो आप चाहे जो करते रहें, चाहे सिर के बल खड़े रहें या जीवन भर आलथी-पालथी लगाकार ध्यान करते रहें, अजीबोगरीब वेशभूषा धारण कर लें—चाहे जो कर लें परंतु उस गुण के बिना यह सब व्यर्थ है। अतः कोई व्यक्ति यदि समय से परे कुछ पाना चाहता है तो उसे सम्यक् संबंधों में जीना होगा ताकि किसी समस्या का अस्तित्व ही न रहे। बेपनाह मोहब्बत, आपसी प्रेम-प्यार—यह एकदम लाज़मी है, और यह विचार की उपज नहीं है।

बस फिर हम अन्वेषण के लिए आगे बढ़ सकते हैं। देख लीजिये, यह कितना

कठिन है। चूंकि प्रायः हम खुद में ही डूबे रहते हैं इसलिए अक्सर हमारा दृष्टिकोण बहुत तुच्छ और क्षुद्र रहता है। अतः आपके मन का तमाम आत्म-केंद्रित चिंताओं से, बेचैनियों से आज़ाद रहना आवश्यक है, क्योंकि समस्याएं उन्हीं से पैदा होती हैं, और जब मन समस्याग्रस्त हो जाता है तब वह स्पष्ट देख नहीं पाता। जो मन निरंतर बतियाता रहता है, ऐसा मन एक शांत मन नहीं हो सकता।

ब्रॉकवुड पार्क, 2 सितंबर 1971

समाज को बदलना है या मानव को जिसने यह समाज रचा है?

प्रेम के बिना संबंध भयानक हो जाता है समाज एक अमूर्त चीज़ है। अमूर्त व काल्पनिक चीज़ वास्तविकता नहीं होती। वास्तविकता है मानव-मानव के बीच का संबंध। मानव-मानव के बीच के संबंध से जो कुछ बन गया है उसे हम समाज कह देते हैं। मानव हिंसक है, आत्म-केंद्रित है, वह सुख-भोग के जुगाड़ में रहता है, वह भयभीत है, असुरक्षित महसूस करता है, और स्वयं में वह भ्रष्ट है—इन संबंधों ने ही इस तथाकथित समाज की रचना की है—वे संबंध चाहे घनिष्ठ हों या न हों। यह स्पष्ट और प्रत्यक्ष है। परंतु हम सदैव समाज को बदलने के लिये प्रयासरत रहते हैं न कि उस मानव को बदलने के लिये जिसने यह समाज रचा है, जिसमें वह जीता है। यह बिल्कुल सीधी-सादी बात है, एकदम तर्कसंगत। परंतु समाजवादी, कम्यूनिस्ट, पूंजीवादी इत्यादि सभी सदैव इस समाज नामक बेशक्लोसूरत व अमूर्त चीज़ को ही बदलने का प्रयास करते आये हैं। उन्होंने मानव-मानव के बीच के रिश्ते की समस्या को कभी हाथ में नहीं लिया। तो क्या इन संबंधों में बदलाव लाया जा सकता है ? सारा मुद्दा यही है। किसी दूसरे के साथ आपके संबंध—वे चाहे घनिष्ठ हों, यौनाचार के हों, सुखलोलुप हो या इस अवधारणा पर टिके हों कि आप दूसरे से अलग हैं और इसी कारण आप दोनों के बीच संग्राम छिड़ा रहता है—क्या यह समूचा मनोवैज्ञानिक ढांचा बदला जा सकता है? क्या हम साथ-साथ चल रहे हैं या कि आप शब्दों के स्तर पर ही अटक गए हैं?

यह वक्ता कोई सुधारक नहीं है—समाज सुधारक, वह तो मूलतः धार्मिक व्यक्ति है। वह किसी समाज का नहीं है, कलहकारी विश्वास वाले किसी धार्मिक वर्ग से जुड़ा हुआ नहीं है। वह किसी देश का नहीं है, उसने कोई विश्वास नहीं

पाला हुआ, वह किसी विचारधारा का अनुयायी नहीं है, वह तो जो हो रहा है उसके रू-ब-रू है और यह अवलोकन कर रहा है कि क्या इसे मूलभूत रूप से बदला जा सकता है। यदि आप भी इस विषय में पैठ करने के प्रति गंभीर है तो आइये साथ-साथ आगे बढ़ते हैं—यह जान लेने के बाद कि इन तमाम धर्मों द्वारा वैयक्तिक मुक्ति का जो वादा किया गया है वह कितना निरर्थक है, यह वक्ता कोई व्यक्तिगत मुक्ति प्रस्तुत नहीं कर रहा है। उसका तो कहना है कि दुख का अंत संभव है, मानव-मानव के बीच विद्यमान द्वंद्व का अंत संभव है और ऐसा करके ही एक नये समाज का उदय संभव है। इस सबमें क्या आप की रुचि है?

यह सामाजिक संरचना किसने रची है और मनोवैज्ञानिक संरचना, यह 'अहं', किस की कृति है? मेरा प्रश्न है कि आज के हालातों के लिये कौन ज़िम्मेदार है? निश्चय ही आज जैसा विश्व है, जैसा इसका वर्तमान ढांचा है, ईश्वर ने तो नहीं बनाया है, इसमें तो युद्ध की, भीषण क्रूरता की, अहं-केंद्रित कृत्यों की और गला काट प्रतियोगिता की भरमार है। निश्चय ही, ईश्वर ने तो यह समाज नहीं रचा है परंतु आपने ही अर्थात् मनुष्य ने ही ईश्वर को अपनी कल्पना में अवश्य गढ़ लिया है। आप भयभीत रहते हैं, आप सुख-सुविधा, सुरक्षा व स्थिरता चाहते हैं, आपने एक अवधारणा बना डाली है, एक संकल्पना जिसे ईश्वर का नाम दे दिया है, जिसे आप पूजते रहते हैं। आप इस बात की विडंबना को, इसके बेतुकेपन को समझिये। ईश्वर मानव द्वारा रच लिया गया है।

इस सब का स्रोत क्या है? इस प्रकृति की, ब्रह्मांड की उत्पत्ति, इस सबका प्रारंभ—इस सब के लिये कौन ज़िम्मेदार है? ज़्यादातर लोग, या यूं कहूं कि आप में से ज़्यादातर लोग किसी ऐसी बात में विश्वास कर लेते हैं जो राहत देती है। किसी नदी के स्रोत की तरह जो अपने उद्‌गम में धीमी-धीमी व नन्हीं-नन्हीं जलधाराओं जैसी होती है और फिर पर्वतों व पहाड़ियों से उतरती हुई घाटी में पहुंचते-पहुंचते एक विशाल जलराशि के रूप में प्रबल होती हुई समुद्र की ओर चल पड़ती है। इस पूरी जलराशि का उद्‌गम क्या है? मनुष्य सदैव उद्‌गम को जानने का प्रयास करता रहा है, और टेलिस्कोप से झांकते हुए, चंद्रमा और शनि के लिये उड़ान भरते हुए वह अभी भी इस धुन में लगा हुआ है। पश्चिमी जगत इस सब की खोजबीन कर रहा है। इस विषय में आप यदि गंभीर हैं और प्रकाशित पुस्तकों से ही संतुष्ट नहीं है तो इस सब को जानने के लिये आपको अत्यधिक गवेषणा व प्रेरणा की आवश्यकता होगी। इसके लिए एक ऐसा मस्तिष्क चाहिये

जो अत्यंत सक्रिय हो और जो किसी समस्या में उलझा न हो। केवल वही मस्तिष्क किसी समस्या को सुलझा सकता है जो स्वयं समस्याओं से मुक्त हो। तो, उद्गम के सत्य को खोज निकालने के लिये आपको ध्यान की प्रकृति को यानी समूचे द्वंद्व के अंत को समझ लेना होगा। केवल तभी आप उद्गम को जान सकते हैं, केवल तभी उस पृष्ठभूमि को देखा जा सकता है जिससे इन तमाम चीज़ों का उद्गम हुआ है।

इस मनोवैज्ञानिक संरचना को किसने रचा है, इस संरचना को जिसे 'मैं' 'आप' 'हम' और 'वे' कहा जाता है? इस सबका ज़िम्मेदार कौन है?—इस वेदना का, व्यग्रता का, मानव जाति के इस असीम दुख का, आंसू, अवसाद, आकुलता और अकेलेपन से ओतप्रोत व्यक्तिगत दुख का ही नहीं बल्कि इस असाधारण तकनीकी जगत का भी जो हैरान कर देने वाली गति से दौड़ा जा रहा है? इस भीतरी एहसास को, हताशा, व्यग्रता तथा दुख के इस एहसास को किसने रचा है? किसने रचा है यह सब? यदि आप कहते हैं कि इस सब का रचयिता ईश्वर है, फिर तो निश्चय ही वह बड़ा विचित्र ईश्वर है। यदि आप कहते हैं कि कर्म व पिछला जीवन इसके लिए ज़िम्मेदार है तो उसका फिर वही अर्थ होता है कि आप व्यक्तिगत वजूद की धारणा में अटके हैं—जिसका कोई अस्तित्व ही नहीं है। तो यदि आप प्रश्न उठाने शुरू करें—सशंक होकर खोजबीन शुरू करें, किसी मान्यता को स्वीकार न करें—चाहे वह गीता हो, उपनिषद हो, बाइबिल हो, कुरान हो या कुछ और हो—तब आपके पास एक मस्तिष्क होगा जो स्वतंत्रतापूर्वक देख पायेगा।

तो हमारा प्रश्न है कि इन दोनों अवस्थाओं के लिये ज़िम्मेदार कौन है—मनोवैज्ञानिक संरचना के लिये भी और इस तकनीकी जगत के लिये भी जिसमें आप रह रहे हैं—कंप्यूटर, रोबोट, त्वरित संचार साधन, शल्य चिकित्सा, औषध तथा हमारी भीतरी अवस्था, लोभ, डाह, घृणा, क्रूरता, हिंसा आदि? ये दोनों साथ-साथ विद्यमान हैं। इस सबके लिये ज़िम्मेदार कौन है? कृपया स्वयं से पूछिये।

निश्चय ही, ज़िम्मेदार है विचार। विचार ने ही यह तकनीकी जगत रचा है। चंद्रमा पर जाने के लिये विचार ने अत्यधिक ऊर्जा को एकाग्र किया है, विचार ने द्रुतगामी संचार व्यवस्था बनाई है और उसी ने ही कंप्यूटर तथा रोबोट बनाये हैं। इस प्रकार यह तकनीकी जगत विचार द्वारा निर्मित है। विचार ने ही चित्रकला, कविता तथा वह भाषा रची है जिसे हम बोलते हैं। विचार ने ही उत्कृष्ट स्थापत्य कला का निर्माण किया है—विशाल गिरजाघर, अद्भुत मस्जिदें, भव्य मंदिर और

मूर्तियां—ये सब विचार की ही रचनायें हैं। विचार ने ही युद्ध छेड़े हैं। इसी ने हिंदुओं और मुसलमानों को विभाजित कर दिया है। आशा है आप यह बात समझ रहे होंगे। राष्ट्रीयता नाम का विष भी विचार ने ही फैलाया है। मुसलमानों को उनके विश्वास, उनकी हठधर्मिता के लिये, कुछ न कुछ बारंबार करते रहने के लिये तथा हिंदुओं को उनकी संस्कारबद्धता के साथ गीता और जाने क्या-क्या दोहराते रहने के लिये, दोनों को संस्कारबद्ध किया गया है—मुस्लिम जगत को शायद एक हज़ार वर्ष से और हिंदुओं को शायद तीन हजार वर्ष से—इनको इसी प्रकार संस्कारबद्ध किया जाता रहा है। तो विचार ने ही हमारे बाहरी संसार को रचा है—तकनीकी संसार को, परंतु प्रकृति को नहीं। विचार ने वृक्ष नहीं बनाये, ये अनोखे पशु-पक्षी नहीं बनाये—सिंह, मृग, नदी, समुद्र, यह सुंदर संसार उसने नहीं रचे हैं। परंतु विचार ने हमारा मनोवैज्ञानिक संसार अवश्य रचा है जिसमें भय है, व्यग्रता है, सुरक्षा की न थमने वाली तलाश है। यह एक तथ्य है। मंदिर विचार की ही रचना है और मंदिर के अंदर रखीं चीज़ें भी विचार की ही देन हैं। रीति-रिवाज विचार ने बनाये हैं, और वे सब बातें जो पादरी-पुजारी बोलते रहते हैं, वे भी विचार ने ही रची हैं। यह तथ्य ही है। आप भले ही उसे पवित्र बता दें क्योंकि यह बात भी पीढ़ी दर पीढ़ी हस्तांतरित होती आयी है, परंतु फिर भी यह है विचार की ही गति। विचार पवित्र नहीं होता, वह तो एक भौतिक प्रक्रिया है। और, यही हमारी समस्याओं का अड्डा है। समय में विचरण करना ही विचार है ।

आइये, अब इसमें और आगे बढ़ें और देखें। विचार स्मृति का फल है, स्मृति की अनुगूंज है। स्मृति मस्तिष्क में संचित रहती है, स्मृति ज्ञान है और ज्ञान है अनुभव। इस प्रकार अनुभव, फिर ज्ञान, फिर स्मृति, फिर कर्म, और उस कर्म से आप जो कुछ सीखते रहते हैं वह पुनः आपके ज्ञान में वृद्धि करता जाता है। व्यक्ति और उसका मस्तिष्क इस प्रक्रिया के चक्र में फंसा रहता है—ज्ञान, स्मृति, विचार और कर्म। यही वह प्रक्रम है जिसमें हम जीते हैं। इसमें कुछ भी अनौचित्य नहीं है। विचार ने ही तो तकनीकी जगत बनाया है और विचार ने ही मनोवैज्ञानिक संसार रचा है—"मैं" का संसार, मेरी पत्नी, मेरा पति, मेरी पुत्री, मेरी महत्त्वाकांक्षा, मेरा लोभ, मेरी डाह, मेरा अकेलापन, मेरी हताशा, मेरी मैथुनिक क्षुधा—यह सब विचारजनित ही तो हैं। इस बात को आप नकार नहीं सकते, इसे नकारने का कोई औचित्य नहीं है। जिस गुरु को आपने बनाया है वह विचार की ही देन है। इस प्रकार आप समझ सकते हैं कि विचार ने क्या-क्या रच डाला

है। इस सब के बेतुकेपन, अधकचरेपन और बचकानेपन को तनिक देखिये। मैं जानता हूं कि आप यह सब सुनेंगे तो ज़रूर परंतु अपना रास्ता छोड़ेंगे नहीं क्योंकि आपका रास्ता बेतुका और ऊलजलूल होते हुए भी भरपूर सुविधाजनक है और चूंकि यह आपके लिये आरामदेह है तो फिर आप इस बात की चिंता भला क्यों करेंगे कि विश्व का क्या होगा–आपमें मानवता के प्रति कोई स्नेह, कोई प्रेम कहां से होगा? आपका जिस चीज़ से सरोकार है, वह है आपका अपना सुख-आराम। है न?

परंतु आप यदि इसमें बहुत गहरे पैठना चाहते हैं तो हमें संबंध के बारे में और छानबीन करनी होगी जिसे विचार ने ही स्थापित किया है। इस संबंध ने ही इस समाज को बनाया है जिसमें हम रह रहे हैं, इस समाज को जो पारस्परिक विरोधों से परिपूर्ण है–कुछ लोग धनकुबेर बने जा रहे हैं और अन्य लोग गरीबी में गुज़ारा कर रहे हैं, युद्ध हो रहे हैं, हत्याकांड हो रहे हैं, और इसी प्रकार की तमाम बातों का सिलसिला चल रहा है। तो इस समाज में मूलभूत परिवर्तन लाने के लिये–यह समाज जो कि मानवीय संबंधों का ही अमूर्त रूप है क्योंकि यह हमारा एक दूसरे का संबंध ही है जिसने इस नृशंस संसार को बनाया है–इस संबंध में बदलाव लाना आवश्यक है। इस बात की वास्तविकता को आपने समझना है, इसे किसी धारणा के रूप में अंगीकार कर लेने के बजाय आपको इसका सत्य देखना है, इसमें निहित निगूढ़ अर्थ को समझना है। विश्व में हर चीज़ कितनी खतरनाक होती जा रही है–दिनों-दिन बढ़ती यह जनसंख्या, ये सांप्रदायिक एवं राष्ट्रीय विभाजन और वह सब तमाशा जो इस संसार में चल रहा है। यह समस्या किसी राजनेता, किसी वैज्ञानिक या किसी नौकरशाह द्वारा नहीं सुलझाई जा सकती, कोई गुरु इसका कभी समाधान नहीं कर पायेगा। यह केवल तब होगा जब 'आप' इस निहायत अहम बात पर गौर करेंगे कि मानव के रूप में आप ही पूरी मानवता हैं और जब आप केवल स्वयं के लिये, एक व्यक्ति के रूप में जीते हैं तब 'वह' व्यक्ति सबसे अधिक विनाशकारी बन जाता है क्योंकि उसमें एक अविराम कुरुक्षेत्र चल रहा होता है। किसी सिद्धांत रूप में या किसी धारणा के रूप में नहीं बल्कि इस सत्य को आप यदि सचमुच देख लें कि मनोवैज्ञानिक रूप से आप ही समूचा संसार है, समग्र मानव हैं, तब देखिये क्या होता है। यह बात आपको अपरिमित जीवन-क्षमता और ऊर्जा से संपन्न कर देगी। परंतु हज़ारों वर्षों से आप में भरी जा रही संस्कारबद्धता इतनी प्रबल है कि आप एक पृथक व्यक्तित्व बन गये हैं। आपका धर्म, आपके ग्रंथ, सभी यह बताते आये हैं और अगर आप इसे मानकर

इसके साथ जीते हैं तब आप के दुखों का कोई अंत नहीं, आप अविराम द्वंद्व में फंसे रहेंगे।

हम मुख्य प्रश्न पर आते हैं : मनुष्य कभी भी क्यों नहीं बदलता? यह एक महत्त्वपूर्ण प्रश्न है। आप द्वंद्व में, दुख में, विभ्रम में, अनिश्चितता में क्यों जीते चले जाते हैं, अपनी पत्नी या अपने पति से लड़ते-झगड़ते हुए इस पूरे परिवारिक नाटक में क्यों रहते हैं, क्यों इसे यूं ही अंगीकार कर लेते हैं, क्यों इसमें जीते हैं? क्यों? आप मेरा प्रश्न समझ रहे हैं न? क्या इसलिए कि एक विशेष प्रकार के वैचारिक ढर्रे के, जीने के एक खास ढंग के, हम इतने आदी हो गये हैं कि इस ढर्रे को, इस चलन को तोड़ पाने में हम स्वयं को अक्षम पाते हैं? "जो है" से बाहर निकल आने के बजाय "जो है" को स्वीकार-अंगीकार कर लेना क्या हमारा आलस्य है, क्या यह अज्ञात का भय है? क्या यह इसलिए है कि हमारी शिक्षा-दीक्षा ने हमारे मस्तिष्क को मंद-कुंद कर डाला है। आप सभी बी.ए, एम. ए., पी.एच.डी इत्यादि हैं, क्या आप की शिक्षा आपको आजीवन एक इंजीनियर बना रहने के लिए संस्कारबद्ध करे रखती है, ताकि आप भवन या पुल बनाने व रेलवे लाइन बिछाने के अतिरिक्त कुछ और सोच पाने में अक्षम हो जायें? हमारी शिक्षा क्या मानवता को नष्ट कर रही है?

कृपया इस सब की गवेषणा कीजिए। वह क्या है जो मानव में अर्थात् एक दूसरे के साथ आपके संबंधों में परिवर्तन लायेगा? यही है मूल प्रश्न। हम सब इस समाज को, इसकी बेहूदगी को, इसमें चल रही क्रूरता को, आतंक को परिवर्तित करने की तो चिंता-चर्चा करते रहते हैं, परंतु यह कभी आग्रहपूर्वक नहीं पूछते, कि हममें से प्रत्येक व्यक्ति में बदलाव क्यों नहीं आता, हमारे संबंधों में बदलाव क्यों नहीं आता।

हमारा संबंध है क्या? अपनी पत्नी के साथ, अपनी बहन, पुत्री, अपने पति के साथ आपका संबंध क्या है? सोचिये। क्या यह संबंध अपने-अपने अंहकार की दौड़ ही नहीं है, क्या यह हर व्यक्ति की अपनी ढपली और अपना राग नहीं है? इसलिए हमें सशंक होकर बड़ी सावधानीपूर्वक गवेषणा करनी होगी कि संबंध होता क्या है। हम यदि संबंध को समझ नहीं पाये तो हम समाज में आवश्यक क्रांति कभी नहीं ला पायेंगे।

तो क्या है संबंध? क्या हम कभी भी और कतई भी एक दूसरे के साथ संबंधमय रहते हैं? आपकी पत्नी हो, या कोई गर्लफ्रैंड हो जो कि आजकल एक आधुनिक विलास बन गया है, आपका पति हो चाहे आपका अनेक लड़कियों

व महिलाओं से संपर्क हो– परंतु इन संबंधों का आधार क्या है? क्या यह केवल विषय-सुख है, यौन-सुख है, क्या यह केवल एक सुखद एहसास है, सुविधा है, सामाजिक संसर्ग है? कृपया इस सबको भली-भांति जानने का प्रयास कीजिए। इन संबंधों के भीतर झांकने का क्या हम साहस करते हैं? क्या इनके भीतर झांकने से हम डरते हैं? आप सवाल को समझ रहे हैं? क्या हम अपने तमाम रिश्तों की गहराई में झांकने से डरते हैं–पत्नी, पुत्री, प्रेमिका, पति अथवा परिवारिक संबंधों का पूरा तानाबाना? क्या हमें स्वयं ही यह पता नहीं लगाना चाहिए कि हमारे संबंधों का सच क्या है? तो आइये, गवेषणा करें, इस वक्ता द्वारा कही जाने वाली बातों को ही स्वीकार करके न बैठ जायें। ऐसा करना बड़ा असंगत होगा, बेतुका होगा। आप यदि यही दोहराते रहे, "हां, किसी ने यह कहा है," तो इस बात का आपके जीवन के लिए कोई अर्थ नहीं है। परंतु, आप यदि उसमें गहरे उतरते हैं, आप यदि संबंध के प्रश्न में पैठ करते हैं और बिना कोई निर्देश पाये, बिना कोई हेतु पाले आप इसका गहराई से अवलोकन करते हैं, तो क्या पाते हैं? पहले देखिये कि वास्तव में चल क्या रहा है। क्या यह यौनसुख है, या संग-साथ का सुख है, किसी ऐसे व्यक्ति के होने का सुख है जिसके साथ आप बतिया सकें या जिस पर धौंस जमा सकें, जिसके साथ झगड़ सकें, या जिसकी पूजा-आराधना कर सकें? ऐसे संबंध में क्या प्रेम जैसा कुछ रहता है? या, यह शब्द, इसका एहसास इसमें पूरी तरह नदारद ही है? दूसरे के साथ अपने संबंधों में आप उसकी एक छवि बना लेते हैं और वह आपकी एक छवि बनाये रखती है। यह संबंध विचारजनित इन दो छवियों के बीच ही चलता रहता है। मैं नहीं जानता कि यह सब आपने कभी स्वयं देखा है या नहीं। पत्नी हो या पति, हम वर्षों से एक दूसरे के साथ रहते आये हैं, और मैंने उसकी एक छवि बना ली है–कामुक छवि, सुख-सुविधा की छवि, प्रेरणा की छवि, एक ऐसे व्यक्ति की छवि जिस पर भरोसा किया जा सकता है, जो मेरे बच्चों को जन्म दे। और, उसने भी मेरे बारे में इसी प्रकार की कोई छवि बना ली है। खुदा का शुक्र है कि मैं विवाहित नहीं हूं अतः मुझे इसकी चिंता नहीं है। आप हँस रहे हैं, परंतु इस सब की त्रासदी को देख नहीं पा रहे हैं।

तो आपका वास्तविक संबंध क्या है? है ही नहीं। हो सकता है कि आपका एक घर हो, पत्नी हो, बच्चे हों, आने वाले पचास वर्षों तक आप प्रतिदिन नौ से पांच या छः बजे तक कार्यालय में गुज़ारें, घर वापस आयें, सोयें, झगड़ें और पैसे के अतिरिक्त आपके पास किसी और चीज़ के लिए समय ही न हो। यदि

आप शक्ति व अधिकार के लिये, पद-प्रतिष्ठा के लिये जूझते रहते हैं तो यही रह जाता है आपका जीवन यानी द्वंद्व और इसे आप संबंध कहते हैं, है न? सहमति की ज़रूरत नहीं है, तथ्य को देखिये। और, यह भी देखिये कि क्या यह छवि-रचना रोकी जा सकती है। क्योंकि हम लोग प्रायः इन्हीं छवियों के साथ जीवन बिता देते हैं—भले ही ये छवियां स्वयं अपने बारे में हों या किसी दूसरे के बारे में। किसी राजनेता की छवि, किसी वैज्ञानिक की छवि, किसी गुरु की छवि—हमारे मन व हाथों द्वारा गढ़ी गईं ये विभिन्न छवियां—हम इन छवियों के ही साथ जीते हैं। महत्त्व इन छवियों का ही रह जाता है, जीना तो कहीं खो जाता है।

प्रश्न है कि क्या छवियां रचने वाला वह तंत्र शांत हो सकता है? जो मैं कह रहा हूं उसे आप समझ रहे हैं न? मेरे साथ-साथ चलिये। यह यात्रा हम एक साथ कर रहे हैं। वक्ता द्वारा आपको सम्मोहित नहीं किया जा रहा है, अतः कृपया सो मत जाइये। हम साथ-साथ एक ही डगर पर आगे बढ़ रहे हैं, एक ऊबड़-खाबड़ और जटिल डगर पर, जिसमें बहुत से घुमाव हैं, खतरनाक मोड़ हैं। हमें साथ-साथ जीने की एक ऐसी शैली को समझना है जो हो सकता है कि बिल्कुल भिन्न हो ताकि हम एक ऐसा समाज बना सकें जो भिन्न हो, परंतु वह समाज केवल तभी भिन्न बन सकता है जब मानव रूप में आप भिन्न हो जायें। यह सीधा-सरल समीकरण है। तो क्या एक भी छवि बनाये बिना हम जी सकते हैं? आपने अपने बारे में एक वकील, एक इंजीनियर, एक संत, एक गुरु, एक अनुयायी के रूप में एक छवि बनाई हुई है। क्यों? उस छवि में क्या कोई सुरक्षा है? चूंकि हमारा मन-मस्तिष्क सदैव सुरक्षा की तलाश में रहता है, और आप मान बैठे हैं कि यह सुरक्षा आपको किसी सिद्धांत में, किसी आस्था-विश्वास में मिल जायेगी। और, आपका यह मानना तब तक ही चलता है जब तक कोई आकर इसे झकझोर नहीं देता।

तो उस छवि में क्या कोई सुरक्षा है भी जो आपने अपने चहुं ओर बना ली है? क्योंकि किसी जीवित चीज़ में, किसी गतिशील व सक्रिय चीज़ में कोई सुरक्षा नहीं होती, परंतु हम ऐसा सोच लेते हैं कि जो छवि हमने बना ली हैं उसमें सुरक्षा है। हम यह भी सोचते हैं कि ज्ञान में बड़ी सुरक्षा है। आप यदि प्रोफेसर हैं, अध्यापक हैं, गुरु हैं, कोई विशेष दक्षता पाने की होड़ में हैं तो आपके पास विशिष्ट ज्ञान होता है। वह ज्ञान आपको रोज़गार और प्रवीणता प्रदान करता है और उसमें आप भारी सुरक्षा महसूस करते हैं। आप कभी यह प्रश्न नहीं उठाते कि ज्ञान होता क्या है—आपके तकनीकी ज्ञान से हटकर भी क्या कोई ज्ञान है?

ज्ञान निरपवाद रूप से अधूरा रहता है। आप किसी भी चीज़ का 'पूरा' ज्ञान नहीं पा सकते। यह एक तथ्य है। इस प्रकार ज्ञान सदैव अज्ञान के साये में रहता है। इस सत्य को तो हजम करना पड़ेगा—ज्ञान सदैव अज्ञान के साये में रहता है। इसीलिये ज्ञान से उत्पन्न कोई भी कर्म आधा-अधूरा ही होगा। और आधा-अधूरा होने के कारण वह निरपवाद रूप से द्वंद्व ही पैदा करेगा। तो, अपने संबंधों में किसी दूसरे के बारे में आपके द्वारा पाला गया ज्ञान आधा-अधूरा ही होगा, तभी तो ऐसे ज्ञान के आधार पर, यानी छवि के आधार पर जो दूसरों के बारे में आपने बना ली है, उठाया गया कोई भी कदम द्वंद्व की ओर ही ले जाएगा। यह एकदम साफ़ है। क्या कोई ऐसा संबंध होता है जो ज्ञान पर आधारित न हो? जैसे, मैं आपको पत्नी के रूप में जानता हूं, आपके साथ मैं बीस बरस बिता चुका हूं इसलिये मैं आपके बारे में सब कुछ जानता हूं—ऐसा कहना एक बिल्कुल बेतुकी बात है। परंतु मेरे पास आपके बारे में जो ज्ञान है वह वही छवि है जो विचार ने रच ली है। आप यह सब समझ रहें हैं न?

विचारयंत्र की गतिशीलता संबंधों में छवियां निर्मित करती है और इसीलिये विभाजन भी। जहां विभाजन होगा वहां द्वंद्व भी रहेगा—हिंदू व मुसलमानों के बीच, भारत व पाकिस्तान के बीच, अरबों व यहूदियों के बीच, समाजवादियों व कैथोलिकों के बीच। संबंधों में द्वंद्व का खातमा कर पाना क्या संभव है? द्वंद्व के संपूर्ण अवसान की संभावना की खोज में मेरे साथ चलिए। आइये, हम पता लगायें कि मानवता अर्थात् आप—क्योंकि एक मानव रूप में आप समूची मानवता का प्रतिरूप हैं—क्यों अपने संबंधों में द्वंद्वमय रहते हैं? जहां विभाजन होगा वहां द्वंद्व अवश्यमेव रहेगा। यह विधान है। और, आप यदि यह देख लें कि आप कोई एकल व्यक्ति नहीं हैं बल्कि समूची मानवता हैं—जिसमें आपकी पत्नी भी सम्मिलित है जिसका चेहरा आप बीस वर्षों से देखते-देखते ऊब गये हैं—तो क्या द्वंद्व समाप्त हो सकता है? अर्थात् संबंधों में विचार अपनी घुसपैठ करता क्यों है, आप मुख्य मुद्दा देख रहे हैं न? विचार निरपवाद रूप से विभाजन करता है, वह निरपवाद रूप से छवि रचता है, स्वयं अपनी भी और दूसरे की भी। विचार संबंधों में घुसपैठ करता क्यों है? तो क्या विचार प्रेम है? क्या विचार इच्छा है, संबंधों का सुख-भोग है?

हम जानना चाह रहे हैं कि विचार संबंधों में दखल करता ही क्यों है? कृपया इस पर गौर कीजिये, खोजबीन कीजिए। क्या विचार हमें विभाजित नहीं कर रहा है, आपको एक हिंदू के रूप में, मुझे मुस्लिम या कम्यूनिस्ट के रूप में और आपको समाजवादी के रूप में? इस पूरे गड़बड़झाले से आप परिचित हैं।

परंतु खास तौर से हमारे संबंधों में यह विचार किंचित् भी प्रवेश करे ही क्यों? यह प्रश्न अवश्य पूछिये—सतही तौर पर नहीं, न ही शाब्दिक रूप से और न ही किसी सिद्धांत या धारणा के रूप में जिसका अध्ययन-मनन आप करने जा रहे हों, बल्कि स्वयं से स्पष्ट पूछिये कि किसी दूसरे के साथ मेरे संबंधों में विचार प्रवेश करे ही क्यों? तकनीकी जगत के बाहर विचार का क्या स्थान है? आप मेरा प्रश्न समझ रहे हैं न? तकनीकी जगत में तो मुझे विचार की आवश्यकता पड़ती ही है—कंप्यूटर बनाने के लिए, रोबोट बनाने के लिए, या कुछ भी बनाने के लिए जैसे कुर्सी बनाना, वृक्षारोपण करना इत्यादि कार्यों के लिए तो मुझे विचार की आवश्यकता होगी ही, ऐसे ही कोई भाषा सीखने के लिए मुझे विचार की आवश्यकता होगी, परंतु विचार हमारे संबंधों में दखल क्यों दें? क्या इसलिये कि इसने दूसरों के बारे में कोई छवि गढ़ रखी है, वैसे ही जैसे इसने स्वयं के बारे में, और इसीलिये ये छवियां ही वास्तविक संबंध की अपेक्षा कहीं अधिक महत्त्वपूर्ण हो जाती हैं? क्या इसलिए कि हम वास्तविकताओं में जीने के बजाय ख्वाबों में जीना पसंद करते हैं? क्या वास्तविकता इतनी अप्रियकर होती है कि उसे देखने से भी घबराते हैं?

तो, क्या आप अपनी पत्नी के साथ, अपने बॉस के साथ अपने दैनिक संबंधों को ध्यानपूर्वक देख सकते हैं? संबंधों में आप एक अहं-केंद्रित व्यक्तित्व होने के नाते खुद को खुदा मानने लगते हैं और इसीलिए द्वंद्व तो होना ही है। परंतु क्या यह संभव है कि आप अपनी पत्नी, अपने पति को देखें भी और शब्दों, प्रतीकों का कोई हस्तक्षेप भी न हो? शब्द ही विचार हैं, शब्द ही प्रतीक हैं। जब आप कहते हैं "मेरी पत्नी" तो देखिये आपने क्या किया है। शब्द महत्त्वपूर्ण हो गये हैं। इस शब्द में स्वामित्व भाव का, हावी होने का, आसक्त होने का पूरा तानाबाना समाहित है। और जहां आसक्ति होगी, वहां भ्रष्टाचार भी अवश्य होगा।

आप यह सब सुन रहे हैं। अब सुनने के दौर में क्या विचार व धारणाएं पनप रही हैं या साथ ही साथ जो सुना जा रहा है उसकी सच्चाई को भी देख पा रहे हैं? आपके मस्तिष्क में सचमुच में क्या चल रहा है—वस्तुतः सत्य का दर्शन या सुनकर कथ्य की अमूर्त विचारों में, धारणाओं में तबदीली, और इस तरह विचार ही अहम हो जाता है, तथ्य नहीं। क्या आप सचमुच अवलोकन कर रहें है कि तथ्य क्या है और इससे भी महत्त्वपूर्ण यह है कि क्या आप इस तथ्य के साथ विचार की किसी हरकत के बिना ठहर सकते हैं? यदि मैंने स्वयं के

बारे में कोई छवि बना रखी है—बड़ी संख्या में उपस्थित श्रोताओं के बीच मंच पर आसीन एक सम्मानित व्यक्ति, संसार से वाह-वाही प्राप्त व्यक्ति—मैंने पुस्तकें लिखी हैं, प्रशंसा पाई है, अपमानित भी हुआ हूं—ऐसी तमाम बातों की छवि, क्या इस छवि को रौंदा जा सकता है, इसे आघात पहुंचाया जा सकता है? कोई आकर कहता है, "बच्चे, तुम अमुक की तुलना में बिल्कुल बौने हो" तो मुझे ठेस लगती है क्योंकि इस बात से मेरी अपनी छवि को ठेस पहुंची है। मैं यदि स्वयं के बारे में कोई छवि ही न रखूं—वैसे मैं सचमुच नहीं रखता—तो उसे कोई रौंद भी नहीं सकता। अतः उस व्यक्ति के साथ मेरा संबंध विचार पर आधारित नहीं रहता तथा एक बिल्कुल भिन्न प्रकार का संबंध कायम हो जाता है। वक्ता के लिए ऐसा ही है, परंतु महत्त्वपूर्ण वह नहीं है, महत्त्वपूर्ण आप हैं अपने संबंधों में। बिना कोई बहाना बनाये, बिना स्वयं को सही सिद्ध करने की चेष्टा किये, बिना इसका दमन किये, बिना इससे पलायन किये क्या आप इस तथ्य को देख सकते हैं, इसके साथ रह सकते हैं, बल्कि क्या आप इस तथ्य के साथ सचमुच चल सकते हैं, जी सकते हैं कि आप एक छवि हैं और यह छवि ही ऐसा कारक है जो दूसरों के साथ द्वंद्व पैदा करता है?

आप यदि ऐसा सघन रूप से कर सकें, किंचित भी विचलित हुए बिना कर सकें तो जो ऊर्जा उक्त तथ्य का दमन करने में छितराती रही है वही इसे विसर्जित कर देगी। इसे करके देखिये, इसे आज़माइये और तब आप देखेंगे कि दूसरों के साथ आपके संबंध बिल्कुल भिन्न प्रकार के हो गये हैं और इसी से एक भिन्न प्रकार का समाज उभर आया है जिसमें व्यक्ति की स्वार्थ साधना का, मिथ्याभिमानी महत्त्वाकांक्षा का, और इसी प्रकार की अन्य तमाम भयानक अवधारणाओं का अंत हो गया है। तब आप बिल्कुल भिन्न प्रकार से जीते हैं, अर्थात् आप प्रेम के साथ जीते हैं। खेद की बात है कि इस देश में, और अन्य देशों में भी, यह 'प्रेम' शब्द अपना अर्थ खो चुका है, परंतु प्रेम की इस क्रांति के बिना संबंध एक डरावनी शै बन कर रह जाता है।

बंबई, 25 जनवरी 1981

संबंध हमें किस ओर ले जाता है—एकाकीपन की ओर या अकेलेपन की ओर?

एकाकी जीने के लिए विपुल प्रज्ञा की आवश्यकता है, एकाकी जीना और फिर भी नमनीय बने रहना बहुत कठिन होता है। परितोष की चारदीवारी में स्वयं को बंद किये बिना एकाकी रहने के लिए अत्यंत सचेत रहने की आवश्यकता है, क्योंकि एकांत जीवन निष्क्रियता को बढ़ावा देता है और ऐसी आदतें डाल देता है जिनमें आराम तो होता है परंतु उन आदतों को तोड़ना कठिन होता है। एकांतवास अलगाव को बढ़ावा देता है, अतः केवल बुद्धिमान ही स्वयं को या दूसरों को हानि पहुंचाये बिना एकाकी रह सकता है। बुद्धिमत्ता एकाकी होती है परंतु कोई निर्जन पथ बुद्धिमत्ता की ओर नहीं ले जाता। अलगाव मृत्यु है और अलगाव के चलते बुद्धिमत्ता नहीं पनपती। बुद्धिमत्ता के लिए कोई पथ नहीं होता क्योंकि सभी पथ अलगावकारी हैं, बहिष्कारी हैं। प्रत्येक पथ की प्रवृत्ति अलगाव की ओर ही ले जाने वाली होती है—भले ही उस अलगाव को एकता, अखंडता या एकलता कह दिया जाता हो। किसी भी पथ को अपनाना एक बहिष्कारी प्रक्रिया है, उसके साधन भी बहिष्कारी होते हैं और साध्य भी। साधन साध्य से अर्थात् ''जो होना चाहिये'' से कुछ भिन्न नहीं होता। खेतों-मैदानों, अपने बराबर से गुज़रते व्यक्तियों, और उड़नछू होते विचारों के साथ अपने रिश्ते को समझने से बुद्धिमत्ता आती है। जानने के लिए अलगाव की प्रक्रिया को अपनाना तथा स्वयं को अलग-थलग कर लेना तो अन्वेषण का पटाक्षेप कर देना है। संबंध हमें ऐसे एकाकीपन की ओर ले जाते हैं जिसमें अकेलापन नहीं होता। एकाकीपन तो आवश्यक है, वह तो होना चाहिए—परंतु मन को किसी चारदीवारी में बंद कर लेने वाला नहीं, बल्कि स्वतंत्रता वाला एकाकीपन। पूर्णता तो एकाकी ही होती है परंतु अपूर्णता अलगाव के तरीके ढूंढ़ती रहती है।

जीवनभाष्य का दूसरा खंड : अनुकरण व स्वतंत्रता

खुद को ही नहीं जानते, तो प्रेम व संबंध को कैसे जान पायेंगे?

हम समाज को बदलना चाहते हैं। कम्यूनिस्टों ने इसका प्रयास किया है, भौतिक क्रांतियां होती रही हैं—केवल भौतिक, भारी खून-ख़राबा और न जाने क्या-क्या। हम सभी इस समाज को बदलना चाहते हैं क्योंकि यह भ्रष्ट है, अनैतिक है और मानवीयता तो मानों इसे छू तक नहीं गई, परंतु हमारे परस्पर संबंधों में जब तक मूलभूत परिवर्तन नहीं आ जाता, तब तक हम इस समाज को शायद ही बदल पायें। यह बात बिल्कुल स्पष्ट है। फिर भी हम अपने मन की आंतरिक संरचना को बदले बिना हमेशा बाहरी परिवर्तन कर देना ही चाहते रहे हैं। तो, संवेदनशील रहते हुए हम मिलकर यह निरीक्षण कर रहे हैं, ध्यानपूर्वक देख रहे हैं ताकि हम इस बात के प्रति सजग रहें कि हम कर क्या रहे हैं। यह एक गंभीर संवाद है, कोई बौद्धिक या भावनात्मक वार्तालाप नहीं। एक गंभीर व्यक्ति ही धार्मिक व्यक्ति होता है। हम मानव-संबंधों पर गंभीरता पूर्वक विचार कर रहे हैं। मानव-संबंधों में द्वंद्व है, पीड़ा है, दुख है और साथ ही तथाकथित सुख-भोग भी है। हम इन सभी समस्याओं पर ध्यान देने जा रहे हैं और साथ ही यह भी विचार करने जा रहे हैं कि इन संबंधों में, जिनमें प्रेम नाम मात्र ही रह गया है, क्या मूलभूत परिवर्तन लाना संभव है?

मेरा प्रश्न है कि संबंध क्या है? किसी दूसरे के साथ संबंधमय होने का अर्थ क्या है? देखिये, यह प्रश्न तो वक्ता कर रहा है परंतु इसके बारे में विचार हम सब मिलकर करेंगे। मानव-संबंध अब समस्या बन गया है। इस समस्या शब्द का—अंग्रेज़ी शब्द 'प्रॉब्लम' का—अर्थ है आप पर थोपी गई कोई चीज़, यह एक चुनौती होती है, आप पर आक्षेपित कोई चीज़, एक ऐसी चीज़ जिसका आपको

सामना करना है, कुछ ऐसा जो आपको समझना है। परंतु किसी चुनौती से निपटने के लिए हमें एक सम्यक् दृष्टिकोण की आवश्यकता होती है, अतः पहले हमें यह समझ लेना होगा कि समस्या के प्रति हमारा दृष्टिकोण क्या है। हमारे समक्ष मानव-संबंध की समस्या है और यही हमारी रोज़ाना की समस्या है, भले ही हम इस से अवगत हों या न हों, परंतु है ऐसा ही। आप इस समस्या के प्रति क्या दृष्टिकोण रखते हैं? आप मेरा प्रश्न समझ रहे हैं न? कोई समस्या है तो आप उस तक पहुंचते कैसे हैं, किस सोच के साथ, किस हेतु के साथ? आप समस्या के करीब कैसे आते हैं—उसके संपर्क में? समस्या क्या उस अवलोकनकर्ता से पृथक होती है जो उसकी जांच-परख कर रहा होता है? आप यह सब समझ रहे हैं न? शायद आपमें से अधिकतर लोगों को यह कुछ कठिन लगे क्योंकि आपने इन विषयों पर इस प्रकार कभी सोचा ही नहीं है, इसलिए कृपया धीरज रखें, इसमें हमें और गहरे जाना है।

मान लीजिए, मेरी कोई समस्या है। मैं कैसे इसे देखता हूं, मैं कैसे इसकी जांच-परख करता हूं, इसके प्रति मेरा नज़रिया क्या रहता है? तो, समस्या अहम नहीं है, बल्कि अहम है इसके प्रति मेरा दृष्टिकोण। क्या मैं समस्या से डर जाता हूं? या इससे दूर भागना चाहता हूं, इसे दबा देना चाहता हूं, अथवा इसका कोई तर्क ढूंढ़ लेता हूं? अथवा क्या मेरा इरादा इसका समाधान ढूंढने का है? इस प्रकार मैं समस्या को अपनी उलझन, अनिश्चितता-अस्थिरता और डर के साथ देखता हूं। अतः यह पता लगाना होगा कि आपका दृष्टिकोण इसके प्रति क्या रहता है, आप इससे रू-ब-रू कैसे होते हैं? तब आपका हेतु क्या रहता है? आप यदि समस्या के प्रति थोड़ा भी सजग होते हैं तो आपका हेतु इसका निदान करना होता है। आप इसका निदान इसलिये करना चाहते हैं क्योंकि यह पीड़ाप्रद है। समस्या यदि आनंददायी होती तो वह समस्या ही न होती। परंतु समस्या जब पीड़ाप्रद हो जाये, आपको भ्रम-भ्रांति का शिकार बनाने लगे, असुरक्षा पैदा कर दे, तब आपको इस पर ध्यान देना ही पड़ता है, गवेषणा करनी ही पड़ती है। तो, महत्त्वपूर्ण बात यह है कि आप समस्या का सामना कैसे करते हैं?

वक्ता जो कुछ कह रहा है उसे आप किस तरह सुन रहे हैं? आप इसे कैसे ग्रहण कर रहे हैं? ज़ाहिर है कि आप उसे कान के संवेदन तंत्र से सुनते हैं। आप अंग्रेज़ी समझते हैं और वक्ता इसी भाषा में बोल रहा है। कान के संवेदन तंत्र से सुने जा रहे शब्दों को आप समझ रहे हैं, परंतु एक सुनना ऐसा भी होता है जो शब्दों से, शाब्दिक व्याख्या से परे होता है। ऐसा सुनना कि आप तुरंत

समझ लें कि क्या कहा जा रहा है, यही सुनने की कला है। तो, मैं पूछ रहा हूं कि आप समस्या को कैसे देखते हैं? समस्या को देखने का आपका तौर-तरीका या तो समस्या को दिशा-निर्देश देने लगेगा या उसका समाधान ढूंढेगा। अतः यह पता लगाइये कि समस्या के प्रति आपका दृष्टिकोण क्या है। यदि यह विज्ञान संबंधी कोई समस्या है तो फिर बहुत सरल सी बात है कि तत्संबंधी जो ज्ञान आपके पास है, उसके साथ आप उस समस्या से मुखातिब हों व आगे की जानकारी को खोज निकालें—पदार्थ के बारे में, अणु के बारे में तथा ऐसी ही अन्य चीज़ों के बारे में। कोई समस्या आ जाने पर क्या आप अतीत के ज्ञान के साथ, अतीत की तमाम स्मृतियों के साथ उसका सामना करते हैं अथवा आप इसे यूं देखते हैं मानो पहली मर्तबा ही देख रहे हों? आप मेरा प्रश्न समझ रहे हैं न?

इसे एक भिन्न दृष्टि से देखें। पुरुष व स्त्री के रूप में हमारा संबंध वास्तव में क्या है? यौन संबंध के अतिरिक्त भी वहां क्या कोई संबंध है या दोनों ही अलग-अलग, अपने-अपने ढंग से जी रहे हैं—यौनाचार के मिलन को छोड़कर? रेल की पटरियों की तरह जो साथ रहते हुए भी कभी नहीं मिलतीं। यही है हमारा संबंध, है न? इस प्रकार हमारा संबंध केवल ऐंद्रिक है, कामुक है, और इस तरह दोनों के बीच का संबंध उस छवि पर आधारित रहता है जो एक दूसरे के बारे में बना ली गयी है। आप क्या इस बात से अवगत हैं? दूसरे के साथ आपका संबंध वास्तव में है क्या? यौनाचार के अतिरिक्त आपका अन्य कोई संबंध है भी? आपका यदि आपस में कोई संबंध ही नहीं है और मुझे लगता है कि नहीं है, तो फिर आपका जीवन क्या है? जीवन तो है ही संबंध। संबंध के बिना आप जी नहीं सकते। परंतु हमने इस संबंध को ऐंद्रिक प्रतिक्रियाओं-अनुक्रियाओं तक ही सीमित कर दिया है। मुझे नहीं लगता कि हम संबंधों की इस जटिलता के प्रति सजग हैं। वैरागी, संन्यासी या वानप्रस्थी होकर आप इनसे पलायन नहीं कर सकते—आप मानव संबंधों से पलायन कर ही नहीं सकते।

हमें बहुत निकट से इस बात की जांच-परख करनी होगी कि क्यों मनुष्य ने न केवल प्रकृति से बल्कि एक दूसरे से भी अपना संबंध खो दिया है। क्यों? जैसा मैंने कहा कि केवल कारण ढूंढ लेने से समस्या का निवारण नहीं हो जाता। कारण आपको मिल सकता है, कारण मैं आपको बता सकता हूं, परंतु कारण को समझ लेने से ही, कारण की जांच-परख कर लेने से ही समस्या का समाधान नहीं हो पायेगा। उदाहरण के लिए, मैं जानता हूं कि हम सब स्वार्थी हैं, नितांत अहं-केंद्रित हैं, और हम अहं-केंद्रित हैं क्योंकि यह हमारी आदत है, ऐसे ही चलता

आया है, यही हमारा धार्मिक लालन-पालन रहा है : "तुम एक अलग आत्मा हो, तुम्हें अपने ही मोक्ष का मार्ग पकड़ना होगा" इत्यादि। न जाने कब से शिक्षा द्वारा, दबाव द्वारा स्वार्थी व अहं-केंद्रित बनने पर बल दिया जाता रहा है। यही इस दुख का कारण है। हम इसे बौद्धिक रूप से समझते तो हैं, परंतु कारण का केवल अनावरण कर देना ही हमारी स्वार्थपरता को कम नहीं कर पाता। इसीलिए मैंने कहा है कि कारण के अनावरण की विश्लेषणात्मक प्रक्रिया महत्त्वपूर्ण नहीं है, महत्त्वपूर्ण है समस्या के साथ ठहरना, इस बात के साथ ठहरना कि हम स्वार्थी हैं। यह एक तथ्य है, तभी तो हमारा कोई परस्पर संबंध नहीं होता। हर एक की अपनी ही ढपली है अपना ही राग है। तलाक दिनोंदिन बढ़ते जा रहे हैं, यूरोप या अमेरिका में ही नहीं, अब तो यहां भारत में भी इनकी संख्या बढ़ रही है, स्त्रियां जब अपनी आजीविका कमाने में सक्षम हो जाती हैं तो वे पुरुषों को छोड़कर चली जाती हैं। इस तरह यह संसार धीरे-धीरे ऐसा होता जा रहा है जिसमें एक दूसरे के साथ कोई संबंध शायद ही शेष रहे। इस प्रकार हम हृदयहीन-उदासीन, अहं-केंद्रित और अपना ही राग अलापने वाले बनते जा रहे हैं अर्थात् कुछ बनना, अधिक धनी होना, प्रमुख कार्यपालक बनना या उच्च पद पर आसीन होना, बड़ा पादरी या आर्चबिशप बनना ही हमारा ध्येय रह गया है। चारों ओर बस कुछ बन जाने का संग्राम छिड़ा हुआ है—यह स्वार्थ ही तो है।

तो, आपने यह बात सुनी, यह बात हम सभी जानते हैं। जब आप इस प्रकार का वक्तव्य सुनते हैं तब उसके प्रति आपकी प्रतिक्रिया क्या रहती है? क्या उसे आप स्वीकार कर लेते हैं और कह देते हैं, "हां, जो बात आपने कही वह बिल्कुल सही है," और फिर उस बात को आई-गई कर देते हैं? या, आप उसे सुनते हैं, उसके सत्य को देखते हैं, उस सत्य के साथ जीते हैं ताकि सत्य ही स्वार्थपरता पर अपना कार्य शुरू कर सके—ना कि आप। आप मेरी बात समझ रहे हैं न?

आइये, इसे ध्यानपूर्वक देखें। मान लीजिये कि मैं स्वार्थी हूं परंतु कहता हूं कि मुझे स्वार्थी नहीं होना चाहिए। अर्थात् विचार यह स्वार्थपरता ले आया है। इसने ही स्वार्थपरता का ढांचा खड़ा किया है। फिर वह कहता है कि मुझे स्वार्थी होना नहीं चाहिए। इस प्रकार तथ्य तथा विचार की उसे बदलने की इच्छा के बीच जंग छिड़ जाती है। ठीक? आइये इसमें अभी और गहरे उतरें। मान लीजिये मैं हिंसक हूं—हम मनुष्य हैं ही हिंसक—ख़ैर, मान लीजिये कि मैं हिंसक हूं। यह एक तथ्य है। ऐसा है ही। परंतु मैं अहिंसा का आविष्कार कर लेता हूं,

जो कि अ-तथ्य है। ठीक? मैं हिंसक हूं परंतु नहीं जानता कि इससे कैसे निपटा जाये, इसका क्या किया जाये। तो, या तो मैं इसी में रमा रहूं या इसे समझने का प्रयास करूं, इसकी गहनता को जानूं। परंतु मैं सोचता हूं कि यदि मैं अहिंसा की बस धारणा बना लूं तो निदान हो जायेगा। इसी अहिंसा का उपदेश यह देश अनवरत रूप से देता आ रहा है—हालांकि परिणाम कुछ नहीं। इसी प्रकार "जो है" और "जो होना चाहिए" के बीच द्वंद्व उठ खड़ा होता है। "जो है" एक तथ्य है, और "जो होना चाहिए" एक अ-तथ्य। तो क्या ऐसा संभव है कि हम इस कल्पना को, इस आदर्श को, इस "जो होना चाहिए" को छोड़ दें और केवल "जो है" से, अर्थात् हिंसा से सरोकार रखें? समस्या यही तो है। मानव समस्या है : हम शांति चाहते हैं, परंतु हम हैं हिंसक। तो, तथ्य तो यही है कि हम हिंसक हैं। आप इस तथ्य को कैसे लेते हैं? इसके प्रति आपका दृष्टिकोण क्या रहता है? जब आप इस तथ्य को देख रहे होते हैं तब आपका आशय क्या रहता है? क्या आप इसका दमन करना चाहते हैं, या इससे पलायन करना चाहते हैं या इससे पार पाना चाहते हैं? इस सब का अर्थ है कि आप इसके रू-ब-रू नहीं हो रहे हैं, आप इससे भाग रहे हैं। आप समझ रहे हैं न? तो मेरा कहना है कि तथ्य के साथ रहिए—उसका स्वरूप बदले बिना, उससे दूर भागने का प्रयास किये बिना। उसे ध्यानपूर्वक देखिये, उसके साथ रहिए। आप जब उसके साथ रहते हैं तो उसे अपना पूरा अवधान देते हैं, परंतु जब आप कहते हैं, "मुझे इससे पार पाना है", "मुझे इससे पलायन करना चाहिए", "मुझे अहिंसा का अनुसरण करना चाहिए," तब आप अपनी ऊर्जा बरबाद कर रहे होते हैं। अतः मेरा कहना है कि तथ्य के साथ, जिसे आप हिंसा कह रहे हैं, उसके साथ ठहरे रहिये, उसे समझिये, उसको जानिये-पहचानिए, और जानना-समझना केवल गौर से देखने पर ही हो सकता है।

जानने-सीखने और रट लेने में अंतर होता है। हमें रटना ही सिखाया गया है जिसमें सीखने-जानने जैसा कुछ नहीं होता। सीखना-जानना है अवलोकन करना और उस अवलोकन को अपनी पूरी बात सुनाने देना।

तो मेरा प्रश्न है : मानव-संबंध क्या है? आप यदि विवाहित हैं या आपकी कोई प्रेयसी है या आपका ऐसा ही कोई संबंध है तो आप उस व्यक्ति को कैसे देखते हैं? आपके भीतर क्या प्रतिक्रिया होती है जब आप अपने पति या पत्नी की ओर देखते हैं? या कि आप बिल्कुल उदासीन रहते हैं? या फिर आप इतना ही कहते हैं कि उसके व बच्चे के प्रति आपका दायित्व है? आप समझ रहे हैं

न? आपका भीतरी, सीधा-सच्चा जवाब क्या है? 'तू अपनी राह मैं अपनी राह', क्या हम इस तरह जीते हैं? इसलिए आप कभी मिल ही नहीं पाते, क्योंकि आप महत्त्वाकांक्षी हैं, प्रतिस्पर्धी हैं, आपको और-और चाहिए, बेहतर रोज़गार चाहिए व इसी तरह की तमाम चीज़ें। और, उसने भी अपनी महत्त्वाकांक्षायें तथा अपने ही आदर्श पाल रखे हैं। जब कोई दो व्यक्ति समानांतर दौड़ रहे हों तो उनमें कोई संबंध नहीं होता। आप समझे न? यदि आप ध्यानपूर्वक देखें तो पायेंगे कि यह कितनी सीधी-सरल सी बात है।

तो, जब केवल यौनसुख ही विद्यमान हो तब उस संबंध का स्वरूप क्या रहता है, और क्या यह सुख प्रेम है? मैं आपसे यह प्रश्न पूछ रहा हूं। कृपया खोजबीन करें। क्या प्रेम यौन-सुख है? मैं अभी इस प्रश्न में नहीं जा रहा हूं कि प्रेम क्या है, यह जानने के लिए अत्यधिक समझ, अत्यंत संवेदनशीलता और प्रकृति को, उसके सौंदर्य को सराहने की क्षमता का होना ज़रूरी है—वह सौंदर्य चाहे आकार का हो, चेहरे का या फिर आकाश का। प्रकृति की इस संवेदनशील सराहना के बिना आप कभी नहीं जान पायेंगे कि प्रेम क्या होता है। परंतु आपने यदि अपने जीवन को, संबंधमयता को केवल यौनसुख तक सीमित कर लिया है और आप दोनों अपना-अपना राग अलापने में लगे हैं तो आप भीषण द्वंद्व और असहनीय विरोध में उलझ जायेंगे—हमारे जीवन में स्त्री-पुरुष के बीच यही कुछ तो हो रहा है।

एक दूसरे के साथ हमारे संबंध—वे घनिष्ठ हों या न हों—उनका अध्ययन करते हुए हम यह समझना, सीखना और खोजना शुरू करते हैं कि क्या यह संभव है कि हम दो जने, पुरुष-स्त्री, किसी भी तरह के द्वंद्व के बिना रह सकें। एक दूसरे के प्रति संवेदनशील रहना तथा उस संबंध में किसी प्रकार का द्वंद्व न आने देना—क्या यह संभव है? क्योंकि हमारा जीवन, हमारा यह गतिशील जीवन हमारी अंतिम सांस तक दिन-ब-दिन अंतहीन द्वंद्वों का एक सिलसिला बना रहता है। हम ऐसा जीवन जानते ही नहीं हैं जिसमें द्वंद्व का नामोनिशान भी न हो। संबंधों में इस द्वंद्व का होना क्या आवश्यक है? तात्पर्य यह है कि जब तक आप उसके बारे में कोई छवि बनाये बैठे हैं और वह आपके बारे में छवि बनाये बैठी है तब तक द्वंद्व तो रहेगा ही। अपनी आदत के कारण, लड़ाई-झगड़े के कारण, एक दूसरे के दोष ढूंढते रहने के कारण, उकसाये जाने के कारण आप उसके बारे में और वह आपके बारे में छवि रचती रहती है। आप शब्दों के सहारे, चापलूसी के सहारे, अपमान के सहारे एक दूसरे को बस थामे हुए हैं और यह सब करते

हुए भी आप उसके बारे में छवि बनाते रहते हैं और वह आपके बारे में छवि बनाती रहती है। हम यही तो करते आ रहे हैं। तो क्या यह संभव है कि एक दूसरे की कैसी भी और कोई भी छवि बनाये बिना साथ-साथ रहा जाये? उदाहरण के लिये मान लीजिये कि मैंने अपनी पत्नी के बारे में कोई छवि बना रखी है, ऐसा मान लीजिये क्योंकि मैं विवाहित नहीं हूं (श्रोताओं की हँसी) मैं जब कहता हूं कि मैं विवाहित नहीं हूं तब आप हँसते क्यों हैं? क्या इसलिए कि मेरी किस्मत अच्छी है? या आपकी हँसी तथ्य से पलायन का एक साधन है, इसलिए आप हँस रहे हैं? देखिये, हम बहुत गंभीर विषय पर चर्चा कर रहे हैं, जीवन के बारे में, अपनी रोज़मर्रा की ज़िंदगी के बारे में बात कर रहे हैं। इसे हँसी में मत उड़ाइये। हमें इस भयानक स्थिति का सामना करना पड़ रहा है जहां न प्रसन्नता है, न प्रेम है।

देखिये इस वक्ता की मानव मन में रूपांतरण लाने में गहरी दिलचस्पी है। उसका इससे गहरा सरोकार है। वह महसूस करता है कि यह एक भारी ज़िम्मेदारी है और इसीलिए वह इस बारे में बोल रहा है। आज हम जिस तरह से जी रहे हैं—निपट स्वार्थ में, निष्ठुरता में, उदासीनता में, क्रूरता में, असंवेदनशीलता में—उसमें हम एक दूसरे को तबाह कर रहे हैं। इसीलिए मैं पूछता हूं : अपने संबंधों में बिना किसी द्वंद्व के जीना क्या संभव है, मेरा कहना है, इस वक्ता का कहना है कि यह संभव है, पूरी तरह संभव है, वक्ता यद्यपि विवाहित नहीं है, परंतु वह अनेक लोगों के साथ रहा है, अनेक घरों में, मित्रों के घरों में—परंतु किसी के भी बारे में कोई भी छवि बनाये बिना। क्या आप जानते हैं कि इसके लिए क्या चाहिये? एक बहुत तत्पर मन, न कि ऐसा मन जो ज्ञान से, स्मृतियों से, अनुभवों से जाम हो गया हो, बल्कि ऐसा मन जो त्वरित हो, सजग हो, सचेत हो। जब आप इस बात के प्रति सचेत रहते हैं कि आपके चारों ओर क्या हो रहा है—गलियारे में, जिस बस में या विमान में आप सवार हों उसमें, या जब आप सड़क पर पैदल चल रहे हों तब ध्यानपूर्वक देखना, जो आपके चारों ओर हो रहा है, उसके प्रति बड़ा संवेदनशील रहना—इस सबसे आप अपने संबंधों के प्रति संवेदनशील हो जाते हैं। जीवन को क्या इस तरह जीना संभव है जिसमें किसी भी प्रकार का कोई द्वंद्व न रहे?

सर्वप्रथम इस प्रश्न को समझिये, इस प्रश्न की विलक्षणता को समझिये : जीवन जीना—किसी आदर्श रूप में नहीं, कोई ऐसा आदर्श सामने रखकर नहीं जिसे आपने पाना है, बल्कि यह तथ्य सामने रखकर जीना कि क्या आप ऐसा

जीवन जी सकते हैं जिसमें एक भी द्वंद्व न हो। यह प्रश्न स्वयं में विलक्षण है। यह प्रश्न आप अपने सामने रखिये क्योंकि आप संवेदनशील हैं, आप मानव-मानव के बीच व्याप्त उस घोर टकराव से परिचित हैं जिसकी परिणति युद्ध में, तलाक में, एक दूसरे की नितांत उपेक्षा में, निष्ठुरता में और इसी प्रकार की तमाम बातों में हो रही है। परंतु यह प्रश्न आप स्वयं से पूछें कि क्या आप ऐसा जीवन जी सकते हैं जिसमें टकराव और द्वंद्व न हों? आप जब यह प्रश्न गंभीरतापूर्वक स्वयं से पूछेंगे तब यह प्रश्न स्वयं खुलना शुरू हो जायेगा। यह प्रश्न स्वयं ही अनेकानेक समस्याओं को खड़ा कर देगा जिनसे आपको रू-ब-रू होना होगा। उनका सामना करते वक्त ज़रूरी है कि कोई उद्देश्य-लक्ष्य न हो, न ही समझने का संघर्ष। उन्हें आप बस देखें, अपनी तवज्जो दें।

आप क्या कभी किसी संग्रहालय में गये हैं? कुछ लोग तो अवश्य ही गये होंगे। वहां आपने क्या किसी चित्र को ध्यानपूर्वक देखा है? माडर्न आर्ट के किसी चित्र की तुलना रैम्ब्रैंट के चित्र से करते हुए नहीं, बल्कि किसी एक ही चित्र को पूरे ध्यान से देखा है—किसी भी अन्य चित्र से उसकी तुलना किये बिना? कभी किया है आपने ऐसा—किसी एक चित्र पर पूरी तवज्जो दी हो, उसके सामने बैठकर उसे बस निहारा हो? ऐसे में वह चित्र आपको अपनी आत्म कथा सुना देगा—उसकी वह आत्म-कथा जो चित्रकार आपको सुनाना-समझाना चाहता है। परंतु यदि आप उस चित्र को किसी अन्य चित्रकार की किसी रचना से तुलना करने के लिए देख रहे होते हैं, तब आप उस चित्र को देख ही नहीं रहे होते।

आप स्वयं ही मानवजाति का इतिहास हैं। आप में ही उस के समस्त प्रयासों, समस्त कष्टों का, सारी व्यग्रताओं का शेषांश विद्यमान है। एक मानव के रूप में आप कोई अकेले-अनोखे नहीं है बल्कि शेष मानवजाति सरीखे ही हैं—आप को दुख होता है, पीड़ा होती है, आप सुरक्षा की तलाश में रहते हैं, आप अनिश्चित हैं, भ्रमित हैं, संताप में हैं—और ऐसा ही वह मानव भी है जो यूरोप में है, अमेरिका में है, रूस या चीन में है। इस प्रकार मानव-दुख एक शृंखला है और आप उसी की एक कड़ी हैं। आप शेष मानव जाति जैसे ही हैं। 'आप ही' मानवजाति हैं। इस प्रकार आप अकेले-अनोखे नहीं हैं, अपनी चेतना में आप कुछ भिन्न नहीं हैं, शेष मानव-जाति सरीखे ही हैं। आप व्यक्ति मात्र नहीं हैं, समूची मानवता हैं क्योंकि मानवता अथाह पीड़ा और अतुलनीय दुख में से गुज़री है जिसमें आह्लाद व प्रेम का कोई भूला-भटका पल कौंध भर जाता है। यही सब आप हैं। अतः आपको यह सब समझना होगा। चूंकि आप ही मानव इतिहास हैं, अतः आपको

यह सीखना होगा कि इस मानव रूपी पुस्तक को कैसे पढ़ा जाये। और, वह मानव रूपी पुस्तक भी आप ही हैं। इस सब को समझिये। आप ही मानव-कथा हैं और आपको ही यह मानव-पुस्तक पढ़नी है। या तो आप इसका एक-एक पृष्ठ पढ़ें जिससे आप दुख, पीड़ा, आह्लाद, सुख, विकट व्यग्रता और संताप का अक्षर-अक्षर जान सकें, अथवा इसे बीच-बीच में छोड़कर पढ़ जायें और कह दें, "मैंने यह सब जान लिया है," या इसका प्रथम अध्याय पढ़कर ही आप सारी कथा समझ जायें।

स्वयं को जानना-समझना, खुद से परिचय, संबंधों में इसका बड़ा महत्त्व है। आप यदि स्वयं को ही नहीं जानते अर्थात् आप क्या हैं, आपकी दिक़्कतें क्या हैं, आपकी व्यग्रताएं, अनिश्चितताएं क्या हैं, आपकी सुरक्षा की कामना क्या है—आप यदि यह सब नहीं जानते तो फिर आप अपनी पत्नी या अपने पति को कैसे जान पायेंगे? आप दोनों अलग-अलग अस्तित्व रहेंगें। संबंध का अर्थ केवल शारीरिक संपर्क अर्थात् यौनाचार नहीं होता बल्कि एक दूसरे के बारे में कोई भी छवि न बनाना होता है। इसी से वह त्वरित संवेदनशील संबंध स्थापित होता है जिसमें प्रेम रहता है। याद करना अथवा याद आ जाना प्रेम नहीं होता। प्रेम वह तस्वीर भी नहीं है जो विचार ने दूसरे के बारे में बना ली है। वह प्रेम नहीं है। प्रेम सुख-लालसा भी नहीं है। आप यह समझ रहे हैं न?

तो, संबंध की प्रकृति व उसकी संरचना को समझ लेना बहुत महत्त्वपूर्ण है। इस भ्रष्ट समाज में बदलाव लाने के लिए आपको स्वयं को ही मूलभूत रूप से बदलना होगा। हमारी चिंता, हमारा सरोकार है : मन में बदलाव लाना, इस मस्तिष्क की प्रत्येक कोशिका में बदलाव लाना। इस समस्या पर इस वक्ता ने वैज्ञानिकों तथा मस्तिष्क विशेषज्ञों के साथ विचार विमर्श किया है कि क्या मस्तिष्क—लंबे समय से ज्ञान की परिधि में ही कूप-मंडूक बना रहने के लिए संस्कारित यह मस्तिष्क—मूलभूत रूप से बदला जा सकता है। हां यह तब बदला जा सकता है जब संपूर्ण मानव-समस्या को समग्र अंतर्दृष्टि से देखा जाये। अंतर्दृष्टि का स्मृति से कुछ लेना-देना नहीं है। मैं इस विषय पर अभी और चर्चा नहीं करूंगा क्योंकि यह अत्यधिक जटिल विषय है। कृपया उस बात को समझिये जिसके बारे में हमारी यह चर्चा चल रही है, अर्थात् एक दूसरे के साथ हमारा संबंध। यह चर्चा ऐसे हो रही है मानो दो मित्र किसी ऐसी डगर पर साथ-साथ टहलते हुए बात कर रहे हों जो वृक्षों से आच्छादित हो, जहां पक्षी चहक रहे हों, बहुत से साये हों और वे दोनों मित्र मन की, मस्तिष्क की, और हृदय की प्रकृति के

बारे में खोजबीन करते हुए यह पूछ रहे हों कि क्या इस संरचना में समूचा परिवर्तन हो सकता है ताकि हम ऐसे अनूठे व्यक्ति बन सकें जिनका मन भिन्न हो, करुणा से भरा हो।

अतएव आपसे निवेदन है, कभी तो गंभीर बनें, केवल इसी पल के लिए नहीं, बल्कि जीवन पथ पर चलते हुए गंभीर बने रहिए। सचमुच गहन-गंभीर रहना धार्मिक होना है—मंदिर या गिरजाघर जाने वाली अथवा इसी प्रकार के कुछ और कर्मकांड करने वाली धार्मिकता की बात नहीं कर रहा हूं क्योंकि वह सब तो धर्म नहीं है। जो व्यक्ति अपनी गंभीरता को बराबर बनाए रखता है, सच्चे अर्थ में वही व्यक्ति धार्मिक है।

बंबई, 24 जनवरी 1982

❑❑❑